Henri Louis Duhamel du Monceau

Allgemeine Abhandlung von den Fischereien und Geschichte der Fische

Henri Louis Duhamel du Monceau

Allgemeine Abhandlung von den Fischereien und Geschichte der Fische

ISBN/EAN: 9783744635943

Hergestellt in Europa, USA, Kanada, Australien, Japan

Cover: Foto ©Andreas Hilbeck / pixelio.de

Weitere Bücher finden Sie auf **www.hansebooks.com**

Allgemeine Abhandlung

von den

Fischereyen,

und

Geschichte der Fische,

die dadurch verschaffet werden,

und die
sowohl zum Unterhalte der Menschen, als zu vielen andern Arten
von Gebrauche dienen, die sich auf die Künste und den Handel beziehen.

Von
Herrn Duhamel du Monceau,

und

Herrn de la Marre.

Mit vielen Kupfertafeln.

In dieser Uebersetzung mit Anmerkungen herausgegeben

von

Daniel Gottfried Schreber,

der Rechte Doctor, ordentlichen Lehrer der Cameralwissenschaften auf der Universität
zu Leipzig, und Mitglied der Leipziger öconomischen Gesellschaft.

Leipzig und Königsberg,
bey Johann Jacob Kanter, 1773.

Vorbericht.

Das Werk des Herrn Duhamel, welches hier in der Ueberse-zung ans Licht tritt, gehöret unstreitig unter diejenigen, welche ihren Verfassern und unsern Zeiten Ehre machen.

Seitdem Oppian die Fischerey in dem bekannten und im Alter-thume sehr hochgeschätzten Gedichte[1]), wofür der Kaiser Severus, nach

1) ΟΠΠΙΑΝΟΥ ἁλιευτικῶν βιβλία. E OPPIANI Anazarbei de piscatu libri V. Paris 1555. 4. Florent. 1515. 8. Antwerp. 1597. ex recenf. C. RITTERSHVSII. Andere griechische Scriptores halieuticos, die aber nicht auf unsere Zeiten gekommen, macht ATHENAEVS namhaft. Deipnosoph. l. 1. pag. 13. ed. CASAVBON,

I. Abschn.　　　　　　X

Vorbericht.

nach Sozomens Berichte, den Verfasser mit einem Goldstücke für jeden Vers belohnet haben soll, abgehandelt hat, hat es nicht an Schriftstellern gefehlet, welche dieselbe sowohl überhaupt, als auch einzelne Theile derselben bearbeitet haben. Dahin gehören insonderheit:

Ein Büchlein, wie man Fisch und Vögel fangen solle ꝛc. so nebst Mangolds Fischbuche zu Zürch in 8. ohne Jahrzahl, jedoch in dem Anfange des 16ten Jahrhunderts herausgekommen ist.

IANVS DVBRAVIVS de piscinis. Vratisl. 1547. welches mit Conrings Vorrede vom neuen aufgelegt worden ist.

CONR. HERESBACHII de venatione, aucupio et piscatione compendium, Colon. 1573. 8.

FRID. BRVCKMANNI tract. de venatione, piscatione et aucupio. Spirae 1605. 4.

WALTEN and COTTON's Vniversal angler. Lond. 1676.

Andr. Leop. Stänzl von Cronfels Teichordnung. Ollmütz 1680. 8.

NIC. PARTHENII Piscatoria et nautica. Nap. 1686. 8.

The whole art of Fishing. Lond. 1715. 8.

L. D. B. Traité des Etangs, des Viviers, Fosses etc. Paris 1717. 12.

Hanns

Vorbericht.

Hanns Friedr. von Flemming teutscher Fischer, Leipzig 1724. Fol.

The gentleman Filher, or the whole art of Angling. Lond. 1727. 8.

Joh. Ludewig Hegers Teich- und Weiherlust, Frf. 1727. 8.

E. Friedrich von Steinbock Kunst der edlen Fischerey, Nürnb. 1730. 8.

DES LANDES Recueil de differentes traités de physique et d'hist. naturelle etc. Paris 1736. 8. wo von der Lachsfischerey gehandelt wird.

ANDR. CELSII diss. de novo in fluviis Norlandorum piscandi modo. Resp. ANDR. HALLAND. Vpsal. 1738. 4.

WILLIAMSON's britisch Angler. Lond. 1740. 8.

FRONDII diss. de piscatura harengorum in Roslagia. Resp. NIC. HVMLE. Vpsal 1745. 4.

Wohlbewährte Fischergeheimnisse ꝛc. Nürnb. 1758. 8.

D. GOTTL. HENR. KANNEGIESSER de cura piscium per Slesvici et Holsatiae ducatum vsitata. Kilon. 1750. 8.

Gottfr. Jac. Wagners vollkommener Fischer. Bresl. 1762. 8.

Heinr. Wilh. Döbel von der Fischerey; in der Jäger-Practic. S. 62.

Joh.

Vorbericht.

Joh. Heinr. Escher von Berg Abhandlung von der Teichwirthschaft in den Abhandlungen der naturforschenden Gesellschaft zu Zürch, 2ter Band 1764. 8.

Nic. Gisler von der Sickfischerey in Norland; aus den schwedischen Abhandlungen XV. Theil. S. 193.

Zach. Westbecks Beschreibung der Stötspieggsfischerey in den schwedischen Abhandl. Th. XV. S. 265.

Antworten auf die Frage: welches ist die beste Art, Fischteiche einzurichten und zu unterhalten? in den schwedischen Abhandl. XXX. Theil. S. 182.

Entwurf von dem großen Nutzen der Teichfischerey, und was zu deren Anlegung, Besetzung und Unterhaltung nöthig; in den öconomischen Nachrichten, Th. II. S. 12.

Nutzbare Einrichtung und Bestellung der Teichfischerey; in meiner Büzowischen Sammlung öcon. Schriften, Th. II. S. 323.

Demohnerachtet hat es noch an einem vollständigen Werke von der Fischerey gefehlet; insonderheit haben wir von der Seefischerey noch nichts zusammenhängendes und ausführliches gehabt. Diesem Mangel nun hat der berühmte Herr Verfasser durch das gegenwärtige Werk in der Maaße abgeholfen, wie man es von ihm gewohnt ist. Mit der ihm eigenen Genauigkeit, Vollständigkeit und Beurtheilungs-

Vorbericht.

theilungskraft handelt er hier die Mechanik der verschiedenen Arten zu fischen ab, und zwar im ersten Abschnitte die Angelfischerey, vornehmlich zur See; im zweeten die Netzfischerey auf dem Meere, den Seen und Flüssen, und diese am weitläuftigsten; im dritten die Fischereyen, welche nicht unter besagte zwo Gattungen gehören, vornehmlich die, so mit der Gabel, Harpune und dergleichen Werkzeugen, auch mit Vogeln getrieben werden, und zuletzt die Teichfischerey. Im ersten und zweeten Abschnitte ist er sehr ausführlich, und hat merkwürdige Nachrichten von der Angel- und Garnfischerey bekannt gemacht, wovon wir in andern Schriften wenig oder gar nichts finden.

Bey allen Vorzügen, die kein Kenner an diesem Werke mißkennen wird, hat sich dennoch verschiedenes, besonders in Ansehung unserer Fluß- und Teichfischerey, welche letztere, wie sich aus der Beschreibung ergiebet, in Frankreich noch sehr fehlerhaft ist, zu berichtigen und zu ergänzen gefunden. Man wird auch daraus die bey uns üblichen Fischerey-Geräthschaften, und die Aehnlichkeit oder Verschiedenheit unserer Fischereyen, in Vergleichung gegen die französischen, kennen lernen.

Am Ende liefert Herr Duhamel ein Verzeichniß der Fische, die in den französischen Flüssen und an der Seeküste von Frankreich gefangen werden, nebst einer Nachricht, wie solches geschehe. Dergleichen sollten wir billig auch von den teutschen Fluß- und Seefischen haben;

X 3

Vorbericht.

ben; nur nicht mit bloßen teutschen Provincialnamen, wie Joh.
Chr. Birkholz in der öconomischen Beschreibung aller Fische, welche
in den Gewässern der Churmark gefunden werden, Berlin 1770. geliefert hat; da sie doch ein märkischer Naturforscher leicht hätte genauer bestimmen und dadurch diese Schrift brauchbarer machen können. Die populären Namen der natürlichen Dinge
sind allzu ungewiß, und mannigfaltig, als daß man zu deren Verständnisse die Benennungen der Systematiker sollte entbehren können.
Selbst das gegenwärtige Werk, des Herrn Duhamel hat den großen
Fehler, daß sich der Herr Verfasser darinne bloß französischer Namen
der Fische und übrigen Wasserthiere bedienet, worunter viele sind, die
er, seinem eigenen Geständnisse nach, selbst nicht kennet, und die nur in
einigen Provinzen Frankreichs üblich sind. Hierdurch hat er mir, da
ich ihn teutschen Lesern verständlich machen mußte, und da manche der
angeführten Fische noch gar keine teutsche Namen haben, die Mühe
auferlegt, die Namen der Ichthyologen, insonderheit die Trivial-Na-
men des Herrn Archiaters von Linnee, welche den Leser in das Na-
tursystem hinein, und ferner auf die Artedischen und Gronovischen
Schriften führen, wo er die Kennzeichen der Gattungen, und die übrigen Schriftsteller, die dabey nachgesehen werden können, findet, hinzuzu-
fügen. Bey vielen aber ist es, gestalten Sachen nach, nicht möglich
gewesen, die Trivialnamen ausfindig zu machen, und ich habe mich
daher genöthiget gesehen, die unbekannten Namen nur so, wie sie im
Originale angegeben worden, beyzubehalten, und den Leser zur Geduld zu verweisen, bis sie der Herr Verfasser selbst, etwa in

der

Vorbericht.

der künftig zu erwartenden Geschichte der Fische verständlich machen
wird.

Wie viel Arbeit mir diese Nomenclatur, bey der öftern Unzu-
länglichkeit der wenigen Quellen, woraus geschöpfet werden muß, verursacht habe, das ist leicht zu erachten. Sowohl diese, als die vielen
sehr verschiedenen Kunstwörter, womit insonderheit die Fischergeräth-
schaften, die Fahrzeuge, Maschinen u. s. f. in Frankreich benennet
werden, (wie denn z. E. die Garne und Netze, wenn sie nur in den
Maschen einigermaßen von einander abgehen, und wenn sie auch einander ganz gleich sind, dennoch in den Provinzen oft so unterschiedene
Namen, wie die Fische, führen), und die in den Wörterbüchern entweder gar nicht zu finden, oder nicht mit den eigentlichen teutschen
Namen angezeigt werden, zum Theil auch gar keinen teutschen Namen haben, und denen daher solche Namen, die die Sache vollkommen
ausdrücken, gegeben werden mußten, haben mir die Uebersetzung
dieses in den XI. XII. und XIII. Bänden des Schauplatzes der Künste
eingerückten, hier aber zum Gebrauch derer, die es allein zu haben
verlangen, besonders ausgefertigten Werkes, größere Schwierigkeiten und Mühe, als irgend ein anderes Stück von den *Descriptions des
Arts et Métiers*, deren Uebersetzung ich zu besorgen gehabt, verursachet.
Ich habe indessen daran, insonderheit an dem zweeten und dritten
Abschnitte, nichts verabsäumet, was binnen der kurzen Zeit, von der
letztverwichenen Ostermesse bis hierher, welche mir dazu nachgelassen
war, neben meinen ordentlichen Berufsgeschäfften, und bey meinen

X 4

bishe-

Vorbericht.

bisherigen aus dem Mangel genugsamer Leibesbewegung entstandenen kränklichen Umständen, zu leisten möglich gewesen ist.

Dem HERRN, der mir dazu Seinen Beystand verliehen, sey dafür, wie für alle Seine Gnade, Dank, Ruhm und Ehre! Leipzig, den 2ten October 1773.

D. Daniel Gottfried Schreber.

Abhand.

Abhandlung
von den
Fischereyen
und
Geschichte der Fische,
oder
derer Thiere, die im Wasser leben.

Erster Abschnitt.

Abhandlung
von
den Fischereyen,
und
Geschichte der Fische,
oder
der Thiere, welche im Wasser leben.

Einleitung.

Es würde überflüßig seyn, wenn wir den Nutzen der Arbeit, die wir vor uns haben, anpreisen wollten. Jederman weiß, daß der Fischfang einer großen Anzahl starker und dem Staate nützlicher Menschen Beschäftigung und Unterhalt giebt.

Diese beschwerliche Handthierung ziehet gute Matrosen. Die Fischer gewöhnen sich, die Beschwerlichkeiten zu ertragen, womit ihnen das Element, auf welchem sie den größten Theil ihres Lebens zubringen, beständig entgegen kommt. Sie werden bis zur Verwegenheit, und in einem solchen Grade kühn, daß sie Winden und Wellen trotz biethen.

Ein erwachsener Mensch kann in einigen Feldzügen ein guter Soldat werden; allein wer ein rechter Matrose werden will, muß von seiner Kindheit an das Meer besucht haben, damit seine Leibesbeschaffenheit an ein Element, das ihr nicht natürlich ist, gewohnt werde. Er muß eine Fertigkeit erlangen, welche in gewissen Umständen die Fertigkeit dererjenigen übertrifft, die ihren Unterhalt dadurch erlangen, daß sie übertriebene Wege machen. Er kann auch nicht anders seine Handthierung gut verstehen lernen, als wenn er sie die Helfte seines Lebens ausgeübt hat. Die Nacheiferung hilft ihm alle diese Schwierigkeiten überwinden.

A 2

Der

Der Sohn eines Fischers will von seiner Kindheit an seinem Vater folgen; er steigt in zerbrechliche Fahrzeuge, und macht sich nach und nach mit einem Elemente bekannt, welches ihm seinen Unterhalt geben soll. So wie sein Temperament stärker wird, verläßt er Verrichtungen, die nicht so beschwerlich sind, um solche zu ergreiffen, die mehr Kräfte erfordern; er wünscht sie sich so gar aus Geschmacke an seiner Lebensart. Nachdem die Matrosen den Gefahren des Meeres Trotz gebothen haben, erschrecken sie nicht mehr für dem Feinde. Daher kommt es, daß sie in den Schlachten beynahe alle unerschrocken sind. Auf diese Art gelangen die Fischer, nachdem sie ihre Lehrzeit auf Kähnen zugebracht haben, zu dem Dienste der Handlung als Matrosen, und lernen stuffenweise auf den Schiffen des Königs mit Ehren zu dienen.

Alles, was wir jetzt gesagt haben, betrift den großen Fischfang; denn man würde das Fischerhandwerk aus einem Gesichtspunkte, der selbigem eben nicht vortheilhaft seyn würde, betrachten, wenn man nur denjenigen Fischfang, welcher in den Flüssen und an den Ufern des Meeres üblich ist, zum Augenmerke haben wollte. Man muß bey großen Fischereyen, wie z. E. der Herings-, der Stockfisch-, der Wallfischfang, und andere sind, lange und beschwerliche Schiffahrten unternehmen; und bey andern nicht so beträchtlichen muß man sich mehr oder weniger von den Küsten entfernen, und bey Nachtzeit wie am Tage auf dem Meere bleiben. Auf diese Art können die Fischer vortrefliche Küstenpiloten werden. Wir wollen diesen Gegenstand etwas umständlicher betrachten.

Die Ufer des Meeres zeigen uns viele verschiedene Gegenstände. Hier erheben sich steile Felsen; dorten siehet man Klippen, die nicht so hoch sind, und zuweilen durch das Wasser der Fluth bedeckt werden; und an andern Orten siehet man Dünen oder große Sandberge. Einige Küsten bestehen aus Gattungen von Erde, die mehr oder weniger hart, und mit Steinen vermischt ist, welche, indem sie in das Meer fallen, durch das Reiben, welches die Bewegung des Wassers verursachet, abgerundet werden; in diesem Zustande machen sie dasjenige aus, was man Strandsteine, oder im Wasser abgeschliffene Steine, (le Galet) nennet. a)

. Man

---

a) Wegen solcher Steine sind besonders merkwürdig, der so genannte heilige Damm bey Dobberan in Mecklenburg und der gothländische Corallendamm in Schweden. Jener besteht aus lauter solchen abgerundeten Steinen von verschiedener Art, dieser aus lauter dergleichen Coroll u. Von jenem siehe meine Büzowische Sammlung ökonomischer Schriften Theil V. S. 401 von diesem des Herrn von Linnee gothländische Reise S. 207. 251. und 302. N. S.

Man findet auch sehr große Ebenen, die aus Sande, Schlamme oder dergleichen Strandsteinen bestehen, welche, weil sie ein wenig abhängig sind, in einer großen Fläche von dem Wasser der Fluth bedeckt werden. Hier und da findet man sowohl in den Mündungen der Ströhme, als in Bayen, (Crics) und Buchten, (Anses) Häfen, welche den Fischern, wenn sie sich bey stürmischen Wetter hinein begeben, zur Zuflucht dienen. Wenn man sich von den Küsten entfernet, findet man dergleichen Abwechselungen, Felsen, kleine Inseln, welche, indem sie über die Oberfläche des Meeres hervorragen, Arten von Archipelagen machen, wo die Fischer an Land steigen können : andere hingegen, die nur eine kleine Tiefe unter dem Wasser haben, verursachen Brandungen (Brisans) welche sehr gefährliche Klippen anzeigen.

Die Gründe des Meeres bestehen aus Felsen, losen Steinen, Kieße, klaren Sande, Stücken von Muscheln, Thone, Schlamme, Seepflanzen, u.s.f. Die Fischer müssen nothwendig alle diese Abwechselungen sowie die Tiefe des Wassers kennen, damit sie wissen, ob der Ankergrund daselbst gut ist; was für Fische am häufigsten daselbst anzutreffen sind, und welchen Weg sie bey Nachtzeit nehmen können, um entweder ihren Fischfang zu machen, oder an Land zu gehen.

Das sind die Kenntnisse, die sie durch eine lange und beständige Uebung erlangen, die sie in den Stand setzen, Arten von Charten zu machen, welche sie zwar nicht auf Papier zeichnen, die sie aber in dem Kopfe haben. Jeder Ort führet einen Namen, der allen Fischern einer Küste bekannt ist. Um hiervon einen Begriff zu machen, will ich die Gründe und die Sandhaufen unter dem Wasser, (Bänke) (Ridains) erwählen, welche die Fischer von der Obernormandie zwischen den Küsten von Frankreich und England, Dieppe gegen über, besuchen. Dieses einzige Beyspiel wird hinreichend seyn, eine Vorstellung von dem zu machen, was unter den Fischern auf andern Küsten, so wohl auf dem großen Weltmeere als auf dem mittägigen Meere üblich ist. Vermittelst dieser Karten, die die Fischer beständig im Gedächtnisse haben, kennen sie die Tiefen ihrer Küste aufs genaueste, und wissen, welche von verschiedenen Arten von Fischen besucht werden.

Der Hafen von Dieppe an der französischen Küste in der Obernormandie, im Lande Caux, liegt gegen Südsüdosten in Ansehung der kleinen Stadt Hastings, auf der mittägigen Küste von England, in der Grafschaft Suffex, die selbiger gegen Nordnordwest liegt. Wenn die Fischer, die an den

B

fran.

französischen Küsten den engländischen gegen über ihre Profeßion treiben, voll diesem Orte ausfahren, so finden sie folgende verschiedene Tiefen.

Der erste Grund, den sie, wenn sie über den Canal fahren, antreffen, wird der weisse Grund von Erangue (Blanc fond d'Erangue) genennet. Er fängt sich ungefehr zwo Meilen von der Küste an, ist eine halbe Meile breit, hat auf dem Grunde Sand, und 12 Klaftern tief Wasser. Der darauf folgende Boden besteht aus Felsen, welche 18 Klaftern tief sind; er kann 1 Viertelmeile in der Breite haben. Die Fischer nennen ihn den Mörder. (le Larron.)

Man kommt sodann auf das sogenannte platte Schlammschiff, (le Heu de Limon) 14 Klaftern tief, welches ohngefehr eine viertel Meile breit ist. Alsdenn kommt die starke Tiefe, die Etellandel heißt, 15 Klaftern tief. Diese ist eine der rauhesten und gefährlichsten; sie ist so schmal, als die andern.

Wenn man über selbige hinaus kommt, so befindet man sich in einer Tiefe von 13 bis 14 Klaftern auf dem sogenannten weissen Grunde von Etellande, (Fond blanc d'Etellande) welcher einer der besten und sichersten ist die man an den französischen Küsten finden kann: er ist ungefehr eine halbe Meile breit. Alle diese Gründe erstrecken sich nicht leicht gegen Nordwest an die Felsen von Ailly; allein sie breiten sich sehr gegen Osten an die Küsten der Picardie aus.

Nach dem Grunde vom Lande folget das sogenannte Mäntelgen des H. Michael, (Roquet de S. Michel) ein felsigter Grund, der 18 Klaftern tief, aber sehr stille (doux) ist. Er erstreckt sich nicht über eine Viertelmeile. Alsdenn kommt der weiße Bonival, (le Bonifal blanc,) ein Sandgrund, 18 Klaftern tief, welcher ungefehr eine halbe Meile breit ist.

Das sogenannte Mäntelgen des H. Lorenz, (Roquet de S. Laurent) fängt sich ungefehr 5 Meilen vom Lande an. Es ist mit Fels, einem weissen Grunde, und groben Sande, in einer Tiefe von 20 bis 22 Klaftern vermischt. Alsdenn kommt der weisse Grund von Cabdeville, welcher einer der Besten ist, die man an den französischen Küsten findet. Diese Bank ist eine Meile breit, und hat einen sandigten Grund in seiner Tiefe von 22 Klaftern.

Drey

Drey Meilen von Cabbeville in einer Tiefe von 30 bis 32 Klaftern Wasser trift man einen harten und felsigten Grund an, welcher eine Meile breit ist. Alsdenn kommt in gleicher Tiefe von Wasser der Grund, welcher de parmi Mer genennet wird, und der anfänglich aus Sande besteht, und endlich Fels wird. Er ist ungefehr zwo und eine halbe Meile breit. Es wurden daselbst vor Zeiten viel Meerdrachen (Vives) daselbst gefangen, jetzt aber sind sie daselbst sehr seltsam.

Sechs und zwanzig bis 27 Klaftern tief findet man einen Grund von kleinen sehr weichen Felssteinen, die Roquets de Feulague genennet werden. Darauf kommt petit Feulague, wo ehemahls sehr häufig Meerdrachen anzutreffen waren.

Nachher trift man auf die sogenannten petits Roquets 30 Klaftern tief. Dieser Grund ist nur eine Viertelmeile breit, und stößt an einen kleinen weissen Grund von einer halben Meile in der Breite, der 24 Klaftern tief ist, und aus Sande besteht.

Weiterhin ist der sogenannte Roquet d' Eleppe, von einer Tiefe von 28 bis 35 Faden Wasser. Dieser Grund besteht aus einem sehr weichen Felsen, und mag ungefehr 2 Meilen breit seyn.

Je näher man darauf an die engländischen Küsten kommt, desto höher wird der Grund, so daß man endlich nicht über 2 Fäden Wasser findet.

Diese kurze Beschreibung, die wir nur nach einer Fischer Nachricht geben, machet uns von den Abrissen, die sich die Fischer von dem Grunde des Meeres vorstellen, einen Begrif. Aber das ist noch nicht alles. Da auf den Sand- und Muschelgründen Arten von Hügeln (Sandhaufen) entstehen, die die Fischer Ridains, Rideaux und zuweilen Ridelles nennen, um welche sich die Fische lieber, als an andern Orten aufhalten; so hat man auch darauf Achtung. Man weis z. E. daß eine solche sehr große Bank in dem Grunde von Cabbeville anzutreffen ist. Drey befinden sich auf dem Roquet de S. Laurent, welche Poignants oder Rideaux devers l'eau genennet werden; ferner auf dem Roquet de S. Michel zwo große, welche die Fischer Bourbeaux nennen. Auf dem Grunde du Larron ist eine Bank, die den Namen Martin führet, auf dem weissen Grunde von Erangue sind drey, welche die Fischer les Masses nennen. u. s. f.

Es

Es erhellet hieraus, daß Fischer, welche die Gegenden zur See (Parages), die sie besuchen, so genau kennen, und welche überdieß Gelegenheit haben, die Stärke und die Richtung der Ströhme zu untersuchen, die besten Küstenpiloten sind. Das Senkbley, welches, weil es unten mit Unschlitt geschmieret ist, ihnen die Tiefe und die Beschaffenheit des Grundes anzeigt, giebt ihnen die Lage des Orts hinreichend zu erkennen. Sie wissen z. E. daß sie sich so und so viel Faden tief auf einem Grunde von Felsen, Sande, Muscheln, Schlamme u. s. f. an diesem oder jenem Orte befinden; und vermittelst des Compasses wissen sie auch bey Nachtzeit den Weg, den sie halten müssen, um in den Hafen, oder an die Küste zu gelangen, eben so gut, als wenn sie die Tonnen, (Balises) die Baaken, (Amers), oder die Zeichen, die ihnen am Tage den Weg weisen, vor sich sähen.

Daher werden zu Dünkirchen, so wie in den andern Häfen, wo große Fischereyen angelegt sind, die königlichen Schiffe, die in den Norden fahren, von den Handlungskammern mit der größten Zuversicht mit Piloten aus den Fischerältesten (Doyens) versehen. Die große Erfahrung, die sie haben, hat sie mit allen Bänken und Klippen bekannt gemacht; da hergegen die Fischer, die noch nicht so alt sind, daß sie alle Schulen, die man als die Proben ihrer Fähigkeit ansehen kann, durchgegangen, verbunden sind, allezeit, als noch ungewisse Leute, mit dem Senkbleye in der Hand zu gehen.

Es giebt in den Departements Schiffarthsschreiber (Hydrographes) die von dem Könige ernennt und besoldet werden, damit sie ihre Lehrlinge, welche, nachdem sie eine Prüfung ausgestanden, und von dem Hydrographen ein Zeugniß erhalten, von den Admiralitaten als Piloten angenommen werden, in der Theorie der Schiffarth unterrichten müssen. Diese Schulen sind von dem allergrößten Nutzen, vornehmlich weil darinne Steuerleute erzogen werden, die die Polhöhe wohl verstehen, und die dazu gehörigen Instrumente zu gebrauchen wissen, welche man sodann bey großen Schiffarthen in Dienste nimmt. Einige Grundsätze der Steuermannskunst sind so gar für die Küstenpiloten, die bey Annäherung der Schiffe an den Küsten gebraucht werden, nützlich; allein diesen giebet die Uebung des Fischfanges, eine vollkommene Kenntniß von den Gründen des Meeres und von den Mitteln, die Tiefe des Meeres und der Ströhme zu erforschen.

Diese

Diese Betrachtungen, nebst dem großen Nutzen des Fischfanges haben Anlaß gegeben, daß man beynahe auf allen Küsten eine Art von consularischer Gerichtsbarkeit errichtet hat, die aus Fischern, welche von ihrer Profeßion dazu ausgesucht und erwählet worden, bestehet. Diese Richter, die der Gewohnheit nach erfahrne Männer, (Prud'hommes) Aelteste, oder geschworne Fischer genennet werden, sind beynahe allezeit in ihren Sitten und ihrer Aufführung untadelhaft, und in ihrer Handthierung sehr erfahren.

Es ist auch für gut befunden worden, die Policey der Fischereyen diesen erfahrnen Männern anzuvertrauen, weil die Aussprüche, die die Fischereyen betreffen, von unendlich vielen Umständen, die mit einander zusammen gehalten werden müssen, und die nur denen, welche alle verschiedene Arten vom Fischfange lange Zeit getrieben haben, bekannt seyn können, abhängen.

Diese Ursachen haben unsere Könige bewegt, die Fischerältesten bey dem Rechte, Policeyverordnungen in Ansehung des Fischfanges zu geben, so, wie bey allen Streitigkeiten, die unter den Fischern in Ansehung der Ausübung ihrer Handthierung entstehen können, ein Endurtheil zu fällen, von welchem nicht appellirt werden kann, zu schützen. Dieses ist ausdrücklich in den königlichen Privilegien, die ihnen verwilligt worden sind, enthalten. Ihre Gesetze, oder wenn man lieber sagen will, ihre Gebräuche werden aufs heiligste beobachtet, ob sie gleich nicht schriftlich abgefaßt sind, und ihre gerichtliche Art zu verfahren ist sehr einfach. Um hiervon eine Vorstellung zu machen, will ich diejenige Art, die zu Marseille beobachtet wird, anführen.

Wenn ein Fischer Ursache zu haben glaubt, sich über einen andern zu beschweren, so giebt er zu dem Lichte des heiligen Peters zween Sols in die Büchse, und erklärt, daß er dadurch diesen oder jenen vor Gericht fordern ließe. Der Citirte muß alsdenn vor dem Aeltesten erscheinen, und ein jeder bringt hier seine Sache vor. Hierauf wird das Schiffsvolk der Schiffpatrone des Klägers und Beklagten vorgefordert und befragt, und nach ihrer Aussage sogleich der Ausspruch gethan und vollstrecket. Wenn sich der Verurtheilte weigert, dem was wider ihn erkannt worden ist, nachzukommen, so nimmt man sein Fahrzeug in Beschlag, und er kann nicht eher auf den Fischfang wieder ausgehen, als bis er dem Ausspruche ein Genüge geleistet hat. Alle Unkosten belaufen sich auf 2 Sols, die zu der Lampe des heiligen Peters gegeben worden sind.

       Wenn

Wenn alles nach der Ordnung geht, so verdienen die Aeltesten, welche nicht eher, als bis sie Proben von ihrer Redlichkeit gegeben haben, von den Fischern zu diesem Amte erwählet werden, und welche sich durch eine untadelhafte Aufführung die Hochachtung der andern Fischer erworben haben, daß sie wider die Meuterey einiger Glieder, die sich von der Richtschnur entfernen wollen, geschützt und unterstützt werden. Es wäre so gar zu wünschen, daß man diese Untergerichtsbarkeit, welche unter den Fischern nach der einfachen Natur eingeführt ist, immer mehr und mehr in Achtung brächte, und daß man sie dazu vermöchte, alle Mißbräuche, die auf Vertilgung der Fische zielen, abzuschaffen. Mit einem Worte, es ist sehr nothwendig, daß man die Aeltesten bey den kleinen Rechten, die man ihnen zugestanden hat, und die die einzige rühmliche Belohnung ihrer beschwerlichen Arbeiten sind, schützet. Ich will einen Umstand anführen, woraus man sehen wird, was für einen Einfluß die Gerichtsbarkeit der Aeltesten auf die Erhaltung der Fische haben kann.

Da die Aeltesten von Marseille für dasjenige, was den Fischfang beträchtlich machen kann, und für die Erhaltung der jungen Fische auf gleiche Weise sorgen, so glaubten sie, daß es nöthig sey zu verhindern, daß man sich bey gewissen Fischereyen nicht allzu kleiner Angeln bediente, damit, wenn man davon größern Gebrauch machte, die kleinen Fische sich an selbigen nicht fangen könnten.

In der Absicht theilten sie alle Angelhaken in verschiedene Classen unter verschiedenen Nummern so ein, daß jede Nummer die Stärke, die Höhe, und die Oeffnung der Haken, welche man zu diesem oder jenem Fange brauchen wollte, genau bestimmte, und untersagten den Gebrauch derer, welche kleiner waren, und woran sich Fische fangen konnten, die zum Verkaufe noch zu jung waren. Dieses Gesetz, ob es gleich nicht geschrieben war, wurde doch genau beobachtet, bis Catalonier in die Gewässer von Marseille kamen, und mit gar zu kleinen Haken fischten. Als die Aeltesten den Schaden, welchen diese Uebertretung der Regel in Absicht auf den Ueberfluß der Fische verursachte, gewahr wurden, so erneuerten sie das Verboth, und nöthigten alle Fischer, sich nach ihrer Regel zu bequemen, und es mußten sich so wohl die Fischer in der Provence, als die fremden darnach richten.

Wir haben gezeigt, daß der Fischfang auf dem Meere dem Staate gute Matrosen und vortreffliche Küstenpiloten verschaffe: allein er ist, wenn man

C   ihn

ihn überhaupt betrachtet, noch mit einem andern weit größern Vortheile ver-
knüpft, in ſo ferne man ihn von der Seite der Nahrungsmittel, die er ver-
ſchafft in Erwegung ziehet. Wie viele gute Fiſche werden in den Teichen und in
den Flüſſen gezogen? als: die Karpen, (Carpes) a) die Hechte, b) (Brochets)
die Barſche, (Perches) c) die Forellen, d) (Truites) die Rothbärte, e)
(Barbots) die Schleyen, f) (Tanches) die Aalraupen, (Lottes) g) die
Aale, (Anguilles) h) u. ſ. w. Viele vortreffliche Fiſche kommen aus dem
ſalzigen Waſſer in die Flüſſe herauf, und geben dadurch denen, die das feſte
Land bewohnen, einen Theil der Seeproducte. Die Stöhre, (Eſturgeons) i)
die Lächſe, k) (Saumons) die Elſen, l) (Aloſes) die Plateiſſen, m) (Plies)
der Stint, (Eperlans) n) und andere kommen in die Flüſſe und zuweilen ſehr
weit von dem Meere herauf, welches ohne Widerſpruch der überflüßigſte Behälter von einer unendlichen Anzahl verſchiedener Gattungen von Fiſchen iſt.
Seine Producte von der Art ſind ſo abwechſelnd, daß Niemand ſich Hoffnung
machen kann, ſie alle zu unterſcheiden. Die älteſten und erfahrenſten Fiſcher
fangen von Zeit zu Zeit welche, die ihnen unbekannt ſind, und man kann gar
füglich muthmaßen, daß das Meer viele andere, die man ganz und gar nicht
kennt, ernähret.

Man theilt dieſes Product der Fiſcherey ein in die friſchen Fiſche, ſo wie
man ſie ißt, wenn ſie aus dem Waſſer kommen, und in die geſalzenen, marinirten, und getrockneten Fiſche, die man lange Zeit aufbehalten kann, ohne
daß ſie Schaden leiden.

Unter den friſchen Fiſchen können einige, die ſehr ſchmackhaft ſind, nicht
weit von dem Meere verführet werden, und man muß ſie in den Seeprovin-
zen verthun. Andere, deren Fleiſch nicht ſo leicht verdirbt, werden von
Fiſchführern, (Chaſſes-marée) in Käſten ſehr weit verführet. Einige Fiſche kommen wegen ihrer Schmackhaftigkeit und Seltenheit nur auf die Tafel
reicher Leute; die Fiſcher nennen ſie die großen Seefiſche (la grande Marée).
Andere, welche auch von ſehr guten Geſchmacke, aber häufiger ſind, können
auch

a) *Cyprinus* Carpio LINN. S. N. 525. n. 2.
b) *Eſox* Lucius LINN. S. N. 516. 5.
c) *Perca* fluriatilis, LINN. S. N. 481. 1.
d) *Salmo* Fario LINN. S. N. 509. 4.
e) *Cyprinus* Barbus LINN. S. N. 525.
f) *Cyprinus* Tinca LINN. S. N. 526. 4.
g) *Gadus* Lota LINN. S. N. 440. 14.

h) *Muraena* Anguilla LINN. S. N. 426. 4.
i) *Acipenſer* Sturio LINN. S. N. 403. 1.
k) *Salmo* Salar. LINN. S. N. 509. I.
l) *Clupea* Aloſa LINN. S. N. 523. I.
m) *Pleuronectes* Plateſſa LINN. 456. 6.
n) *Salmo* Eperlanus LINN. 511. 13. D. S.

auch von Leuten von mittelmäßigem Vermögen genoſſen werden, und dieſe werden die kleinen Seefiſche (la petite Marée) genennet. Daraus folgt, daß, wenn eine Gattung von Fiſchen in größerer Menge an einer Küſte anzutreffen iſt, ſelbige, wenn ſie ſonſt unter die großen Seefiſche gerechnet worden, zu den kleinen gezählet werden kann. Da endlich andere, die ſehr häufig und eben nicht ſchmackhaft ſind, nicht verdienen, daß ſie verführt werden, ſo werden ſie von den armen Leuten an dem Ufer des Meeres verzehrt, und man rechnet ſie nicht mit zu den Seefiſchen.

Um von den Fiſchen, welche das Meer hergiebt, nur einen unvollkommenen Begriff nn) zu machen, wollen wir ſie abtheilen, 1) in runde Fiſche, wovon einige in die Flüſſe hinauf kommen; und von dieſer Art ſind, wie wir ſchon geſagt haben, der Lachs, der Stöhr, die Elſe, die Lamprete, der Stint, u. a. m. andere kommen nicht in die Flüſſe, als da ſind der Petersfiſch p) (la Dorée) die Goldforelle q) (Dorade) der Seedrache r) (Vive) der Seehecht (Merlan) s) - - - (Colin t), die Rothfeder u) (Rouget), - - - (Bar x), der Schellfiſch y) (Egrefin), - - - (Celan z) - - - (Lieu tz), der Seehund

nn) Die Eintheilung der Fiſche in runde, platte und ſchaalige, muß einem Naturforſcher eben ſo ſeltſam vorkommen, als wenn man die Vögel eintheilen wollte, in langſchwänzigte, kurzſchwänzigte, und Fledermäuſe. So wenig dieſe Vögel ſind, ob ſie gleich fliegen können, ſo wenig gehören die Schaalthiere unter die Fiſche, ob ſie gleich ſchwimmen. Beſſer laſſen ſich die Geſchöpfe, die im gemeinen Leben Fiſch heißen, eintheilen, in eigentliche, die keine Lunge haben, ſondern durch Ohren, und innwendig Kämme, und wie dieſe Theile heißen, reſpiriren; und in uneigentliche, die dem auſſerlichen Anſehen nach Fiſche ſind, aber, ſo bald man dieſes wegnimmt, d. i. wenn man ſie nach ihrem innern Baue und Eigenſchaften betrachtet, und mit andern Geſchöpfen vergleichet, ganz etwas anders vorſtellen. Dieſe ſind 1)die Wallfiſche, die zu den vierfüßigen Thieren gehören; 2) die Chondropterygii und Branchioſtegi ARTEDI welche zu der Claſſe von Thieren gehören, davon die Schlangen, Fröſche und Eidexen einen Haupttheil ausmachen ꝛc. ꝛc. D. S.

p) Zeus Faber LINN. S. N. 454. 1.

q) Sparus Aurata LINN. 467. 1. Zu Mar-

ſeille bedeutet der Name Dorade die Sciaena Vmbra. BRÜNNICH. Ichth. 60. D. S.

r) Trachinus Draco LINN.

s) Gadus Merluccius LINN. 439. 11.

t) Unter dieſem Namen iſt mir kein Fiſch bekannt. Nach den franzöſiſchen Wörterbüchern iſt Colin ein nomen genericum der Waſſerhüner. Das Dictionnaire d'Hiſtoire naturelle macht aus Colin und Canard de Mer eines. D. S.

u) Trigla Lyra LINN. 495. nach dem BRÜNNICH. n. 71. Mullus barbatus. D. S.

x) Ein mir unbekannter und in den Wörterbüchern entweder gar nicht, oder nicht recht angezeigter Fiſch. Barbe kann es nicht ſeyn, wie es das baſliſche neue vollſtändige Dictionnaire überſetzt: denn Barbe heißt Barbeau, Cyprinus Barbus LINN. 525. 1) und die Barbe iſt ein Flußfiſch. D. S.

y) Gadus Aeglefinus LINN. 433. 1.

z) Auch dieſes iſt mir und meinem Wörter- und andern Büchern ein unbekannter Name D. S.

tz) Das ſoll eine Art von Kabeljau ſeyn; mein Gewährsmann ſagt mir aber nicht welche? D. S.

hund a) (Chien de mer) der Delphin b) (Marsovin), der Seeaal, (Anguille) die Seebarbe c) (le Mulet), die Sardelle, d) (la Sardine), die Makrele, e) (Maquereau), der Hornfisch f) (l'Orphie) - - - g) (le Surmulet), in der Provence die Pelamide h) (La Pelamide), der Thunfisch i) (Le Thon), die Bonite k) (La Bonite), und andere mehr. Viele von diesen Fischen sind nur Zugfische. (Poissons de passage).

Die zwote Classe enthält die platten Fische mit Gräten, oder die knorpligten, worzu die Rochen (Rayes) von verschiedener Art gehören; nehmlich die Sole l) (Sole) die Scholle m) (Carrelet), die Limande, (la Limande) n), die Limandelle, (Limandelle) o), die Meerbutte, (La Barbue) p), die Meerhenne, q) (Poule de Mer), der Buttfisch, (Le Turbot) r), u. f. f. und die Platteiße, (la Plie) welche in die Flüsse herauf kommt.

Wir wollen diesen die weichschaaligen (crustacées) beyfügen; die Krebse in den Flüssen, in dem Meere die Krabben (Crabbe) s) von sehr verschiedenen Gattungen, die Hummern, t) (Homards), die Seeheuschrecken, (les Langoustes) u), die Garneelen x) (les Chevrettes), u. f. f.

Was die hartschaaligen (testacées) anbetrifft, so bringt man nicht leicht andere als Austern und Muscheln in die großen Städte. Aber man findet

---

a) *Squalus* Carcharias LINN. 400 12.
b) *Delphinus* Delphis.
c) *Mugil* Cephalus LINN. 520. 1.
d) *Clupea* Sprattus LINN. 529. 2.
e) *Scomber* Scombrus LINN. 492. 1.
f) *Esox* Belone LINN. 517. 6.
g) *Mullus* Surmuletus LINN. 406. Auch von diesem weiß ich keinen teutschen Namen. D. S.
h) *Scomber* Pelamis LINN. 493. 2.
i) *Scomber* Thynnus LINN 493. 3.'
k) *Scomber* Pelamis LINN. 492.
l) *Pleuronectes* Solea LINN. 457. 9.
m) *Pleuronectes* Platessa LINN. ib.
n) *Pleuronectes* Limanda LINN. ib. D. S.
o) Dieser Name ist mir nicht bekannt; es

scheint auch eine Art von Schollen zu seyn. D. S.
p) *Pleuronectes* Hippoglossus LINN. 456. 4.
q) Das ist ein Vogel; wie dieser unter die Plattfische kommt, das weiß ich nicht. D. S.
r) *Pleuronectes* Hippoglossus LINN. 456. 4.
s) *Cancer* Maenas LINN.
t) *Cancer* Gammarus LINN.
u) *Locusta* marina. Die Autores haben diesen Namen der Meerheuschrecke, dem Meerpferdgen, Hippocampus, und einer Art von Meerkrebsen gegeben: so sagt BOMARE im Dictionnaire d'Hist. nat. unter dem Worte Langouste. Es ist *Cancer* Locusta LINN. D. S.
x) *Cancer* Crangon LINN.

C

det an dem Ufer des Meeres eine unzählige Menge anderer, deren sich arme Leute zu ihrer Nahrung bedienen.

Diese obgleich kurze Vorstellung von den Seeproducten giebt den Fischern Anweisung zu einer großen Erndte. Allein sie müssen wissen, wo sie selbige zu suchen haben. Denn jede Art von Fischen sucht sich den Ort, der sich am besten für sie schickt, zu seinem Aufenthalte auf. Eine Art von Fischen begiebt sich in die Klippen; eine andere hat seine Lust und vergräbt sich in dem Sande. Viele suchen mit Kräutern bewachsene und schlammigte Gründe. Wenn einige sich an Orten aufhalten, wo das Wasser wenig bewegt wird, so sind andere gerne in solchen Wässern, welche von Flüssen oder durch die Fluth des Meeres beweget werden. Wenn es warm ist, so nähern sich viele Fische der Küste an solchen Orten, wo es wenig Wasser giebt, und wo sie ihre Nahrung im Ueberflusse finden. Wenn sich bey Annäherung des Winters die Kälte verspüren lässet, so begeben sie sich in das große Wasser, wo sie, indem sie eine große Tiefe suchen, ein gemäßigteres Wasser finden.

Eine sehr sonderbare Erscheinung sehen wir an den Zugfischen, welche, indem sie zu ordentlicher Zeit ankommen, uns einen weit überflüßigern Fang verstatten, als diejenigen, die an unsern Küsten bleiben, und die man einigermaßen als einheimisch ansehen kann. Welche Reichthümer verschaffen uns nicht die Makrelen, die Heringe, die Sardellen, der Kabeljau, die Lachse, der Thunfisch, und andere mehr! Obgleich diese Fische vortrefflich schmecken, wenn sie frisch gegessen werden, so sind sie doch zu den Zeiten, da sie an gewisse Küsten kommen, so überflüßig, daß der größte Theil verterben würde, wenn man sie nicht auf verschiedene Arten zuzubereiten wüßte, damit sie aufbehalten und weit verführt werden können. Die eingesalzenen, marinirten, getrockneten oder gedörrten Fische setzen die von dem Meere entferntesten Länder in den Stand, sich die Reichthümer desselben zu Nutze zu machen, und bringen sehr beträchtliche Zweige der Handlung hervor, welche diesen Fischereyen einen Grad des Vortheils geben, der dem Vortheile des Fanges der frischen Fische weit vorzuziehen ist.

Die Fischer müssen von allem dem, was wir eben angezeiget haben, umständlich unterrichtet seyn, damit sie wissen, zu welcher Jahreszeit und an welchem Orte sie den Fisch zu suchen haben; unter welchen Umständen sie ihn mit Vortheile beykommen können, und welche Art des Fischfanges sie zu wählen haben,

haben, um sich dieser oder jener Gattung zu bemächtigen. Denn es giebt gar viele von einander unterschiedene Arten des Fischfanges; und ein Hauptgegenstand unseres Werkes, der die Aufmerksamkeit nachdenkender Leser verdienet, wird die deutliche und umständliche Erklärung aller derer Künste seyn, welche die Menschen erfunden haben, sich ihrer Beute zu bemächtigen, die sie so gar in der Tiefe der Gewässer, einem Elemente, das ihnen ganz und gar fremde ist, aufsuchen; Künste, die einen großen Vorzug für den Künsten der Jagd haben, bey welcher die Gewässer, Schlingen und Netze, uns in einem Elemente an die Hand gehen, das uns wesentlich zukommt. Es ist nicht sonderbarer zu sehen, wie Fische von ihres gleichen verfolgt und weggefangen werden, als zu sehen, wie ein vierfüßiges Raubthier, oder ein Raubvogel andere Thiere, wovon sie sich nähren, verfolgen, jagen, und sich ihrer bemächtigen. Aber das würde etwas besonderes seyn, wenn man sehen sollte, daß Fische, die nicht aus dem Wasser gehen können, Thiere, welche in Wäldern wohnen, oder auch solche, die in der Luft schweben, ohne sich auf dem Wasser niederzulassen, wegfiengen 2).

Der Mensch welcher aufs höchste einige Augenblicke im Wasser bleiben kann, hat es durch eine unendliche Anzahl sinnreicher Mittel so weit gebracht, daß er ein Besitzer der Fische geworden ist, welche ein Element bewohnen, das seiner Natur so entgegen ist. Das Wild sucht sich dem Auge des Jägers, der es verfolgt, zu entziehen, und sein Haupthülfsmittel ist, vor seinem Feinde zu fliehen; allein es scheint, daß die Fische von dem Fischer durch einen unübersteiglichen Schlagbaum abgesondert, und auf dem Grunde der Gewässer gegen allen Anfall in Sicherheit sind: dem ohnerachtet wird man in der Folge sehen, daß der Mensch eine unzählige Menge von Mitteln erdacht habe, wodurch er alle diese Schwürigkeiten überwinden kann. Eben die umständliche Beschreibung dieser verschiedenen Künste ist es, die wir so deutlich als möglich vor Augen legen wollen.

Die Künste erreichen nicht auf einmal ihre Vollkommenheit. Anfänglich zeigen sich nur die einfachsten Dinge dem menschlichen Geiste, selbige führen aber zu schwerern, welche von selbst neue Entdeckungen an die Hand geben.

C 2 Zuerst

---

2) Ich muß bekennen, daß es mir etwas dunkel vorgekommen, was der Herr Verfasser hiermit hat sagen wollen. Indessen fällt mir hier bey der Hecht ein, der den Fuchs gefangen hat, welchen der berühmte Rüdinger zu Augspurg in Kupfer gestochen hat. D. O.

Zuerst haben ohne Zweifel diejenigen, welche die Ufer des Oceans bewohnen, die Fische, die, wenn das Meer abgelaufen war, auf dem Sande zurück blieben, aufgelesen.   Die Reisenden berichten uns, daß man in solchen Gegenden, die wenig bewohnt sind, und wo der Fisch sehr häufig ist, ihn leicht und beynahe mit der Hand fangen könne.   Unsere Küsten sind nicht so fischreich, daß man von dieser Art des Fischfanges Gebrauch machen könnte.   Indessen bedient man sich doch derselben wirklich in gewissen Kesseln, zwischen den Klippen, wo bey der Ebbe nur wenig Wasser übrig bleibt.   Denn die Fische, welche mit der Rückkunft des Wassers nicht fortgegangen sind, können daselbst sehr leicht in künstlichen Arten von Fischhältern gefangen werden, indem man mit Netzen, Horden, Stangen u. s. w. gitterichte Umstellungen machet, welches ein Fischzaun (Parc) genennet wird.

Als man diesen Fischfang zu treiben anfieng, wurde man gewahr, daß viele Arten von Fischen in den Sand schlupften, um sich den Augen der Fischer zu entziehen; man wird aber gar bald Mittel ausfindig gemacht haben, sich ihrer daselbst habhaft zu machen.   Anderwärts hat man es für bequemer gehalten, anstatt die Fische mit der Hand zu fangen, sie mit dem Wurfspieße zu stechen; und diese ersten Versuche haben Anleitung gegeben, große Fischereyen anzustellen, die man das Fischstechen (la Fichure) oder Harpunage nennet; oder man hat die Fische in einem kleinen zwischen den Armen einer Gabel befestigten Garnsacke gefangen.   Man bedient sich zuweilen der Netze, die Hamen (Trubles) genennet werden, eine große Menge Fische zu fangen, wenn sie zu gewissen Zeiten haufenweise in die Flüsse gehen.   Auf eine eben so leichte Art werden die Fische in den Teichen gefangen, wenn das Wasser abgelassen worden ist.

Da diejenigen, welche an dem Ufer des Meeres wohnten, bemerkten, daß bey der Fluth das Meer viel Land bedecket, welches selbiges nach der Ebbe wieder verläßt, und daß viele Fische mit der Fluth herauf kommen, und mit selbiger wieder zurück gehen, so haben sie eine unzählige Menge von Mitteln ausfindig gemacht, sie bey ihrer Rückkehr aufzuhalten; als: mit Ködern versehene Angeln, Säcke oder Schläuche, verticale Netze, in die Breite gestellte Netze, u. s. f.

Nach

Nach und nach sind die Fischer kühner und sinnreicher geworden. Sie haben sich von den Ufern des Meeres entfernet. Sie haben sich Schiffen anvertrauet; sie haben sich sehr weit aufs hohe Meer hinaus begeben, und Mittel ausfindig gemacht, den Fisch in einer großen Tiefe unter dem Wasser bald mit Wurfgarnen, (Dragues), welche den Grund des Meeres umwühlen a); bald mit Netzen aufzusuchen, die eine ungeheure Größe haben, damit sie die Fische, die unter dem Wasser gehen, aufhalten können. Sie haben auch in dem Meere eine unzählige Menge von Angeln vertheilet, vermittelst welcher die Fische, die von Natur freßgierig sind, gefangen werden.

Uebrigens beruht dieses Lehrgebäude von dem Ursprunge und dem Fortgange der verschiedenen Arten des Fischfanges bloß auf Muthmaßungen, und wir haben es nicht für gut befunden, uns bey der Eintheilung unsers Werkes darnach zu richten b). Dieser Weg, welcher auf eine bequeme Art einen allgemeinen aber seichten Begriff geben kann, würde sich zu einer vollkommenen Abhandlung von der Fischerey ganz und gar nicht schicken. Wir haben uns daher nach einem andern Entwurfe, den wir gleich vor Augen legen wollen, zu arbeiten vorgenommen.

Die Fische sind von Natur sehr freßgierig, und leben beynahe nur von andern Fischen. Diese Thiere sind beständig beschäfftigt, einander zu bekriegen; die großen fressen die kleinern, und sind der Raub von andern größern c).

C 3 Gewohn-

---

a) Sie haben unten kleyerne Kugeln und lassen sich oben mit einem Seile zusammenziehen. Man bedient sich auch derselben auf dem mittelländischen Meere. Vit. Donati Historie des adriatischen Meeres S. 16. der teutschen Ausgabe. D. S.

b) Diese muthmaßliche Vorstellung von dem Ursprunge der Fischerey scheinet sehr eilfertig gemacht zu seyn, und ist nicht gut gerathen. „Hat „Gott dem Menschen die Herrschaft über die „Fische gegeben, so hat er ihm auch Verstand „verliehen, solche zu fangen. So viel Nationen „in der Welt seyn, so viel Arten findet man „auch des Fischfanges. Die Schrift gedenket „schon des Angelns in den allerältesten Zeiten „vor dem verkündigten Gesetze (Hiob XL. 21.) „des Hamens (Eccl. IX, 12.) und der Netze.„

Richters Ichthyotheologie S. 349. Das ist kurz und gut. D. S.

c) Das läßt sich doch aber nicht so allgemein von den Fischen behaupten. Es leben nicht alle vom Raube. Man macht den Unterschied unter Raubfischen, Weide- und Futterfischen, und Schlammfischen. Selbst große Räuber andrer Fische verschonen gewisse Arten von Fischen Der Wels beschädiget keinen Karpen, und frißt ihn weder todt noch lebendig; und von dem Wolf unter den Fischen, dem Hechte, hat man die Meynung, daß er die Schleye verschone. Richters Ichthyotheologie S. 431. Ich muß aber bekennen, daß ich von der Richtigkeit der letztern Meynung nicht überzeugt bin Denn der Hecht auf den Raub acht, so geschiehet es in der Höhe; auf dem Grunde der Flüsse und

Laiche

Gewohnt vom Raube zu leben, fallen sie dasjenige, was man ihnen darbiethet, sehr begierig an, und diese Freßbegierde hat den Fischern verschiedene
Mittel an die Hand gegeben, viele derselben zu fangen, indem sie sie entweder durch Köder in Netze, oder in Fischreusen locken; oder indem sie in dem
Köder einen sehr spitzigen Haken verbergen, welcher an eine Schnure oder an
einen metallnen Drat befestigt ist. Wenn dieser Haken recht im Schlunde
oder Gaumen des Fisches steckt, so kann man ihn damit aus dem Wasser ziehen, und sich desselben bemächtigen. Dieser Fischfang, den man das Angeln
nennt, wird auf viele verschiedene Arten verrichtet, die wir unten beschreiben
werden.

Die Netze sind Arten von Filtrirtüchern, (Filtres), wodurch das Wasser leicht geht, der Fisch zurückgehalten wird. Man braucht zuweilen Köder
dabey, um die Fische anzulocken; am gewöhnlichsten aber stellt man bloß Netze
in Flüsse, um die Fische, welche dem Laufe derselben folgen, zurück zu halten;
oder, indem man das Netz ins Wasser lässet, diejenigen zu fangen, die sich
auf dem Wege daselbst finden lassen.

Es giebt Netze von vielen Gattungen und von sehr verschiedenen Gestalten, so wie es die Oerter, wo man fischen will, und die Art der Fische, die
man fangen will, erfordern. Wir werden sie alle beschreiben, und die Umstände, wo es besser ist, die einen zu gebrauchen, als die andern, bekannt
machen.

Zu dem Verzeichnisse der Netze muß man die Wurfgarne, welche zu der
Fischerey der Muscheln dienen, und die Reusen, die eigentlich Netze d) von
Weidenholze sind; so wie diejenigen Fischereyen rechnen, welche Bourdigues,
Schilffischereyen, heißen, und Arten von Trichtern sind, die von Schilfe
oder Rohre gemachet werden, und den Fisch in Irrwege führen, aus welchen
er nur sehr schwer heraus kommen kann e).

Man

Solche raube er nicht. Man steckt aber die
Schleye fast beständig im Schlamme, und kommt
nur in die Höhe, wenn sie matt Wasser hat.
Dieses hat vielleicht zu der Meynung Anlaß gegeben, daß der Hecht der Schleye verschonet.
Wenn man Hechte und Schleyen in einen Fisch-
kasten zusammensteckt, wie ich man wohl gewahr werden, daß der Hecht der Schleyen so
wenig, als der Karpen, wenn er mit denselben

in einem solchen Behältnisse steckt, verschone.
D. S.

d) Das ist sehr uneigentlich gesprochen, wenn
man eine von Weidenholze geflochtene Reuse
ein Netz nennet. D. S.

e) Ein am Ufer der See mit Rohr oder
Schilfbesetzter Platz, der einen engen Trichter-
förmigen Eingang zu dem Fange hat. D. S.

Man fängt auch Fische, indem man sie mit dem Feuer f) herbey lockt, oder indem man sie mit Gabeln (Gaffes), Harpunen, Wurfeisen, und Dreyzacken sticht; und auf diese Arten, welche unter dem Namen des Fischstechens (la Fichure) oder der Harpunage bekannt sind, bemächtigt man sich der großen Fische g).

Diese kurze Vorstellung der verschiedenen Arten vom Fischfange wird den Gegenstand des ersten Theiles unseres Werkes ausmachen. In dem andern, welcher wenigstens eben so interessant seyn wird, werden wir die Beschreibung und die Geschichte der Fische vor Augen legen. Die Naturkündiger werden also darinnen eine Ichthyologie antreffen, welche wir so wohl durch die Genauigkeit der Beschreibungen, als durch die Verbesserung der Figuren so vollständig als möglich machen werden; allein wir werden uns nur auf die Arten von Fischen einschränken, wovon wir eine vollkommene Kenntniß haben können.

Diese Beschreibung erfordert eine sehr weitläufige Arbeit. Die Ordnung, nach welcher wir uns bey der Ausführung derselben gerichtet haben, ist folgende:

Das ganze Werk ist in zween Theile abgetheilt. Der erste enthält, wie wir eben gesagt haben, die Geschichte der Fischereyen; der andere die Geschichte der Fische, die die Frucht davon sind.

Wir haben die Fischereyen in drey Hauptabschnitte abgetheilt, welche wieder in verschiedene Kapitel und Artikel getheilt werden sollen.

Der Fischfang mit den Angeln ist der Gegenstand des ersten Abschnittes.

In dem andern werden wir die Fischereyen, die man mit allen Arten von Netzen vornimmt, vor Augen legen.

Im dritten wird man verschiedene Arten des Fischfanges finden, die nicht unter die Gattungen der ersten Abschnitte haben gerechnet werden können.

In

---

f) Nicht bloß mit Feuer, sondern auch auf viele andere Art werden, die Fische herbey gelocket: z. E. die Dose mit grünen Erbsen, die am Ufer in einer kleinen Entfernung angesäet werden; die sogenannten Tobiesgen (Anguillae de aren) mit weißen Tüchern; z. die schonische Reise des Herrn von Linné S. 157. und dergl. D. S.

g) Unter den Flußfischen läßt sich nur die Barbe mit der Harpune stechen, wenn das Wasser sehr helle und nicht hoch ist. D. S.

In dem andern Theile wird man die Fische, die das Product des Fischfanges ausmachen, bekannt machen.   Jedes Geschlecht von Fischen wird in
einem Capitel, und jede Gattung in einem Artikel begriffen seyn.   Wir werden in dem Artikel, wo von einer Gattung von Fischen gehandelt werden wird,
die Art ihres Fanges anführen, wenn selbige eine Behutsamkeit erfordert, die
in dem ersten Theile nicht hinlänglich beschrieben worden ist.   So werden wir
z. E. in dem ersten Theile bloß sagen, daß der meiste Kabeljau mit Angeln gefangen werde, und diejenigen, die man zu diesem Fischfange braucht, sollen
vor Augen geleget werden; daher werden wir in dem besondern Capitel von
dem Stockfische anmerken, daß es viele Gattungen von diesem Geschlechte, und
verschiedene Arten, sie zu fangen, giebt.   Wir werden die Gegenden anzeigen,
wo dieser Fischfang getrieben wird; wir werden auch die Art, diese Fische ein-
zusalzen und zu trocknen, damit sie, ohne zu verderben, weit verführet werden
können, anzeigen.

Eben so werden wir von dem Heringe, von der Sardelle, von der Makrele, von dem Lachse u. a. handeln.

Aehnliche Beschreibungen, welche nothwendig sehr abwechselnd seyn müssen, werden in dem andern Theile enthalten seyn.   Sie haben an sich selbst die
Annehmlichkeit, daß sie für die Naturkündiger wichtig sind, und curiöse Personen beschäftigen können.   Auf einer andern Seite ist der Nutzen, der daraus
erwächst, ein Grund mehr, uns Hoffnung zu machen, daß das Publicum un-
ser Werk geneigt aufnehmen werde.

Erster

Erster Abschnitt.

Von dem Fischfange mit den Angeln. Muthmaßungen von der Erfindung des Fischfanges.

Es ist, wie wir bereits gesagt haben, wahrscheinlich, daß die Raubbegierde der Fische Gelegenheit gegeben hat, diese Art des Fischfanges zu erfinden. Wenn man an einem nur etwas wenig fischreichen Orte ein Stück Fleisch oder Fisch ins Wasser wirft, so siehet man eine große Menge von diesen Thieren selbiges mit Gierigkeit anfallen, und um die Beute, die man ihnen darbiethet, kämpfen. Diese Bemerkung hat zu den Gedanken, den Köder an eine keine oder Schnure zu binden, Anlaß geben können; und da ihn der Fisch mit einem Theile der Schnure begierig verschluckt hat, so hat man ihn endlich an sich zu ziehen gelernet, indem man einige auf solche Art ans Land gezogen hat.

Wenigstens ist es gewiß, daß man, ohne einige andere Zurüstung, auf solche Art eine große Menge Fische und Krebse fangen kann.

Man sagt so gar, daß an Oertern, wo es viele Aale giebt, selbige mit einer Ruthe von zartem Holze, in dessen spitziges Ende man einen dicken Wurm steckt, gefangen würden. Die Aale hängen sich so fest daran, daß man sie aus dem Wasser ziehen kann, ohne daß sie die Ruthe loß lassen b).

Ich habe irgendwo gelesen, daß an der Küste von Volentia in Spanien von dem Monate Junius bis in den November mit Leinen, an welche ein kleines Stück Rindsfuße gebunden wird, Aale gefangen werden. Vermuthlich bleiben die Aale in der Senne, welche fest ist, mit den Zähnen hängen.

Da

---

b) Auf diese Art möchte wohl kein großer Fang zu machen seyn. Sie werden mit weniger Mühe und in größerer Menge mit den sogenannten Aalpuppen, oder Nache- auch Legangeln gefangen. In die Schnure wird oben ein Bündelgen Binsen oder Schilf, etwa einer Viertelelle lang, und unten die Angelhaken, mit dem Köder, einem kleinen Fisch, Regenwürmern 2c. angebunden. Dergleichen Puppen werden des Abends in Menge auf stehenden Wasser ausgeworfen. Die Binsen- oder Schilfbündelchen schwimmen oben auf dem Wasser. Früh zieht sie der Fischer behutsam aus dem Wasser in den Kahn, damit der Aal, der angebissen hat, nicht entwische. So viel Puppen, so viel Aale, wenn der Fang gut ist. Man fängt die Aale aber auch in Reußen, mit Aalgabeln oder Dreyßstacheln 2c. In der Havel ist dieser Fang gebräuchlich; die Reußen werden daselbst Strohrukörbe genennet. D. S.

D

Da man bemerkte, daß der Fisch oft seinen Raub fahren ließ, ehe er ans Land kam, so ist man ohne Zweifel auf den Einfall gekommen, in den Köder einen sehr spitzigen Haken zu stecken, welcher, indem er in den Gaumen oder in den Schlund des Fisches drang, ihn verhinderte, den Köder fahren zu lassen.

Es ist wahrscheinlich, daß diese ersten Haken Dörner von Bäumen gewesen sind; und zwar um so mehr, da man sich derselben noch an einigen von unsern Küsten bedienet; und es berichten uns Reisende, daß die Einwohner von Brasilien Dörner nehmen, wenn sie keine metallnen Haken haben.

Man liest auch in der Naturgeschichte von Island, daß die Angeln, deren sich die Isländer bedienen, sonst von Knochen gemacht worden. Weiterhin werden wir von allen diesen Dingen umständlicher reden. Es ist genug, daß wir gezeiget haben, auf was für Art der Fischfang mit den Angeln, nach unsrer Meynung, nach und nach zur Vollkommenheit gebracht worden ist i).

i) „Das Festfangen der Neunaugen an Stecken hat uns Krähhamen machen gelehret; „des Brassens Streichen an den Stränden während der Laichzeit, hat zu dem Reußerr Anlaß „gegeben; das Aufsteigen des Hechtes im Früh-„jahre zu Angeln; das Laichen des Barsches „auf steinigten Gründen zu Sackgarnern; das „das Aufspringen des Lachses gegen steinigte „Böden hat endlich Lachsfänge veranlasset. „Hiernach sind also für jede Sorte Angeln, „Zuggarne, Netze, Sackgarne und dergleichen eingerichtet worden. S. der königl. schwedischen Akademie Abhandlungen Th. II. S. 203. D. S.

Erstes Kapitel.

Allgemeine Betrachtungen über den Fischfang mit den Angeln.

Wir haben für gut befunden, ehe wir den Fischfang mit den Angeln umständlich beschreiben, einige allgemeine Begriffe vor Augen zu legen, welche einigermaßen dem, was wir in diesem ersten Abschnitte zu sagen haben, zur Einleitung dienen können. Dieses erste Kapitel wird daher nur allgemeine Begriffe, oder vielmehr vorläufige Kenntnisse enthalten, die wir in eben so vielen besondern Artikeln abhandeln werden.

Erster Artikel.

Von den Vortheilen, die dem Fischfange mit den Angeln besonders eigen sind.

Der Fischfang mit den Angeln verdient um so mehr sorgfältig beschrieben zu werden, da man ihn auf allen Arten von Tiefen, selbst mitten unter den Klippen vornehmen kann. Er ist zu allen Jahreszeiten, und beynahe allezeit practikabel; denn das Meer muß sehr stürmisch seyn, wenn man diesen Fischfang zu unterlassen genöthiget seyn soll.

Ueberdieß können ihn die kleinsten Fischer vornehmen, ob man ihn gleich zu einer der großen Fischereyen, die auf dem Meere getrieben werden, machen kann.

Wir wollen hinzu fügen, daß er ohne Widerspruch derjenige ist, welcher am wenigsten zur Verheerung der Fische beyträgt. Er zerwühlt, und verdirbt nicht die Gründe und die Seekräuter, an welche die Fische ihren Laich legen, und wohin sich die kleinsten Fische verkriechen, um sich gegen die reissenden Ströhme, und gegen die großen Fische, die sie jagen, in Sicherheit zu setzen. Es ist also dieser Fischfang denen Oertern, welche zur Ausbrütung der Fische im Meere und in den Flüssen dienen, nicht im geringsten nachtheilig.

Es ist gewiß, daß, wenn nur dieser Fischfang ausgeübet würde, man allezeit Fische im Ueberflusse haben würde. Das ist auch beynahe die einzige Art zu fischen, die in Mexico, wo das Meer allezeit sehr fischreich ist, üblich ist; und zu Cadix ist es diejenige, welche hauptsächlich im Sommer vorgenommen wird, um sich mit frischen Fischen zu versehen.

D 2

Viel

Viel andere Arten vom Fischfange verwunden und tödten eine unzählige Menge von Fischen, welche in diesem Zustande an die Orte, wo man Gebrauch davon machet, nicht verführt werden können. Also entsteht daraus eine ungeheure Verwüstung, welche weder zum Nutzen der Fischer, noch zum Vortheile des Publici gereicht.

Wenn man im Gegentheile mit den Angeln fischet, so ist der Fisch, der an den Köder beißt, allezeit groß genug, verkauft zu werden. Er ist sehr frisch, und so zu reden noch lebendig, wenn man ihn herausziehet, weil oft die Angeln nur einige Stunden im Meere bleiben; und da sich die meisten Fischer nur kleiner Fahrzeuge bedienen, so laufen sie häufig auf den Strand, um daselbst ihre Fische auszuladen, und sogleich ihren Fang wieder anzufangen. Die Fischhändler, welche frische Seefische bald weiter verführen, begeben sich, auf davon erhaltene Nachricht, dahin, laden die Fische auf, und können sie sehr weit in das Innere des Königreichs bringen.

Allein mit denen, welche von den Netzen verwunden und ermüdet worden sind, hat es eine ganz andere Beschaffenheit. Sie sind oft todt, oder im Begriff abzustehen, wenn man sie aus dem Meere ziehet, und wenn sie lange in den Netzen gesteckt haben, so sind sie beynahe verdorben, ehe man sie zum Verkaufe auslegen kann.

Die Fische, die die beste Beschaffenheit haben, sind also diejenigen, die mit den Angeln gefangen werden. Daher bezahlen sie die Fischhändler, so sie weiter verführen, viel theurer, als diejenigen, welche mit den Netzen gefangen worden sind.

Wenn man diesem Fange mit den Angeln einen Vorwurf machen kann, so bestehet er darinne, daß man dazu eine große Menge Fische zum Köder braucht. Wenn man zu diesem Gebrauche kleine Fische von aller Art nimmt, wie man zuweilen 6 Stück zu einer einzigen Angel nöthig hat, so ist das ein großer Nachtheil für die junge Brut der Küste; und da es oft geschiehet, daß die Fischer große Fische kaufen müssen, so sind dieses beträchtliche Unkosten, in Ansehung welcher sie das Product des Fanges nicht schadlos hält.

Allein man kann zum Vortheile dieses Fanges sagen, daß man damit beynahe alle Arten von Fischen fängt. In süßen Wassern fängt man, außer den **Gründlin-gen** h), (Goujons) **Blicken** l), (Ablettes) **Flußstinte** m), (Eperlans de ri-
viere)

h) Cottus Gobio LINN. S. N. n. 452. 6.   giebt, und besonders in der Seine gefangen wird.
l) Cyprinus Albarnus LINN. 531. 24.   Sein Fleisch hat einen Geruch wie Violen und
m) Ein kleiner Seefisch, der in die Flüsse   ist von gutem Geschmacke. D. E.

viere) Schmerlen n), (Lochis), Schrole oder Rotaugen, (Gardons) o), die Brassen, (Bremes) Barben, (Barbeaux) Aalraupen, (Lottes) Aale, (Anguilles), Barsche, (Perches), Schleyen, (Tanches), Hechte, (Brochets), Karpen, (Carpes), Forellen, (Truites), Lächse, (Saumons), und zuweilen Stöhre, (Esturgeons).

Man fängt auch im Meere alle Arten von platten Fischen, Solen, (Soles), Platteißen, (Plies) Meerbutten, (Barbues) p), Limanden, (Limandes), Schollen, (Carrelets), Buttfische, (Turbots), Rochen, (Raies), u. s. w. und beynahe alle Arten von runden Fischen, als die Seehechte, (Merlans) Makrelen, (Maquereaux), Seedrachen, (Vives), ... (Bars) Meerbarben q), (Mulets), Kabeljau, (Morues), zuweilen auch Thunfische, (Thons), Stöhre, (Esturgeons), Delphins, (Marsovins), und auch weichschaalige (crustacées) von sehr vieler Art. Man kann also sagen, daß mit den Angeln Fische von aller Art, und die besten Gattungen gefangen werden.

Zweeter Artikel.

Erklärung einiger Ausdrücke, die dem Fischfange mit den Angeln besonders eigen sind.

Da wir verschiedene Ausdrücke, die der Art des Fischfanges, womit wir uns gegenwärtig beschäfftigen, eigen sind, und die diejenigen, welche sich mit dem Fischfange nicht besonders bekannt gemacht haben, nicht wissen, werden brauchen müssen, so ist es, damit wir uns verständlich machen, nothwendig, sie zu erklären, und einige Umstände, welche so zu reden die Hauptgrundsätze des Fischfanges mit den Angeln ausmachen, zu erläutern. Was wir in der Folge werden zu sagen haben, wird dadurch desto deutlicher werden.

Wir müssen aber hier voraus sagen, daß man sich nicht wundern dürfe, wenn man gewahr wird, daß wir einerley Gegenständen verschiedene Namen geben, hauptsächlich wenn sie zum Seewesen gehören. Die Ursache davon ist, weil man in vielen Provinzen Frankreichs, die an dem Meere liegen, verschiedene Sprachen redet, oder doch verschiedene gemeine oder Provincialausdrücke braucht. Ueberdieß ist kein Hafen so klein, wo

 nicht

n) Gründlinge, Schmerlen und dergleichen kleine Fische mit Angeln zu fangen, das würde die Mühe nicht belohnen. D. Ue.

o) *Cyprinus* Jerses dictus ARTEDI.

p) *Pleuronectes* Hippoglossus LINN. 456. 4.

q) *Mugil* Cephalus LINN. 520.

nicht die Fischer Ausdrücke angenommen haben, die ihnen besonders eigen, und öfters bloß die Ausdrücke der benachbarten Häfen auf eine verstellte Art sind. Was uns anbetrifft, so haben wie uns der Ausdrücke, deren Gebrauch uns am gewöhnlichsten vorgekommen ist, bedienet, ohne zu behaupten, daß sie besser wären, als die andern.

Es ist sehr gewöhnlich, daß man ohne Unterschied sagt, mit der Angelleine (à la Ligne) oder mit dem Haken (à l'Hameçon) fischen; gleichwohl aber sind diese Ausdrücke nicht gleichbedeutend. Um sich von ihrer Bedeutung einen rechten Begriff zu machen, muß man vorläufig wissen, daß die Seeleute ein dünnes Seil Leine (linie) (Ligne) nennen. In dieser Bedeutung sagen sie: eine Fischerleine, eine Locklinie*) (Ligne de loc) eine Bleyschnure, Bleyloth, (Ligne de sonde) ein Ankerseil, Ankertau, (Amarrage); u. s. w. Eigentlich zu reden ist also die Leine, (la Ligne) das dünne Seil, oder die Schnure*), an welche man den Haken, der gewöhnlich die Angel heißt, anbindet; und daher sagt man, daß man mit der Leine (à la Ligne) fischet, wenn man mit der Angel fischet; weil man in diesem Falle die Leine für den Haupttheil dieses Fischfanges nimmt. Allein wenn man diesen Ausdruck recht genau nehmen wollte, so sollte man ihn nur brauchen, wenn man eine bloße Leine oder Schnure, an deren Ende ein Angelhaken ist, in der Hand hält.

Wenn man in der Hand eine Ruthe, an welche eine mit einem Angelhaken versehene Schnure gebunden ist, hält, so wird diese Art zu fischen: mit dem Rohre oder Stabe (à la Canne) oder mit der Ruthe (Cannette) fischen genennet; auf Italienisch Canna oder Cannaccia, weil man das Instrument mit einem Rohre vergleicht; um so mehr, da der Angelstab oft von einem Schilfrohre gemacht ist, welches in lateinischer Sprache Canna heißt.

Zuweilen hält man, ohne sich eines Stabes zu bedienen, eine mit einem Angelhaken versehene Leine in der Hand; und dieses kann man eigentlich mit der Leine fischen nennen. Die Flußfischer nennen eben diese Leine Bricolle, weil sie in einem Flusse an einem Pfahl gebunden ist.

Wenn

---

*) Ein dünnes Seil, das man an ein Stück Holz, welches mit Bley beschweret und ins Wasser gelassen wird, befestiget, um den Weg des Schiffes abzumessen. D. Ü.   *) Nachdem es stärker oder dünner ist, heißt es Angelseil oder Angelschnure. D. Ü.

Wenn man viele Leinen an einen schweren Körper, den man auf den Boden des Waffers hinab fallen läffet, anbindet, so bekommt diese Art zu fischen die Benennung: auf dem Grunde fischen t), (pecher par sond) sie hat auch noch verschiedene andere Benennungen, je nachdem man den Angeln eine verschiedene Lage giebt, entweder um einen Reifen herum, oder an dem Rande eines Korbes, den man in Provence den Palanderkorb, Couffe de Palangre nennet; oder an einem eisernen Kreuze, welches die Einwohner in Provence Fourquete nennen; oder an einer krumm mit einem Bleye beschwerten Ruthe, die der Bogen genennet wird, oder auf viele andere Arten, die beynahe auf eins hinaus laufen, und wovon wir unten reden werden.

Mit Angeln versehene Leinen, welche an dem Ufer des Meeres an einen Stein gebunden sind, werden in dem Ocean kleine Cablieren u), (Cablieres) genannt, weil man die Steine, deren man sich bedient, die Seile zu befestigen, auch Cablieres nennet.

Was den Fischfang mit großen Cablieren anbetrifft, so bestehe er in einem Seile, welches an zween große Steine befestigt, und in seiner Länge mit kleinen Leinen oder Schnuren, woran die Angeln geknüpfet werden, versehen sind.

Wenn dünne mit Angeln versehene Leinen oder Schnuren in einer gewissen Anzahl an einem Hauptseile (Corde principale) verhaltet sind, x), so wird dieses Seil in dem Ocean Bauffe, oder Maitresse Corde, das Hauptseil, in dem Mittelmeere aber Maistre de Palangre genennet, weil dasjenige, was man in dem Ocean pecher aux Cordes, mit Seilen fischen nennet, im Mittelmeere palangrer mit Palandern, platten Fahrzeugen, fischen y) genannt wird. In dem Ocean sagt man ein Seilfischer, Cordier, und in dem Mittelmeere Pecheur, Palangrier, ein Palanderfischer. Die Genueser nennen das, was die Einwohner in Provence Palangre heissen, Paramite.

Ofters werden die Hauptseile (Bauffes), an statt selbige auf dem Sande mit den sogenannten Cablieren an den Enden auszuspannen, an Pfähle (Piquets) angebunden, und dieses nennt man tendre sur Palots, an Pfählen ausspannen.

Was

---

t) Das heissen unsere Fischer Nachtangeln. D. S.

u) Hierzu findet sich kein teutscher Ausdruck, man müßte denn sagen wollen: mit großen und kleinen Steinen. Die Teutschen haben überhaupt wenig Seefischerey, und also auch wenig dazu gehörige Kunstwörter. D. S.

x) Sie hängen am Seile in einer gewissen Distanz von einander perpendicular im Waffer. D. S.

y) Palandra ist die Art platter Fahrzeuge auf dem mittelländischen Meere, von mittelmäßiger Größe, die auch zur Fischerey gebrauche wird. D. S.

Was die feinen Leinen, welche von dem Hauptseile ausgehen, anbetrifft, so werden sie in dem Ocean Leinen, Lignes oder Lannes, zuweilen auch Semelles genennet. An das Ende dieser Seitenleinen sind diejenigen, welche die Angelhaken tragen, angebunden; und diese werden in dem Ocean Piles oder Empiles, und in dem Mittelmeere Bresseaux Angelleinen, Angelschnuren genennet. Es ist sehr gewöhnlich, daß man die Angeln unmittelbar an die Leinen, die von dem Hauptseile ausgehen, anbindet; in diesem Falle dienen sie statt der Angelleinen, und führen zuweilen den Namen derselben.

Ein Stück von den Seilen, welches mit Angelleinen und Angeln versehen ist, wird oft in dem Ocean Piece d'Appelet genennet; und eine gewisse Anzahl von solchen Stücken, die an den Enden zusammengefügt sind, macht dasjenige aus, was man Tessure, die Ausspannung, Ausstellung nennet. · Diese Benennung würde sich besser für Netze schicken, allein die Seilfischer haben sich selbige zugeeignet. Durch einen ähnlichen Mißbrauch der Benennung geschieht es, daß die Seilfischer sagen, daß sie ihre Netze ausstellen, wenn sie ihre Seile mit den Angelhaken ins Meer legen.

Man wechselt auch in Ansehung der Lage der Seile noch auf viele andere Arten ab; daher entstehen verschiedene Arten zu fischen, denen man besondere Namen giebt; als wenn man sagt auf dem Grunde (par fond), oder mit schwimmenden Seile (à Corde flottante) fischen, welches Bélée oder au Libouret genennet wird.

Wir werden oft Gelegenheit haben, von diesen verschiedenen Fischereyen zu reden; allein wir wollen itzt bloß einen vorläufigen Begriff davon machen. Es ist also zu wissen, daß gewisse Fische nicht leicht den Grund des Wassers verlassen, und daß man sie nicht anders, als mit einem auf dem Grunde ausgespannten Seile mit Angeln fangen kann.

Andere Fische halten sich zwischen dem Wasser auf; um sie nun zu fangen, legt man einige Steine auf das Hauptseil, welches man dadurch zu Boden fallen, verhindert, daß man es von einer Entfernung zur andern mit Leinen unterstützt, die mit Korkflößen, (Flottes de liege), welche auf dem Wasser schwimmen, versehen sind. Es ist leicht einzusehen, daß, wenn die Leinen mehr oder weniger lang gehalten werden, man dadurch zuwege bringt, daß die ganze Ausspannung (Tessure) sich mehr oder weniger von der Oberfläche des Wassers entfernet. Zuweilen befestigt man auch die Korkflößen auf dem Hauptseile und beschweret die Angelleinen (Empiles) mit kleinen Stücken Bley. Dieses thut man im Sommer in der Hitze, wenn sich die Fische der Oberfläche des Wassers nähern, und durch die Insecten, die sich daselbst zuweilen in großer Menge befinden,

den, dahin gelocket werden. Diese Fischerey wird die Fischerey zwischen zwey Wasſern *), (entre deux eaux) oder la Belée genennet.

Die metallnen Haken, die an das Ende der leinen oder der Angelschnuren ange.
knüpfet werden, werden gemeiniglich Angeln genennet; das geschiehet aber auf eine
uneigentliche Art. Die Fischer des Oceans nennen sie Hains, und die in der Provence
Mouscleaux. Unsere Fischer nennen einen mit seinem Köder versehenen Haken, (Hain)
eine Angel, (Hameçon). In dieser Bedeutung kann man eigentlich sagen, mit
der Angel fischen, weil der Haken, um den Fisch zu fangen, mit seinem Köder ver.
sehen seyn muß.

Dieses sind allgemeine Begriffe; itzt wollen wir wieder zu einer umständlichen Be.
schreibung dieser verschiedenen Gegenstände schreiten.

Dritter Artikel.
Von den Seilen (Cordes) den Hauptseilen (Bauffes) den Lei-
nen, (Lignes) und Angelleinen oder Schnuren (Empiles).

Man macht zu kleinen Fischereyen, wie z. E. mit der Angelruthe, (à la Campe)
seine leinen von Haaren oder von Seide; allein zu großen Fischereyen werden die
Hauptseile, so wie die leinen und die Angelleinen (Empiles) von guten Hanfe vom be.
sten Wuchse, der mehr oder weniger fein gesponnen ist, so wie es die Dicke, welche die
leinen haben müssen, erfordert, verfertiget. Diese Fäden werden gewöhnlich gezwirnt oder
fest zusammengedrehet (en aussiere) und selten ungezwirnt oder leicht zusammengedrehte
(en grelin). Die gezwirnten (Aussieres) sind von zwey oder drey Fäden, oder von
3 Bündeln von Fäden, welche bloß in einander gedrehet sind *), und die ungezwirn-
ten (Grelins) von drey gezwirnten, die leicht zusammeugedrehet werden, gemacht b).
Uebrigens richtet man die Dicke der Seile und die Dicke der leinen nach der Gattung der
Fische ein, die man fangen will.

Wenn

*) Das nennen unsere Fischer zu halben
Grunde fischen. D. S.

a) So werden sie von der Stärke, wie unsere
sogenannten Klafterschnuren. D. S.

b) S. Traité de la Fabrique des manœuvres
der Vaisseaux, ou l'Art de la Cordeie perfe-
tionné, welche Abhandlung der Seilekunst zu
Paris 1747, und aufs neue 1769 mit beträchtlichen Zusätzen herausgekommen ist.

E

Wenn die Angelleinen, (Piles oder Empiles) dick seyn müssen, so verfertigt man sie gewöhnlich wie das Hauptseil, mit dem einzigen Unterschiede, daß sie etwas dünner sind, wie man in G H I Fig. 1. Kupfert. II. siehet. Wenn aber die Haken klein sind, so knüpfet man sie unmittelbar an die Schnure, welche von gedoppelten Bindfaden, von guten Nähezwirn verfertigt wird, Kupfert. IV. Fig. 1. A B. Alsdenn dient die Leine zur Angelschnure (Empile). Diesen doppelten Bindfaden c) nennt man Schnuren, (Bitord). Wir werden unten anführen, wie sie verfertiget werden.

Wenn man Fische, welche die Angelschnuren (Empiles) mit ihren Zähnen zerbeissen könnten, fangen will, so macht man die Leinen oder Schnuren von Haaren, Kupfert. VI. Fig. 1. und 2. Einige halten es für besser, die Haarfäden zu drehen, und eine geflochtene Schnure (Cordonnet) daraus zu machen, wie wir unten zeigen wollen, wenn wir von dem Fischfange mit der Angelruthe reden werden. Allein es ist besser, wenn man die Schnuren von Meßingdrate, zuweilen einfach, Kupfert. IV. Fig. 2. zuweilen doppelte, Kupfert. II. Fig. 2. oder zusammengedrehe, (rollé) in Gestalt einer geflochtenen Schnure, Kupfert. I. Fig. 4. verfertiget. Zuweilen macht man auch, wie wir unten sagen werden, von diesem Drate eine Art von einer kleinen Kette d).

An das Hauptseil A B, Kupfert. II. Fig. 1. sind mit einem Kroten, den man einen doppelten Schlüssel (double Clef) e) nennet. Seitenleinen, wie C C angeknüpft, die, wie wie schon gesagt haben, Lgnnes, Semelles, und in der Provence Bresseaux, Leinen, heißen. An dem Ende dieser Leinen sind die Angelleinen oder Schnuren G H angeknüpft. Man nennet auch die Leinen D, womit die Kieselsteine E an das Hauptseil angebunden werden, Lanne.

An die Angelleinen (Piles) G H I werden die Angeln K angebunden.

Man hat einfache Angelleinen oder Schnuren, (Piles oder Empiles), Kupfert. III. Fig. 1. G G, und doppelte, Kupfert. III. Fig. 2. und 3. B D G, und sie werden ovale Leinen, zuweilen auch Strüppen (Estroppes) genennet.

Wir

---

c) Bindfaden, der von geringen Hanfe gemacht wird, taugt nicht zu Schnuren. Unsere Fischer machen ihre Schnuren von rheinländischen Hanfe, den sie für den besten halten. D. Ü.

d) Die von Drate sind hier nicht gebräuchlich wohl aber die Kettchen, die die Fischer selbst machen. D. Ü.

e) Bey und Kreutzknoten. D. Ü.

Wir haben **Kupfert. II. Fig. 1.** einen Kieſelſtein E, der an das Hauptſeil A B mit einer Leine D, vermittelſt eines Knoten, den man einen **halben Schlüſſel** nennet, gebunden iſt, vorgeſtellet.

Die 4te Figur, **Kupfert. III.** zeigt im Großen den Knoten F, der ein **Schlüſſel** genennet wird, und der Kieſelſtein E **auf eben dieſem Kupferſtiche** iſt mit einer doppelten Leine D auf das Hauptſeil befeſtiget.

Wenn das Hauptſeil nicht ſehr dicke iſt, ſo werden die Kieſelſteine öfters unmittelbar daran gebunden, wie man in D, **Kupfert. IV. und V.** ſiehet.

Die meiſten Leinen und Seile, welche von Hanſe gemacht ſind, werden in die Loh=grube gelegt (tannées), und zuweilen mit Theer angeſtrichen. Das geſchieht nicht allein, daß ſie länger dauern ſollen, ſondern daß auch der durch die Farbe betrogene Fiſch die Leine für Seegras anſehen, und dafür nicht ſo ſehr erſchrecken möge. In der Abſicht werden ſie zuweilen auch grün gefärbet. Wir werden dieſe verſchiedenen Zubereitungen unten beſchreiben.

Man ſagt, daß die Grönländer ihre Angeln von ſehr feinen und langen Fiſchbein=blättern machen, die ſie von den Baarden f) des Wallfiſches nehmen, wovon ſie auch Netze zu machen wiſſen.

In Braſilien und in vielen amerikaniſchen Inſeln werden ſehr gute Leinen von **Pittefäden** (Pitte) gemacht. Es iſt bekannt, daß dieſes Fäden ſind, die man von den Blättern einer Art von Aloe bekommt g).

Die Reiſenden melden, daß in Guinea an der Goldküſte die Seile zum Fiſchfange von Baumrinden gemachet werden.

Nach einer Beſchreibung von Canada bedient man ſich daſelbſt ohne Unterſchied zum Fiſchfange entweder der Hauptſeile, die aus Europa dahin gebracht werden, oder derjenigen, die man in dem Lande von der Rinde eines weiſſen Holzes machet, welche, wenn ſie recht zubereitet werden, ſo regulär ſind, als die Hanſſeile. Alſo ſind ſie bey=

E 2 nahe

---

f) Der Herr Verfaſſer ſagt: Lames priſes des barbes de Baleine: allein die Baarden ſind keineswegs der Bart des Wallfiſches ſondern das rohe Fiſchbein, welches an dem Oberkiefer dieſes Thieres ſitzt. S. davon und von der Art, wie der gefräßige Kabeljau, welcher, wenn er ſchon an der Angel hängt, einen kleinen Fiſch, den er noch erhaſchen kann, verſchlinget, mit der Angel=Leine gefangen wird, Jorgdragers grön=ländiſche Fiſcherey. S. 130 und 453. D.S.

g) Aloes Pitte iſt Aloe americana maior. D.S.

nahe denen Seilen ähnlich, die in Frankreich von der Linden- oder Maulbeerrinde gemachet werden.

Auf dem mittelländischen Meere macht man die Hauptseile (Maistres de Palangre) zuweilen von einer Art von Binsen, die in der Levante wachsen, und die man Auffo, Auffe, oder Sparte nennet. Diese Pflanze wächst häufig in Spanien und in Maltha, wo verschiedene Sachen, als Körbe, Decken, Seilwerk, Netze davon gemacht werden ʰ). Es giebt zwo Arten, nehmlich

1. *Spartum* Herba PLINII, welches das Spartum primum CLVSII ist, das der Herr von Linnee (*Sp. Plant* 116.) Stipa tenacissima, oder stipa aristis basi pilosis, panicula spicata, foliis filiformibus genennet hat.

2. *Spartum* alterum CLVSII, welches der Herr von Linnee (*Sp. Plant.* 78.) Lygeum, und das eigentlich sogenannte Spartum genennet hat. Dieses findet man in Spanien auf thonigten Feldern.

Folglich ist Nummer 1, welches in dem Sande wächst, feiner und besser, gute Arbeit davon zu machen, als Nummer 2. Man findet beym Clusius eine genaue Beschreibung von allen Eigenschaften dieser Grasart.

An einigen Orten macht man dieses Seilwerk zum Fischfange von Weinreben, oder von jungen biegsamen Zweigen von verschiedenen Bäumen, als von Pappelbäumen, Wasser- und andern Weiden; und dergleichen.

Vierter Artikel.
Von der Art, die Seile, Leinen, und Angelleinen zum Fischfange zu machen.

Die großen Seile und Leinen zu dem großen Angelhaken werden von den Seilern gemacht, die den besten Hanf dazu nehmen, und ihn mit aller möglichen Sorgfalt verarbeiten. Wir verweisen also den Leser in der Absicht zu der Seilerkunst, die wir bereits angeführt haben. Wir werden unten von den kleinen Handwerken reden, welche Leinen von Seide und Haaren verfertigen; wir haben aber für gut befunden, hier ein

h) Es werden auch Schuhe davon gemacht.   ben in dem Schauplatze der Künste Th. IX. S. 9.
Ich habe davon bereits nähere Nachricht gege-   in dem Schuster. D. Ü.

ein Handwerk bekannt zu machen, welches man auf den Küſten von Picardie und Normandie braucht, ſeine leinen und Angelleinen (Empiles) von Hanfe zu verfertigen. Wir haben es dem Herrn von Fourcroy, Oberingenieur zu Calois, zu verdanken, welcher uns die Zeichnung davon, die wir haben ſtechen laſſen, zugeſchickt hat.

Die Leingen oder Schnuren, (Peilles, Piles oder Peies), woran die leinenfiſcher die Haken hängen, ſind weiter nichts als Enden von Schnuren, (Bitord). Nichts würde leichter ſeyn, als dieſe Enden von Fäden mit der Hand noch einmal zu drehen und zu verdoppeln, um dergleichen Schnuren zu verfertigen, die bequem wären, die Angelhaken daran zu binden; wie die Fuhrleute thun, wenn ſie Schmitzen, (Touches) an ihre Peitſchen machen. Allein da die leinenfiſcher ſehr viel brauchen, ſo würde dieſe Operation zu langweilig ſeyn; dagegen ſelbige vermittelſt einer ſehr einfachen Maſchine, deren ſich einige Weiber, welche die Angelſchnuren i), (Peilles) den Fiſchern ganz fertig verkaufen, bedienen, ſehr ins kurze gezogen wird. Dieſe Maſchine, die ſie ein Viereck nennen, kann in 8 oder 10 Minuten 18 bis 20 ſolche Schnuren auf einmal machen.

Das Viereck (Kupfert. VIII.) beſtehet aus einem Stücke Holz, ABCD, welches in der Mitte ſeiner Höhe von B bis in C ausgeſchweift iſt, und nach der länge der Angelſchnure, die man machen will, durch ſeine Zapfen A und D, vermittelſt der beweglichen Nägel in den beyden gleichfalls ausgeſchweiften Hölzern E, E, die an einem Balken des Fußbodens befeſtigt ſind, mehr oder weniger hoch gehalten wird. In dem letten Platze B C iſt eine Reihe von vielen hölzernen Rollen, die nach Art der Spulen gemacht ſind, und in der Picardie Toulettes genennet werden. Sie ſind eine jede mit Werg an ihre verticale Spindel (Broche) geſteckt, welche einen Haken 1. 2. 3. 4. 5. u. ſ. w. bis 19. trägt. Dieſe Spindeln können ſich in den obern und untern löchern, worinne ſie in dem Stücke Holz A B C D ſtecken, frey herum drehen. In F und G ſind zwo andere Rollen, die ſich um ihre Achſen, welche in eben dem Stücke Holz horizontal befeſtigt ſind, frey herum drehen, und die bloß die Verrichtung haben, daß ſie die Rollen rückwärts drehen.

Wenn man von H einen Faden ohne Ende auf der Rolle F ausgehen, und dieſem Faden einen Umlauf um jede Spule allezeit auf einer und eben derſelben Seite machen läſſet, damit er durch die Rolle G in 1 und H zurück kommen kann, ſo ſieht man leicht, daß,

E 3
daß,

---

i) Hier und anderwärts machen die Weiber der Fiſcher nicht nur dieſe ſondern auch andere Netza von leinen, auch was ſie zu Netzen brauchen, und was ſonſt von den Seilern verfertiget wird. D. S.

daß, wenn dieser Faden beständig von G I gegen H gezogen wird, sich alle Spulen 1. 2. 3. 4. 5. u. f. w. beständig um ihre Mittelpunkte auf einer und eben derselben Seite, und mit ihnen ihre Achsen oder mit Haken versehne Spindeln herum drehen werden. Sie thun hier die Verrichtung der **Scheiben** (Molettes des Rouets), deren sich die Seiler bedienen.

Man giebt diesem Vierecke viele andere Gestalten, die an seinem Gebrauche nichts verändern.

Bey der Wahl des Holzes zu den Spuhlen ist verschiedenes in Obacht zu nehmen; ferner in Ansehung der Art, sie anzustecken, damit sie sich frey herum drehen können, u. f. w. Hierbey ist anzumerken, daß die erste **Spuhle** gegen B an ihre Achse ebenfalls nicht befestigt ist; aber diese Achse ist es, die mit Werge an den **Träger** (piece de support) fest gemacht wird. Diese Spuhle hat nur die Verrichtung eines Klebens, nämlich den Faden in so einer Richtung zu halten, daß er in der Mitte der andern geht, welche mit Haken versehne Spindeln haben, und paarweise beysammen seyn müssen.

a, b, c, d, e, f, g, h, i, k, sind bleyerne Gewichte, die nach der Dicke des Fadens, den man drehen soll, mehr oder weniger schwer seyn müssen, wovon ein jedes eine mit einem Haken versehne Spindel hat; sie hängen auf der Erde unter den Spuhlen in einer Reihe, und zwar in einer solchen Anzahl, die die Hälfte der Zahl der Spuhlen ausmachet.

K L ist eine dünne Leiste, oder Linial, von leichtem Holze, la Solette genannt, an deren Dicke Hölzer mit Fugen in Form eines halben Cylinders, m, m, m, das ist, die wie Halbrellen gestaltet sind, und die einen mit den Spulen des Vierecks übereinstimmigen Raum zwischen sich haben müssen, angesetzt sind, wie an der Figur und an dem Durchschnitte n zu ersehen ist.

Wenn die Arbeiterinn ihren Zwirn- oder Bindfadenknaul bey dem Vierecke in einem kleinen Faß Wasser hat, so bindet sie das Ende dieses Fadens mit einem Knoten an den Haken 1 der ersten mit einer Spindel versehenen Spuhle: von da läßt sie ihn in den Haken a des ersten Bleyes, welches auf der Erde ist, gehen, und führet ihn zurück in den Haken 2 der andern Spuhle, wo sie ihn anknüpfet. Hierauf läßt sie ihn weiter in den Haken 3, und von da in den Haken b des andern Bleyes gehen. Von da führet sie ihn zurück, und knüpft ihn an den Haken 4; alsdenn läßt sie ihn in den Haken c u. f. w. bis an das Ende des Vierecks gehen. Nun schneidet sie mit einem Messer den Faden in den Zwischenräumen der Spuhlen, von 2 zu 3, von 4 zu 5, von 6 zu 7, von 8 zu 9, und so ferner ab, und ist sind nach dem Sellerausdrucke die **Doppelfäden** angezettelt. Der Haken des an der untern Falte eines jeden Fadens hängenden Bleyes dienet zum **Drehinstrumente** oder sogenannten **Nachhänger,** (Emerillon); und das Gewicht kann, indem es von der Erde in die Höhe steigt, so wie der Faden kurz wird, zu dem Werkzeuge dienen, das bey den Sellern das **Viereck** (Carré) genennet wird. Damit aber die beyden Theile eben dieses Fadens', welche das Stück des Doppelfadens als 1 a 2, das erste Stück, 3, b, 4, das zweyte Stück, 5 c 6 das dritte Stück u. s. w. formiren müssen, nicht zu bald sich mit einander vereinigen, so muß zwischen beyde ein **Stöpsel** (uu Toupin) gemacht werden, wozu die **Leiste** (Solette) K. L. dienen kann.

Die Arbeiterinn nimmt sie bey einem von ihren Enden K oder L, hält sie an die Haken der Spulen in n o, um jeden Anhang m, m, m, leicht in die Zwischenräume zwischen den beyden Theilen eines jeden Stücks 1, a, 2, 3, b, 4, 5, c, 6, u. s. w. zu bringen, und lässet zu gleicher Zeit die Leiste (Solette) bis auf einige Zoll von den Haken der Bleygewichte in K L herab.

Wenn auf diese Art alles eingerichtet ist, so ziehet sie den Faden ohne Ende auf der Seite von G 1 herunterwärts, damit sich die Spulen umdrehen. Wenn alsdann die beyden Theile eines jeden Stücks vom Faden, als 1 a und 2 a, oder 19 k und 20 k stark gedrehet, und nach Proportion kürzer werden, so fangen sie an, sich unter der Leiste zu verdoppeln, indem sie verursachen, daß sich das Bley herum drehet, so bald es von der Erde aufgehoben wird. Es geschieht zu gleicher Zeit, daß jedes von den an die Leiste angesetzten Hölzern m, m, m, durch die Verdoppelung des Fadens unter der Fuge mehr als oben zusammen gedrückt wird. Dieses schiebet die Leiste fort, und stößt sie gegen die Spuhlen zu, ohne daß man sie berühret. Wenn die Leiste, indem sie hinauswärts geht, in einer Entfernung von einigen Zoll von den Spuhlen gegen n o kommt, so nimmt sie die Arbeiterinn zwischen dem Faden weg, höret auf, den Faden l H zu ziehen, haaket die Bleye aus, und so sind die Angelschnuren fertig. Hierauf nimmt sie selbige von den Spuhnhaken ab, und legt vom neuen auf ihrem Viereck Fäden an, um andere zu machen.

Fünfter

Fünfter Artikel.
Von verschiedenen Arten, die Haken zu schnüren.

Man befestiget die Angelhaken an die leinen, oder an die Schnuren, auf verschiedene Arten, so wie es die verschiedene Dicke dieser leinen oder Schnuren erfordert.

Ueberhaupt, wenn die leine fein ist, und der Angelhaken in einen Ring ausgeht, Kupfert. I. Fig. 1. 2. 3. 4. 6. 7. 10. und 11. so steckt man das Ende der leine zweymal in diesen Ring, und befestigt sie mit einem Knoten; oder man legt, ohne diesen Knoten zu machen, die beyden Enden der leine zusammen, und umwickelt sie mit einander viele male mit einem gedrehten Faden, dessen Dicke der Dicke der leine und des Hakens gemäs ist.

Wenn der Haken vorne platt ist, so wickelt man um selbigen das zweyfach zusammen gelegte Ende der leine, und steckt die beyden Enden in den Ring, welchen die doppelte Zusammenlegung macht. Je mehr man die leine ziehet, desto fester wird der Knoten F, Kupfert. III. Fig. 1. Dieser Knoten ist hinreichend, kleine Haken an feine leinen oder Schnuren zu befestigen. Wenn aber die leinen dicker und die Haken stärker sind, so befestiget man noch den Knoten, indem man einen gedrehten Faden darum wickelt, Kupfert. III. Fig. 5. D.

Zuweilen kann man zu dem Stockfischfange eine leine, die dick genug ist, mit einem einfachen Knoten hinlänglich befestigen, A, Kupfert. VII. Fig. 1.

Man bindet gewöhnlich die Haken, die ein wenig dicke sind, an doppelte Schnuren, welches auch eine ovale Schnürung (Empilage ovale) genennet wird. Dergleichen sind die Haken Kupfert. I. Fig. 12. 13. und 14. Um dieselben zu machen, wird die leine, welche die Angelleine werden soll, zweyfach zusammengelegt. Dann werden die beyden Enden aufgedrehet und ausgefädelt, damit sie auf den Körper des Hakens, unter der Oeffnung, womit er sich endiget, desto genauer geleget, und an den Körper des Hakens, befestiget werden können; indem man einen gedrehten gewichsten oder gepichten Faden nicht allein um den Körper des Hakens von E bis in D, Kupfert. II. Fig. 1. und andere, sondern auch um die Arme der Angelleinen, bis in H herum wickelt.

Die Engelländer machen ihre Angelleinen in Gestalt eines geflochtenen Haarzopfes, (Cadenette), Kupfert. III. Fig. 2. F B G. Sie sind viel biegsamer, welches vortheilhaft ist.

De

Da der platte Theil des Angelhakens oft ein wenig ſchneidend iſt, ſo könnte er die Fiſcher, wenn ſie mit der Hand in den Schlund gewiſſer großer Fiſche fahren, um den Haken heraus zu ziehen, verwunden; hauptſächlich, wenn man Stockfiſche fängt, wo man ſehr geſchwinde arbeiten muß. Dieſer Zufall wird verhütet, indem man den ſchneidenden Theil mit einer Strieke leder oder Zeug D, Kupfert. I. Fig. 12. 13. und 14. bedecket, welchen man mit eben dem Faden, der die Schnürung (Empilage) befeſtiget, umwickelt. Eine ſolche kleine Strieke wird Atiche genennet.

Auf dem VI. Kupfer Fig. 3. iſt a b eine Schnürung zu ſehen, welche von einer Art von Zwirngebinde gemacht wird, das von einer Entfernung zur andern durch Querfäden, wie ein Stück Tabak, umwickelt iſt. Der Vortheil von dieſer Schnürung beſtehe darinne, daß es ſehr biegſam iſt.

Wir haben bereits geſagt, daß, wenn man Fiſche, die ſtarke Zähne haben, fängt, man die Schnuren von A C, Kupfert. VI. Fig. 1. machet. Man hat Fig. 2. ein anderes vorgeſtellt; allein an dem Ende der Schnure von Haaren C A befindet ſich ein kleines Stück Meßingdrat B, welches beſſer als das Haar den Zähnen der Fiſche widerſtehet. Gleichwohl wäre es noch beſſer, wenn man alle Angelſchnuren von einem einzigen Meßingdrate, wie auf der IV. Kupfert. Fig. 2. G H von eben dergleichen Drate eine doppelte Schnure, wie Kupfert. II. Fig. 2. f, g, h, verfertigte. In beyden Fällen befeſtigt man das Ende der Schnure an den Haken, indem man einen feinen und ausgeglühten Meßingdrat herum wickelt.

Was die nicht ſo gar großen Fiſche, als z. E. die Hechte, anbetrifft, ſo wickelt man zween feine Meßingdrate (Kupfert. I. Fig. 9.), die einen Fuß, mehr oder weniger, lang ſind, um einander; oder indem man viele dergleichen Schnuren zuſammen füge, macht man eine Kette davon, welche den Vortheil hat, daß ſie biegſamer iſt, als eine Angelſchnure, die aus einem einzigen Stücke beſteht.

Die Angelſchnuren ſowohl die von Hanf, als die von Metall werden an die Seitenleinen (Lannes) C, Kupfert. II. Fig. 1. mit einem Knoten, der einen ſogenannten halben Schlüſſel G machet, angebunden; oder, wie auf eben dieſem Kupferſtiche zu ſehen iſt, an die Seitenleine i, Fig. 2. mit dem Knoten h. Auf der III. Kupfert. Fig. 1. iſt die Schnürung G G einfach; das iſt bloß eine in C an das Hauptſeil A B angeknüpfte Seitenleine.

Uebrigens ſind auf den Kupferſtichen die verſchiedenen Arten, die Haken an die Angelleinen oder an die Seitenleinen, und jene, die Angelleinen, an das Hauptſeil zu binden, ſehr deutlich zu ſehen. Da alle dieſe Gegenſtände in der Dicke, die ſie von Na-

tur

tur haben, vorgestellt worden, so sind die Seile und die leinen, die zu lang waren, abgeschnitten worden, damit die Stärke diesto deutlicher in die Augen fallen möchte.   Die
punctirten Linien zeigen die abgeschnittenen Oerter an, und es sind Ziffern darzu gesetzt
worden, welche anzeigen, wie viel man davon abgeschnitten hat.

Sechster Artikel.

Von den Haken, deren man sich bedient, verschiedene Gat-
tungen von Fischen zu fangen k).

Es ist hier die Rede von den Haken, die man an das Ende der leinen bindet, und die
man gewöhnlich Hameçons, Angelhaken, nennet, ungeachtet dieser Ausdruck,
wie wir bereits gesagt haben, uneigentlich ist; denn die Fischer nennen diese Arten von
Haken Hain, welcher Ausdruck von Hamus kommen kann, Hameçon aber eine Angel, die geködert oder mit ihrer Lockspeise versehen ist l).

Die Fischer auf einigen Küsten, besonders die von St. Vallery en Somme bis an
Etaples bedienen sich gemeiniglich hölzerner Angeln, die sie von Dornen machen, woran
sie ein wenig Holz von dem Aste lassen; daher man die Fischerey, die sie mit diesen Angeln treiben, Pêche à l'Epinette, den Fischfang mit Dornen, genennet hat.

Da diese Fischer ihre Etablissements in schlammigten Gegenden haben, so behaupten sie, die metallenen Angeln würden zu tief hinein gehen, und folglich würden sie die
Fische nicht gewahr werden.   Das geschähe aber bey den Dörnern nicht, weil sie leichter
sind, als das Wasser, in welches sie eindringen.   Weil aber diese Dörner keine Wiederhaken (Barbillon) haben, so kann es nicht anders seyn, als daß viele Fische durch-
gehen müssen.   Es scheint also besser zu seyn, wenn man den metallenen Angelhaken vermittelst eines kleinen Stückes Kork die gehörige Leichtigkeit giebt.   Allein die Haken von
Dörnern sind nicht so theuer, als die metallenen, und das ist eine entscheidende Ursache
für die Fischer, ihnen den Vorzug zu geben m).

Wie

---

k) Man sagt Hain, Ain oder Ein, oder Inge.
Die Fischer in der Normandie und Picardie sa-
gen Acq, Acque oder Eche; die Bretagner
Claveaux, die Florenzer Mousseau oder Fer
à er q; die Italiener Hammo, (die Teutschen
Angelhaken, Haken).

l) Im Teutschen ist Angel das allgemeine
Wort, welches das Werkzeug der Fischer zum

Fange der Fische mit Haken andeutet; davon
die besondern zusammengesetzten Wörter: Angelhaken, Angelleine, Angelschnure, Angelruthe, Angelköder, entstehen.   D. S.

m) Diese Art von Angeln ist auf Flüssen nicht
zu dulden; weil viele Fische mit dem Dorne welcher sie doch tödlich verwundet, entgehen, und
ohne allen Nutzen umkommen würden. D. S.

Wir haben schon gesagt, daß sich die Grönländer vor Zeiten von Fischbein gemachter Angeln bedienet hätten n); sie haben aber, seit dem ihnen die Holländer und Dänen metallene Haken gebracht, keinen Gebrauch mehr davon gemacht.

Die Angelhaken, welche unsere Fischer brauchen, sind, wie wir an einem andern Orte erklären werden, von einem Stücke eisernen oder stählernen Drate gemacht, der mehr oder weniger dick ist, und an einem von seinen Enden einen kleinen Ring hat; (Kupfert. I. Fig. 1. 2. und 3.) oder man macht es gewöhnlich so, daß dieses Ende, wenn es platt ist, eine Aushöhlung a, Fig. 8. formiret, die, wie der Ring, dazu dienet, daß der Haken sich desto fester an die Leine oder Schnure binden lässet.   Nur die kleinen Haken haben Ringe; an den andern ist das Ende, welches mit der Leine übereinpasset, platt; Indessen hat doch die Angel Fig. 9, welche zum Fange der großen Hälfte dienet, einen Ring in a.   An dem andern Ende b ist der metallene Drat, der den Haken formiret, in eine feine Spitze geschärfet; und in einer kleinen Entfernung von dieser Spitze ist ein scharfes Zünglein c, welches Barbillon oder Dardillon, Wiederhaken, genennet wird, vom Drate losgemacht.   Ihre Spitze muß eine Richtung haben, die derjenigen, womit sich der Haken endigt, entgegen steht, damit, wenn diese b in das Fleisch eingedrungen ist, die andere c selbige verhindere, heraus zu gehen.   Alles dieses kann man deutlich gewahr werden, wenn man die Figuren der I. Kupfertafel betrachtet.

Der Theil c d b des metallenen Drates, welcher auf der Seite der Spitze ist, ist so gekrümmt, daß, wenn der Haken an einer Leine hänge, wie Fig. 9, das Ende a, welches an der Leine befestigt ist, und das Ende b, wo sich die Spitze befindet, in die Höhe stehen; im Gegentheile aber die Spitze c des Wiederhakens herunterwärts gekehret ist; das Ende b d des spitzigen Armes aber muß nur das Drittel der Länge des andern Armes a c haben.   Die Gestalt und die Oeffnung dieses Hakens verändern sich sehr, nach den Einfällen und nach dem Begriffe der Handwerker, oder der Fischer. Einige wollen haben, daß die Haken sehr, andere, daß sie nur wenig offen seyn sollen. Viele geben dem Buge, der den Haken macht, eine runde Gestalt, Fig. 14. oder 13.   Andere wollen, daß die ganze Krümmung unten sey, und daß das Ende, wo sich die Spitze befindet, mit dem langen Arme parallel hinaufwärts gehe, Fig. 5, 9, und 12.

Zu gewissen Fischereyen müssen die Angeleisen zween Haken haben, die zuweilen beynahe auf eine Seite gedrehet sind, Kupfert. II. Fig. 2. a a; und zuweilen auf die entgegen stehenden Seiten, Kupfert. I. Fig. 10. und 11. und Kupfert. VII. Fig. 1.

F 5   welches

n) Oben bediente sich der Herr Verfasser des de Poisson. Der hiesige Ausdruck ist obnstreitig der Sache gemäßer. D. S.

welches geschehen kann, wenn man entweder zwey Angeleisen, so, daß sie mit dem Rücken an einander stoßen, zusammen verbindet, Kupf. I. Fig. 11. und Kupf. VII. Fig. 1; oder wenn man sich eines und eben desselben Stückes Eisendrat bedienet, der an den beyden Enden, wovon jedes einen Haken und einen Wiederhaken hat, spitzig gemacht wird. Man biegt diesen eisernen Drat in der Mitte so, daß er die verlangte Richtung hat, und auf solche Art bekommt man eine Angel mit doppelten Haken, Kupf. I. Fig. 10. oder Kupf. II. Fig. 2.

Man siehet leicht, daß man die Stärke der Haken nach der Größe der Fische, die man fangen will, einrichten muß. Daher giebt es, wie man bey dem Anblicke der Kupferstiche gewahr wird, sehr viele verschiedene Angelhaken von der Dicke einer Nähnadel, und die nur 8 bis 10 linien lang sind, bis zu der Dicke einer Schreibfeder, die zuweilen 8 Zoll lang ist. Um also von den Haken, welche wir so, wie die Seile und Leinen, in ihrer natürlichen Größe haben in Kupfer stechen lassen, einen deutlichen Begriff zu machen,

wollen wir ungefehr den Gebrauch anzeigen, der von den verschiedenen Angelhaken, die wir abgebildet haben, gemacht wird. Wir behalten uns dabey vor, bestimmter davon zu reden, wenn wir von den verschiedenen Arten, mit den Haken zu fischen, insbesondere handeln werden, und noch mehr, wenn von den Fischereyen, die jeder Gattung von Fischen eigen sind, die Rede seyn wird.

Das erste Kupfer ist beynahe ganz mit den Haken, deren sich die Fischer in süßen Gewässern bedienen, angefüllet. Es sind von jeder Gattung zwo, welche in verschiedenen Gesichtspunkten vorgestellet werden.

Die Haken Fig. 1. und 2. dienen, die kleinsten Fische zu fangen; sie haben Ringe.

Die Fig. 3. und 4. welche nicht sehr groß sind, sind zu dem Fange der kleinen Weißfische bestimmet; diese Haken haben allezeit Ringe, weil sie von Eisendrate gemacht sind, der allzu fein ist, als daß er an dem Ende platt gemacht werden könnte.

Die Haken 5, 6, 7, und 8 dienen, die großen Weißfische zu fangen. Einige haben Ringe, und andere sind an dem Ende platt.

Der Haken Fig. 9, wird zu den großen Hechten und großen Aalen gebraucht. Die Schnure A B wird von zween Meßingdraten gemacht, die um einander gewickelt sind,

ſind, weil die Fiſche mit ihren Zähnen die Schnuren von Haaren oder von Hanfe abbeißen würden.

Die 10. Figur iſt ein von einem einzigen Eiſendrate gemachter Angelhaken, der
doppelt zuſammen gebogen iſt, und an jedem Ende in einen Haken ausgeht.

Die 11. Figur ſtellt einen doppelten Haken vor, welcher von zween, mit dem
Rücken zuſammen ſtoßenden Haken gemacht iſt, und deren Ringe auf einander gelegt ſind.

Die 12, 13, und 14. Figuren ſtellen große Haken vor, deren man ſich auf der
großen Bank zum Stockfiſchfange bedienet.

Man macht auf der großen Bank von noch ſtärkern Haken Gebrauch, weil man
daſelbſt die größten Stockfiſche fängt.

Die Schnürungen und die Leinen von dieſen 3 Angelhaken ſind einander ſo ziemlich ähnlich; und alle ſind nach dem gewöhnlichſten Gebrauche der franzöſiſchen Fiſcher
eingerichtet.

Wir haben ſchon erinnert, daß die Krümmung der Haken willführlich iſt, und daß
jeder Fiſcher eine macht, wie er es für gut befindet. Unterdeſſen fängt man die Stockfiſche mit den Haken Fig. 13. und 14. ſo gut, als mit denen Fig. 12.

Alle Angelhaken, deren man ſich auf der großen Bank bedienet, ſind von verzinnten Eiſen, weil die ſtählernen, da es auf dem Grunde des Meeres viele Steine giebt,
leicht zerbrechen würden. Gegen Weſten der Inſel Terre-Neuve braucht man gerne die
Haken Fig. 13. und 14, welche von Stahle ſind, weil daſelbſt keine Klippen ſind, und
man alſo nicht zu befürchten hat, daß ſie zerbrechen.

Die Leinen C haben ungefehr 8 bis 9 Linien im Umfange, und 90 bis 95 Klaftern
in der Länge. Die Leinen von der Schnürung B haben 6 bis 7 Linien im Umfange.

Einige Fiſcher legen zwiſchen die Schnürung B, und die Leine C, Kupfert. I.
Fig. 12. 13. und 14. eine Leine, die ungefehr die Dicke derjenigen hat, welche die An-
gelleine formiret. Sie nennen ſie Apec; es iſt aber nicht zu erſehen, was ſie für einen
Nutzen ſchaffet.

Auf der II. Kupfert. Fig. 1. iſt ein großes Seil A B, vorgeſtellet worden, das
mit einem ſtarken Haken K, und mit einem Kieſelſteine E verſehen iſt. Die Leine CC,
welche in a abgeſchnitten iſt, muß eine Klafter lang ſeyn, die Angelleine GH, welche in b
abge-

F 3

abgeschnitten ist, darzu gerechnet. Man vertheilt sie von einer Klafter zur andern in dem ganzen Umfange des Seils A B, welche ungefehr 33 Klaftern lang ist, und 12 bis 13 Linien im Umfange hat. Die Leinen, welche die Angelleinen formiren, haben 6 bis 7 Linien. Ein ganzes Seil oder eine ganze Ausspannung (Tessure) beträgt ungefehr 180 bis 1000 Klaftern in der Länge. Da diese Seile (Appelets o) hauptsächlich zum Rochenfange dienen, so muß man sie auf den Grund des Wassers legen. Daher hängt man an das Ende eine Cabliere, oder großen Stein von 40 bis 50 Pfunden, und vertheilt an der Länge des Seils Kieselsteine E, welche mit Leingen D an das Hauptseil geknüpft sind.

Die Fahrzeuge, welche des Fischfanges wegen nach Terre-Neuve gehen, nehmen gemeiniglich einige Angelhafen mit, die denjenigen, welche man auf eben dem Kupferstiche Fig. 2. siehet, ähnlich sind, womit sie die Thunfische fangen, wenn sie welche auf ihrer Ueberfarth, oder bey ihrer Insel antreffen. Diese Hafen sind aus einem einzigen Stücke Eisen gemacht, welches in b gebogen, und in aa rückwärts gekrümmt ist, so daß die Hafen auf eine und eben dieselbe Seite gedrehet sind. Zwischen die beyden Aerme dieser Hafen wird eine Lockspeise von Kork (C Fig. 2. und 3.) angemacht, die man mit einer Fischhaut, oder mit weissem Tuche, worauf ein blauer oder schwarzer Streifen gemacht ist, bedecket. Andere bedienen sich anstatt des Korks eines Lichtes, worauf mit kleinen Stücken von rothen Zeuge zwey Augen gemacht sind. Diese Lockspeise muß allzeit 3 bis 4 Zoll tiefer, als die Angelhafen hinunter gehen; und zuletzt werden dieser Lockspeise noch einige Federn c c angefüget.

Da die Thunfische Zähne haben, welche stark genug sind, daß sie die Angelleinen, die von Hanf gemacht werden, abbeißen können, so bedient man sich anstatt derselben eines doppelten Meßingdrates, f g h, der mit einem Ende in b den Hafen, und mit dem andern die Leine i befestiget, die ungefehr 6 Linien im Umfange hat. Dieser Drat hat ungefehr 20 Zoll in der Länge.

Das III. Kupfer stellt Angelhafen vor, die man zum Fange der Stockfische und der Rochen braucht.

Die

o) Dieses Wort bedeutet das ganze mit Angeln und andern Zubehörungen versehene Seil. Man braucht auch bey uns auf Flüssen dergleichen Seile mit Angeln; man hat aber keine so besondere Kunstwörter, wie die französischen Seefischer, sondern man nennet das Seil mit den Zubehörungen Nachtangeln. Auf klei- nen Flüssen werden sie nach der Länge des Flusses, auf größern quer über den Fluß zur Nachtzeit geleget, und es hält ein Seil hier 200 Angelhafen. Zum Köter bedient man sich der Regenwürmer. Nach den hiesigen Innungsartikeln werden sie nur von Ostern bis Michael zum Fischfange gebraucht. D. S.

Die Angelhaken Fig. 2. und 3. dienen zu dem Fange der Stockfische in der Nordfee (au petit Nord). Die 3te Figur ist nach der französischen Art geschnüret, und
Fig. 2. nach der engländischen Art. Man siehet daselbst sehr deutlich, wie die Angelleinen nach engländischer Art geschlungen und auf die Art der Haarzöpfe geflochten werden.
Diese Angelleinen haben 3 bis 4 Linien im Umfange. Wenn die Stockfische selten sind,
und tief in dem Wasser stecken, so bedienen sich die Fischer kleinerer Haken, Fig. 5, weil
die Stockfische lieber daran beissen, indem sie von dem Köder, die Spitze ausgenommen,
ganz bedeckt sind. Hierbey ist anzumerken, daß dieser Haken eine einfache Schnürung
B hat, an statt daß die Schnürung der andern doppelt ist.

Fig. 1. Kupf. III. stellt ein Hauptseil A B vor, dergleichen zum Fange der
Rochen und anderer großen Fische gebraucht werden. Dieses Hauptseil hat zu jedem
Stücke ungefehr 23 Klaftern in der Länge, und 11 bis 12 Linien im Umfange. Die
Stücke halten gewöhnlich 12 Haken a, und 5 bis 6 Kieselsteine E, die 6 bis 7 Pfund
schwer sind. Die Seitenleinen oder Lannes G haben 6 bis 7 Linien im Umfange, und
eine große Klafter in der Länge. Die Haken sind unmittelbar an die Leine mit einem
Knoten F angebunden.

Es ist in F, Fig. 4. ein Knoten, womit man einen Kieselstein anbindet, im Groß-
fen vorgestellt worden.

Das Seil Fig. 1. dient, Rochen, Meeraale und andere große Fische zu fangen.

Auf der IV. Kupfert. Fig. 1. ist ein Appelet zu sehen, dessen Hauptseil C
aufs höchste 4 Linien im Umfange hat, und die Seitenleinen A B bloß in einem dicken
gedrehten Faden bestehen. Diese Appelets, welche mit Kieselsteinen D beschweret sind,
sind von denen, wovon wir geredet haben, nur durch die Dicke der Seile, der Seitenleinen und der Angeln unterschieden. Sie dienen, die Solen, die Schollen, die Platteisen, und viele andere Fische zu fangen.

Auf eben demselben Kupferstiche, Fig. 2. befindet sich ein Angelhaken an
einem Drat von Mießing G H, so wie man sie auf den Ueberfarthen nach Amerika mit-
nimmt, um Boniten zu fangen.

Auf der Kupfert. V. Fig. 1. ist ein Theil von einem Appelet vorgestellt, womit man Kabeljau, Schollen, Seedrachen, Rothfedern und andere kleine Fische fängt.
Jedes Stück hat 64 Klaftern. Das Hauptseil A B hat 6 Linien im Umfange. Es
ist mit 5 bis 6 Kieselsteinen C, die ungefehr 1 Pfund wiegen, beschweret. Es hält
70 Angelhaken E, welche an Seitenleinen F hängen, die ungefehr 1 Klafter lang sind,

und

und an dem Hauptfeile A B ungefähr 1 Klafter von einander entfernt sind. Die Kie-selsteine C machen, daß das Hauptfell zu Boden fällt, und daß die Seitenleinen F F we-gen der angehängten Korktafeln (Corcerons) G sich davon absondern.

Dieser Fischfang geschiehet zuweilen mit 14 bis 15 Menschen, wovon ein jeder 10 Stück mit Angeln versehene Seile (Appelets) von 30 Klaftern giebt, die mit den Enden gegen einander ausgelegt werden; welches eine Spannung (Tessure) von großer länge machet.　Auf dem Kupferstiche ist das Hauptfell A B in a 5 Fuß, die Seitenlei-nen hingegen bey F sind 2 und einen halben bis 3 Fuß abgeschnitten.

Die 2te Figur, welche die Einrichtung eines mit Angeln versehenen Seils, (Ap-pelet) zu dem Fischfange, der à la Balle genennet wird, vorstellet, ist nicht nach ihrer natürlichen Größe gezeichnet, daher muß man auf die beygesetzten Buchstaben (Cotes) sehen.　Dieses Appelet, welches zum Fange der Makrelen, Seehechte, und anderer kleiner Fische dienet, bestehet aus einem Seile a b, welches aufs höchste 3 linien im Um-fange hat, und dessen länge nach der Tiefe des Wassers, wo man fischen will, bestimmt wird.　Man bindet an dieses Seil der länge hin dünne Ruthen d e, die ungefähr 2 Klaftern von einander entfernt sind.　Diese Ruthen, die Baluettes genennet werden, sind von einem leichten Holze gemacht, welches man in der Normandie Vergandier nen-net, und welches der myrtenblätterige Mäusedorn P), *Ruscus Myrtifolius aculeatus* TOURNEF. im Französischen *Houx frelon*, ist.

Diese Ruthen haben ungefähr 6 bis 7 Zoll in der länge.　Sie sind alle an das Seil a b auf einer und eben derselben Seite angebunden.　An dem Ende e dieser Ru-then liegen die Schnuren f, welche 2 oder 3 Klaftern lang, und nur so dick, als ein dün-ner gedrehter Faden, aber sehr wohl gearbeitet sind.　Man bindet an das Ende dieser Schnuren einen Haken, welcher, wenn man Makrelen fangen will, etwas größer gemacht wird, als wenn man den Seehecht (Merlan) fängt.

An das Ende des Hauptfeils a b wird eine Bleykugel c von 7 bis 8 Pfunden ge-hänget, und man nennet diesen Fang die Kugel ziehen, weil er im Fahrzeuge unter dem Segel geschieht; und das ganze Seil, (Appelet) wird die Kugel (Balle) ge-nennet.　Daher sagt man, daß man eine Kugel auf der linken Seite, und eine auf der rechten Seite des Schiffes ins Meer wirft. Dieser Fang kommt dem sehr nahe, welchen man zu Libouret nennet.　Wir wollen gleich davon reden.

Fig. 3.

P) *Ruscus myrtifolius* ist der myrtenblätterige, aculeatus der gemeine Mäusedorn. D. S.

Fig. 3. Kupf. V. stellt die wahre Einrichtung des sogenannten Libouret vor, welches, wie die Kugel, zum Fange der Makrelen, Seehechte, und noch häufiger der Schollen, Plattfische, und anderer dienet. Die Haken h, Fig. 3. sind groß genug für die Makrelen; und die, welche man in g, Fig. 2. siehet, schicken sich besser zu dem Fange der Seehechte. Allein die Größe der Haken wechselt nach den verschiedenen Häfen ab.

Die Haken h sind an die Angelleinen i befestiget, welche an die Seitenleine k geknüpft sind, und diese ist an das Ende l eines Stückes Holz l m, welches Avalette genennet wird, angebunden. Das Ende m der Avalette hat ein Loch, durch welches das Hauptseil n o frey durchgesteckt werden kann. Dieses Seil hat ungefehr 40 Klaftern in der länge, und 3 bis 4 linien im Umfange.

Dadurch die Avalette l m, welche 7 Zoll lang ist, an ihrem Ende das Hauptseil gehet, so wird sie darinne zwischen zween Knoten P p befestiget, welche der Avalette verstatten, sich herum zu drehen, indem ihr das Seil zur Are dienet. An dem Ende des Hauptseils n o ist ein Bley q von 2 oder 3 Pfunden angebunden.

Unten an dem Hauptseile befindet sich nur eine Avalette, ungefehr 4 bis 5 Zoll über dem Bleye q; allein anstatt der 3 Haken h, werden zuweilen 8 bis 9 daran gelegt. Man muß sie an leinen von verschiedener länge anbinden, damit sie in dem Meere nicht einander gegen über liegen. Zuweilen wird so gar die Seitenleine k sehr lang gemacht, und ungefehr 3 Fuß von einander 8 bis 9 Schnuren mit Haken i, daran gebunden, welche 3 Fuß lang seyn können. Sie sind von dicken gedrehten Zwirne gemacht, und jede hält einen Haken.

Es ist leicht einzusehen, daß vermittelst der Avalette l m die Haken sich nach dem laufe des Wassers richten, daß sie sich also nicht in einander verwickeln, und daß, da sie in einer kleinen Entfernung vom Grunde sind, die Fische die Köder wohl gewahr werden müssen.

Wir haben oben auf der V. Kupfertafel Fig. 4. eine andere Art von Libouret im Kleinen vorgestellet, welches die Fische, so in der Mitte des Wassers schwimmen, zu fangen dienet. Man nennet es auf der Küste der Biscajer die große Koppel (grande Couple). Es besteht eigentlich darinne. Man nimmt einen eisernen Drat r r, von 2 oder 2 und einem halben Fuß in der länge, und von einer linie im Umfange, und befestigt in der Mitte zwey kleine Stücken Holz S s daran, indem man einen Segeldrat verschiedene male darum wickelt, sodann macht man an diesem Orte zwo Handhaben

G   von

von Stricken: eine lange, ausserhalb dem Krummholze, welche das Seil oder die Leine, die sich bis an den Fischerboot erstrecket, an selbigem anzubinden dienet. Unter dieser wird innerhalb dem Krummholze eine kleine runde Handhabe v, gemacht, an welche ein Bley gebunden wird.

Die beyden Enden r r des eisernen Drates werden platt gemacht, wie an dem Stiele der Haken; an beyde Enden dieses eisernen Drates wird eine Schnure X von einer Klafter in der länge gebunden, welche die Dicke eines gedrehten Fadens hat. An diese Leine wird eine oder mehrere Angelschnuren y, die mit Haken versehen sind, befestigt. Diese Schnuren sind sehr fein; und wenn viele daran gebunden werden, so müssen sie von verschiedener länge seyn.

Wir haben gesagt, daß die Koppel (Couple) durch die Handhabe t an eine dünne Leine gebunden wird, welche sich bis an den Fischerboot erstrecket. Da eine große Anzahl von diesen Koppeln ins Meer geworfen werden, so müssen sie von verschiedener länge seyn, nicht allein, damit sich die Angelleinen nicht mit einander verwickeln, sondern daß auch die Haken, wenn sie in verschiedener Tiefe liegen, den Fischen sich darbiethen, wovon einige weiter in dem Wasser stecken, als die andern.

Dieser Fischfang geschieht gewöhnlich vor Anker, oder das Fahrzeug entfernt sich bloß nach dem laufe der Ströhme von dem Ufer. Es fällt in die Augen, daß dieses Appelet, welches sich wie ein Fächer aufthut, eine beträchtliche Breite in dem Meere einnimmt. Die Biscajer machen vielfältigen Gebrauch davon, und er ist auch in dem Canal bey der Nacht üblich, wenn sich der Fisch zwischen dem Wasser aufhält.

Auf der VI. Kupfert. Fig. 1. und 2. sind Haken, womit man Aale fängt, vorgestellt. Da diese Fische mit ihren Zähnen die Angelleine von Hanfe zerbeißen würden, so macht man sie von Haaren; und bindet so gar zuweilen, wie wir Fig. 2. vorgestellet haben, an das Ende der Leine C A ein kleines Stück Meßingdrat B.

Das Ende C dieser Leine ist an eine Leine von einer länge von 40 bis 45 Klaftern angebunden. Bey A wird ein kleines Bley angehänget, damit die Leine zu Boden fälle, aber nicht die Avalette.

Die Schiffer, welche weite Reisen thun, werfen, wenn sie eine Fischerbank antreffen, die Haken Fig. 1. 2. und 5. ins Meer, um Pilotfische 9) oder Saugfische (Pilotins) und andere kleine Fische zu fangen.

Man

_____

9) Gasterosteus Ductor LINN. D. S.

Man nimmt auch die Haken Fig. 6. und 7. mit, um Boniten (Bonites) und Tassars [1] (Tazars) zu fangen.

Bey Corn braucht man Haken, die ungefehr demjenigen ähnlich sind, welcher Fig. 3. vorgestellt ist, um Rochen, Meeraale, Congers [2]), Rothfedern und andere zu fangen.

Die 4. Fig. ist ein Theil eines Appelet, welches mit dem, das Fig. I. Kupf. V. zu sehen ist, eine große Aehnlichkeit hat; ausser, daß keine Korktafel (Corceron) an den seinen ist. Man bedient sich desselben zu dem Fange der Plattfische, a b ist das Hauptseil; c d sind die keinen, welche den Haken e daran zu befestigen dienen. Sie sind in 2 3 Fuß abgeschnitten. Sie können auch auf Sandgründen vor Anker gebraucht werden, um Plattfische zu fangen, zuweilen auch unter Segel, um alle Arten von Fischen zu fangen, beynahe wie mit der Angel; aber die Haken können sich leichter verwickeln.

Die 8. Figur stellt einen Haken A vor, mit seiner Leine B von einer Klafter in der Länge. An dem Ende, das sich den Haken gegen über befindet, ist ein Kieselstein angebunden, den man am Ufer des Meers bey der Ebbe in den Sand gräbt, damit, wenn die Fluth kommt, der Strohm des Wassers den Haken nicht ins Meer mit fort reisse. Dieser Fang wird kleine Cabliere (Petite Cabliere) genennet. Zuweilen macht man ein kleines Stück Kork an den Haken, damit sie von dem Sande loß gehe, und von dem Fische desto besser entdeckt werde.

Auf der VII. Kupfertafel kommen Haken vor, welche nach den Umständen zum Stockfischfange dienen. Um sich von den Figuren, die auf diesem Kupferstiche zu sehen sind, einen rechten Begriff zu machen, dienet zu wissen, daß es sehr oft geschieht, daß, wenn man sich an dem Orte des Fischfanges befindet, man keine Köder hat. In diesem Falle, oder wenn der gesättigte Fisch sich weigert, an diejenigen, die ihm dargebothen werden, anzubeissen, bedient man sich der Haken Fig. I. und 4, an welche ein falscher oder künstlicher Köder (Leurre), statt einer wirklichen Lockspeise angemacht ist. Dieser falsche Köder ist eine Art von Fische, der aus Bley oder Zinn geformt ist. Der Haken Fig. I. ist ein Doppelhaken, oder von zween Haken a a zusammengesetzt, welche mit dem Rücken an einander gefügt, und mit einer Masse von Bley B. vereinigt sind. Diese Masse ist Fig. 2. in einer andern Lage als Fig. I. vorgestellt, damit man nicht

G 2 allein

---

[1] Ein Fisch aus dem P. du TERTRE, dessen lateinischer Name mir nicht bekannt ist. D. S.   [2] Muraena Conger LINN.

* allein die Gestalt derselben besser sehen, sondern auch das Loch, wodurch die Leine gehen muß, gewahr werden kann. Man sucht diesen falschen Köder glänzend zu erhalten, damit der Fisch dadurch desto besser angelocket werde. Ich glaube, daß man wohl thun würde, wenn man die von Bleye verzinnete, welches eben nicht viel kosten würde.

Der Haken Fig. 4. ist gleichfalls mit einem bleyernen Köder versehen, und derselbe Fig. 3. apart vorgestellet worden. Es wird davon nur Gebrauch gemacht, wenn der Stockfisch überflüßig vorhanden ist, und sich aufs höchst 15 bis 20 Fuß unter dem Wasser befindet.

Wenn man sich dieses künstlichen Köders bedienen kann, so geht es schneller von statten, als wenn eine wirkliche Lockspeise angehängt werden muß.

Alle metallene Haken, die wir zu sehen Gelegenheit gehabt haben, waren von Stahl oder von verzinnten Eisen. Indessen ist uns doch versichert worden, daß es auch kupferne gäbe.

Dieses ist also eine allgemeine Vorstellung von allen Arten von Angelhaken, die zu verschiedenen Fischereyen gebraucht werden. Wir werden von dieser Materie noch vieles zu sagen haben, entweder wenn wir umständlich von den Fischereyen reden, oder wenn wir von den besondern Arten des Fanges jeder Gattung von Fischen handeln werden. Aber dasjenige, was wir itzt angeführet haben, legt allgemeine Begriffe vor Augen, die dem Leser dasjenige, was wir in der Folge sagen werden, verständlich machen.

Siebenter Artikel.
Von der Verfertigung der Angelhaken.

Ohne Zweifel wird dasjenige, was wir von den Angelhaken gesagt haben, den Leser begierig machen, zu wissen, wie man sie verfertiget. Da ich nun hiervon nur unvollkommene Begriffe hatte, die ich in kleinen Häfen erlangt, wo man die Haken sehr schlecht macht, so wendete ich mich an Herrn Fourcroy de Ramcour, Correspondenten der Akademie, Brigadier bey dem Corps du Genie, und Oberingenieur zu Calais welcher mir folgende Nachrichten, die ich gleich anführen will, mitgetheilet hat.

Die Geräthe zur Verfertigung der Angelhaken bestehen in einer Werkstadt für jeden Arbeiter; in drey verschiedenen Klötzern, welche für viele Arbeiter hinreichend seyn können; und jedes von diesen Stücken ist mit seinen Werkzeugen und andern zum Verzinnen nöthigen Geräthen versehen.

Die

Die Werkſtabt iſt eine dicke, niedrige und ſehr feſte Tafel, welche ſo geſtellt wird, daß man auf beyden Seiten darauf arbeiten kann. Fig. 1. Kupfert. IX. ſtellt die Erhöhung derſelben, Fig. 2. die Grundfläche vor. Bey dem einen Rande iſt der Stockambos (Barbelet) A und ſein Steg (Chevalet) B. In der Mitte dieſer Werkſtabt befindet ſich ein Viereck F, welches aus 4 hölzernen leiſten, die auf die Tafel genagelt ſind, beſtehet. Sie haben einen Zoll in der Höhe. An dem andern Rande iſt dasjenige, was man den hölzernen Schraubeſtock (Etau) C nennet [1]. Jede Seite der Werkſtabt iſt mit einem ledernen Schurzfelle G verſehen, das an den Rand genagelt iſt, und welches der Arbeiter vorthut, wenn er arbeitet. Ich will dieſe verſchiedenen Stücke beſchreiben, um ſie beſſer bekannt zu machen.

Der Stockambos (Barbelet) iſt ein Stück Eiſen, Fig. 3, welches mit ſeinen beyden Spitzen P P in die Werkſtadt geht, und daran befeſtigt wird. Der Obertheil dieſes Amboſes hat zwo Erhöhungen (Etages). Der Untertheil a b, den ich die Scheibe (le Plat) nenne, iſt in eine kleine Rinne a b eingefalzt, welche in b ausgeht, und durch ein gebohrtes loch b c, das einige linien in die Dicke des Eiſens geht, ſich verlängert. Der obere Theil b d oder der Kopf des Stockamboſes dient zum Amboſe, worauf der Eiſendrat, wenn es nöthig iſt, mit dem Hammer wieder gleich geſchlagen wird. Dieſer Kopf des Stockamboſes iſt verſtählt; die Rinne a b und das loch b c müſſen mit der Dicke der Haken, die man machen will, das gehörige Verhältniß haben.

Der Steg (Chevalet) Fig. 5. den man auch Rencontre du Barbelet nennet, iſt ein anderes Stück Eiſen C, welches gleichfalls mit ſeinen beyden Spitzen d d 4 Zoll zur linken des Stockamboſes auf die Tafel feſt gemacht auch in B Fig. 1. zu ſehen iſt.

Der Stockambos iſt mit vielen Schnitzmeſſern (Planes) Fig. 6. verſehen, welches eine Art von Meſſern iſt, das 22 Zoll in der ganzen länge hat, deſſen Klinge unten ganz platt iſt, und das oben D auf der Schneide eine flache Ecke (Biſeau) hat [2]. Es iſt in der Schneide 8 bis 9 linien breit, nur 4 linien in der übrigen länge m, und 3 linien dick. Sein Stiel E hat 11 Zoll in der länge, und iſt rund.

Der Schraubeſtock (Steckholz) Fig. 7, wovon hier die Rede iſt, iſt bloß ein unausgearbeitetes Stück von harten Holze, oder ein Stück büchnes Holz, welches die Eiſendrate, die man mit der Feile bearbeiten will, zu halten dienet. Er iſt gerade und feſt an die Tafel geſtellt, wie man in C, Fig. 1. und 2. ſiehet. Der Kopf iſt mit vie-

G 3 len

---

[1] Das teutſche Kunſtwort dieſes Werkzeuges iſt Steckholz. D. B. [2] Damit wird der Wiederhaken geſchnitten. D. B.

len Reiben eingeschnitten, wovon die obere in f einen eisernen Stachel ohne Kopf hat, an welchen auf der Seite der Drat gelegt wird, den man bearbeitet. Auffer diesem Schraubestocke braucht man noch eine Zange mit 2 Spannringen, (Boucle oder Pince à coulant,) Fig. 16. und viele gewöhnliche flatte Feilen, Fig. 20. die an hölzerne Stiele von 13 Zoll in der länge gut befestigt werden.

Bey Arbeitern, die wohl mit Werkzeugen versehen sind, ist der Stockambos und der Schraubestock etwas geschickter gemacht, als ich sie hier beschrieben habe; allein die meisten sehen darauf so genau nicht. Man bedient sich auch zu großen Stockfischangeln eines mittelmäßigen eisernen Amboses mit Backen, die ihn fest halten, (Machoires), so wie ihn die Schlösser brauchen. Er ist auf die Werkstatt befestiget.

Es müssen auch auf der Werkstabe viele Gabeln (Pleteux) Fig. 8. seyn. Dieses Werkzeug hat einen hölzernen Stiel H, in welchen man ein Stück Eisen I treibt, welches ungefehr einen Zoll über den Stiel gehe, und in gehöriger Tiefe und Breite gespalten ist, um damit die kleinen und mittern Angelhaken zu biegen. Was die großen Haken anbetrifft, so bedient man sich einer andern Gabel darzu, welche ganz von Eisen ist. Ich werde unten davon Meldung thun.

Die 3 verschiedenen Klötzer sind 1. der zum Schneiden, Fig. 9. Das ist ein Klotz oder Stock von einem Baume, der auf 3 oder 4 Füßen stehe. Auf der Oberfläche desselben sind einige dazu gehörige Eisen a b, mit Gewalt eingetrieben, wovon jedes aus 2 Stücken besteht. Das eine a, welches man die Schneide, oder den Abschneider (la Tranche ou le Coupeur) x) nennet, ist von gehärtetem Stahle, und oben an der Spitze ein wenig schneidend. Diese Abschrote hat 2 Zoll in der Breite, 1 und einen halben Zoll in der Höhe, mit dem Fuße bey dem Klotze 3 linien in der Dicke. Das andere Stück b, welches die Leere (le Rencontre) genennet wird, ist 5 bis 6 linien dick, 2 Zoll breit, und eben so viel hoch. Diese beyden Stücke sind mehr oder weniger von einander entfernet, so wie es die länge der Haken, die man machen will, erfordert. Man muß überdieß auch einen kleinen Hammer Fig. 10. haben, dessen Kopf von welchem Eisen ohne Stahl ist y).

Der andere Klotz, den man à Palleter z) nennet, Fig. 11. ist gleichfalls ein Stock von einem Baume, welcher einen stählernen Amboß L trägt, der 3 Zoll hoch über den

---

x) Bey den Schlössern heißt es eine Abschrote, oder Nagelschrote. D. S.

y) Ein Nadler schneidet den Drath mit der Scheere, welches viel leichter geht, als nach der hier beschriebenen Art geschiehet. D. S.

z) Er dient die Haken am obern Theile platt zu schlagen, und daher könnte man ihn den Stock zum Plactschlagen nennen. D. S.

ben Kloß, eben so viel breit, und 9 Linien dick ist. Dieser Kloß ist mit einem ledernen Behänge M und mit einem gewöhnlichen Hammer, der einen gestählten Kopf hat, versehen.

Der Kloß zu großen Angelhaken ist weiter nichts, als ein starkes viereckigtes Stück Holz, welches platt lieget, und welches der Arbeiter benankern kann a) (enfourcher). Auf dem Rücken desselben befestigt er den großen Stockambos, B, Fig. 4. und die eiserne Gabel (Pleteu) L, Fig. 8. wenn er große Angelhaken macht.

Die Haken, die auf dem Meere gebraucht werden, sind beynahe alle von Eisendrate. Er wird nur nach seiner Sauberkeit und Glanze ausgesucht, und wie er sich zu der Dicke der Maaßstäbe schickt, die der Arbeiter mit zu dem Kaufmanne nimmt b). Dieser Drath muß fest und elastisch, und nicht spröde oder zerbrechlich seyn; aber dieses kann man nicht eher erkennen, als bis man ihn braucht, und dieser Fehler verursacht oft einen großen Schaden an dem Drathe, besonders wenn er von starker Art ist. Der theuerste ist nicht allezeit der beste, wie ich unten anzeigen werde.

Die Verfertigung der Haken besteht in sechs auf einander folgenden Operationen; nehmlich 1. diesem Drat der Länge nach zu schneiden; 2. ihm den Einschnitt zum Wiederhaken zu geben, (barbillonner); 3. ihn spitzig zu feilen; 4 zu krümmen; 5. die Haken platt zu schlagen, (palleter), welches nur bey den großen statt findet; 6. sie zu verzinnen c).

Der Drat, so wie ihn der Arbeiter kauft, er mag dick oder dünne seyn, bekommt von ihm weiter keine Zubereitung. Man darf ihn weder ziehen, noch ausglühen, noch gerade machen, und vermuthlich, um diese Handgriffe zu ersparen, schneidet der Angelmacher nicht viele mit einander nach dem Modelle mit der Eisenschere ab, wie die Nadler ihren Drat abschneiden. Der Angelmacher hält das Bündel seinen Drat an sich, stützt das Ende des Drathes an die Leere (le Rencontre) b, Fig. 9. legt ihn auf die Abschrote a, und mit einem einzigen Schlage des Hammers Fig. 10. schlägt er den Drath in der Länge ab, welche Länge durch den Raum zwischen der Abschrote und der Leere bestimmt wird.

Da

a) D. i. er kann es hin und her schieben, wie er es nöthig hat. D. Ü.
b) Die Arten des Drats haben bey uns Nummern, nach welchen sie gekauft werden. D. Ü.
c) Ich weiß nicht, warum der Herr Verfasser das Härten vergessen hat. Die kleinen Haken müssen unumgänglich gehärtet werden, ausserdem sie viel zu biegsam und von schlechtem Gebrauche seyn würden. Sie werden auf eben die Art, wie die Nähnadeln gehärtet. D. Ü.

Da die großen Haken von einem Drathe, der ungefehr 8 linien im Umfange, und 12 Zoll in der länge hat, gemacht werden, so schlägt man sie mit einem Meissel kalt (à froid) ab.

Um den Haken in einer gehörigen Entfernung von der Spitze den Einschnitt zum Wiederhaken zu geben, (barbillonner) nimmt der Arbeiter, der sie alle in das Viereck F der Werkstadt, Fig. 1. und 2. gelegt hat, in seine linke Hand ein wohl zusammengelegtes Bündel, und schiebt einen davon, mit dem Daumen in die auf der Platte des Stockamboses A Fig. 3. darzu bestimmte Rinne a b. Dieser Drath geht einige linien in das gebohrte loch b c, hinein, und wird auf diese Art wohl befestiget, indem sich ein Drittel seiner Dicke über der Platte des Stockamboses befindet. Alsdenn steckt der Arbeiter das Ende m des Messers Fig. 6. in das Hintertheil (Talou) n des Steges Fig. 5. und legt die Schneide des Messers platt auf den Drath, der bearbeitet werden soll. Darauf legt er diese Schneide schief auf den Drat, indem er das Messer mit der rechten Hand führet, und einen Einschnitt darein machet, dessen abgelöseten Theil zum Wiederhaken (Ebarbure) die flache Ecke des Messers ein wenig erhebet. Dieß ist die einzige Operation dieses Handwerks, welche Geläufigkeit und eine geschickte Hand erfordert, wenn sie wohl gemacht werden soll, ohne weder den Drath, noch das Messer zu verderben. Dieser Einschnitt und die Verfertigung des Wiederhakens sind dasjenige, was man Barbillon Wiederhaken, nennet. Alsdenn läßt der Arbeiter seinen Drat in seine Schürze fallen, und schiebt sogleich mit dem Daumen einen andern auf den Stockambos, um auf gleiche Art den Wiederhaken zu machen; ein Handgriff, der viel geschwinder geht, als man beschreiben kann.

Wenn die Haken dicker sind, als diejenigen, welche man zum Fange der großen Rochen braucht, so hat das Messer nicht mehr Gewalt genug, den Einschnitt zum Wiederhaken hoch genug zu heben. Alsdenn zieht der Arbeiter den Klotz zu den großen Haken herbey, und stellt auf selbigen den großen Ambos Fig. 12. vor sich hin; er ist mit dem B, Fig. 4. einerley *). In die Rinne und in das loch desselben legt er seinen dicken Drat a b c. Er nimmt einen Kaltmeissel f, den er schief auf den Drat legt; und auf dieses Werkzeug schlägt er mit dem Hammer, bis er den dritten Theil von der Dicke des Draths in die Höhe hebt, und da alsdenn dieser dicke Droth sich drehet, so schlägt er ihn auf dem Kopfe b d des Stockamboses, welcher, wie wir schon gesagt haben, gestählt ist, mit dem Hammer wieder gerade.

Wenn die Wiederhaken an die Angelhaken gemacht sind, und der Arbeiter selbige wieder in das Viereck F der Werkstadt Fig. 1. gelegt hat, so wendet er sich auf die

Seite

*) Er ist nur stärker, weil er mehr aushalten muß. D. Ü.

Seite des Schraubenſtocks C, Fig. 7. und nimmt dieſe Dräthe nach einander mit ſeiner Zange *) (Pince à coulant) Fig. 16. bey dem Ende, das dem, woran der Wiederhaken iſt, gegen über ſteht.   Sodann legt er ſie auf die untere Kerbe C ſeines Schraubenſtocks; macht daſelbſt die Spitze mit der Feile platt, indem er den Wiederhaken in die Höhe hält.   Darauf macht er ihn auf der obern Kerbe f des Schraubenſtockes ſpitzig, rund, und vermindert die Dicke deſſelben von dieſer Spitze an bis an den Wiederhaken, welchen er aber durchaus nicht berühren darf.   Das Meſſer macht ihn allezeit ſehr ſcharf.   Die Spitze des Angelhakens muß ſehr ſauber ſeyn, und es dürfen keine Bavures oder eine Schneide, die ſich umlegt, daran bleiben f).   Die Nadler machen die Spitze auf einem runden gehauenen Rinken; aber auf dieſe Art wird ſie allezeit ſehr kurz, an ſtatt daß ſie, ſowohl bey den Angelhaken als bey den Nadeln weit geführet werden muß, daher man ſie mit einer Feile macht g).

Um den langen Stiel der Feile Fig. 20. welcher 13 Zoll lang iſt, feſt zu halten, legt der Arbeiter um ſeinen Arm einen etwas engen Riemen, in welchen er dieſen Stiel ſteckt, und ihn dem Vorderarme parallel hält, wodurch der Hand das Gewicht der Feile erleichtert wird.

Wenn er große Haken zuſpitzen will, ſo hält er ſie in einem Feilkloben (Etau à Machoires), ſo wie ihn die Schlöſſer brauchen, und läſſet die Feile ſo wohl in Anſehung der Spitze, als des Wiederhakens, welcher, wenn er mit dem Meßſelſtößen aufgehoben worden, ſtumpf iſt, mit zwo Händen gehen.

Es iſt anzumerken, daß, wenn man den Wiederhaken macht, der Stoß des Meſſers oder die Stöße des Kaltmeißels dieſe Wiederhaken ziemlich weit über die Oberfläche des Drathes heben, ſo daß dieſe Schramme a, Fig. 12. Kupfert. I. einen Riegel (Arret) machet, der ſich dem Eindringen des Köders bis zu der Krümmung c des Angelhakens widerſetzt, und ihn leicht zerreiſſen kann.   Einige Fiſcher behaupten, daß zu Vermeidung dieſes Riegels allezeit die Spitze von d in b gerichtet, und ſie ſo viel als möglich auswendig gemacht werden müſſe.

Um die kleinen und mittlern Haken zu krümmen, nimmt der Arbeiter mit der einen Hand die Gabel mit dem Stiele H, Fig. 8, ſteckt in die Oeffnung des Eiſens I den Drath, den er mit der andern Hand in den Schiebekloben Fig. 16. hält, indem er die

---

e) Schiebekloben iſt das Kunſtwort. D. S.
f) Ich weiß nicht was Bavures ſind.   Der Haken muß kurzſpitzig gefeilt ſeyn. D. S.

g) Die Spitze kann bey den Angelhaken nicht auf dem Rinken gemacht, ſondern muß gefeilt werden, weil der Wiederhaken im Wege iſt. D. S.

H

die Spitze und die Schramme heraus gehen lässet; und giebt ihr mit einer halben Um-
wendung der Hand ihre Krümmung.   Er lässt darauf den Spannring des Schleb-Klo-
bens los, und den Haken in seine Schürze fallen, um eine andere zuzuspitzen.   Ein einziger Arbeiter kann in seinem Tagewerke 2000 von den kleinern Haken zu den Schellen
und Meerhechten, oder 200 von denen, womit man große Rochen fängt, verfertigen.

Diejenigen Haken, so größer sind, als diese letztern, können nicht mit eben dieser
Gabel gekrümmet werden.   Man bedient sich alsdenn einer, die ganz von Eisen ist L,
Fig. 8. welche der Arbeiter recht fest in den Kloß zu den großen Angelhaken hinein stecket, und indem er seinen dicken Drath in die Spalte dieser Gabel gehen lässet, ergreift er
ihn bey dem Stiele, und giebt ihm zu verschiedenen malen die Krümmung, die er für
gut befindet.

Wir haben bereits gesagt, daß diese Krümmung der Haken, und hauptsächlich der
großen, nach den Einfällen oder Vorurtheilen eines jeden Fischers abwechselt.   Einige
wollen sie zween Finger von der Oeffnung zwischen der Spitze b und dem Stiele f,
Fig. 12. Kupfert. I. andere 3, andere 4 Finger davon weit gebogen haben.   Es
giebt auch Fischer, welche sie bald mehr, bald weniger zu haben wollen; und noch andere,
die diese großen Haken ganz gerade, das ist, zugespitzt und mit Wiederhaken versehen,
aber ohne Krümmung und Verzinnung kaufen, um sie selbst nach ihrem Belieben während des Fischfanges zu krümmen.   In diesem Falle stecken sie viele Nagelspitzen in einen
Kloß, und reissen zwischen selbigen die Gestalt, die sie ihren Haken geben wollen, ab.
Wenn sie nun die Spitze der Haken zwischen zween Nägel stecken, so zwingen sie sie-
leicht, die Gestalt, die sie den Nägeln gegeben haben, anzunehmen.   Allein einige Fischer, die vernünftiger sind, als die meisten, räumen ein, daß die Weite (Contour)
dieser Krümmung sehr wenig zu dem guten Erfolge ihrer Arbeit beytrage, und daß man
die meisten Haken, die man auf solche Art selbst krümmen will, zerbricht.

Da ich nicht sahe, was die Ursache seyn könnte, daß diese großen Haken unter den
Händen der Fischer so leicht zerbrechen, so hat mir ein Angelmacher eine sehr deutliche
Erklärung davon gemacht.   Er zeigte mir, daß, da der dicke eiserne Drath mit der Zange
gezogen worden, selbige alle 3 oder 4 Zoll in den Drath eingeschnitten hat.   Man sehe
die Dratzieherkunst (L'art de la Trefil) Seite 14 und 19, und Kupfert.
III. Fig. 8. wo der Verfasser anmerket, daß die Backen des Zieheisens im Stande
sind, den feinen Drath zu beschädigen; sie thun so gar dem Drathe von dickerer Art Scha-
ben.   Das Maul der Zange oder die Backen des Zieheisens mögen entweder in den Drath
eingreifen oder ihn zusammendrücken, so sind sie die sichtbare Ursache, daß er leichter an
diesen, als an andern Orten zerbricht.   Dieses geschiehet unvermeidlich, wenn einer von

den Einſchnitten oder Narben, die die Zange verurſacht, ſich an dem Orte c, Fig. 12.
Kupfert. I. bey dem größten Buge der Krümmung befindet.   Der Angelmacher
muß alſo, ſo viel als möglich, die Narben bey dieſem Buge zu vermelden ſuchen, wenn
er nicht ſo viele Haken als er zu krümmen hat, verderben will.   Wenn aber einige Fiſcher ganz gerade Haken verlangen, um ſie ſelbſt zu krümmen, ſo ſucht man ihnen gemeiniglich alle diejenigen aus, die wegen dieſes Fehlers bey Seite gelegt worden ſind, und
dieſe zerbrechen alle in ihren Händen.   Wenn auch der Angelmacher alle Behutſamkeit
brauchet, ſo zerbricht er doch ſelbſt welche, und deswegen wünſchen dieſe Arbeiter ſehr,
daß der Drath allezeit auf eine andere Art, als durch das Eingreifen mit der Zange der
Drathzieher gezogen werden möchte.

Es giebt Haken, deren Kopf in einen Ring ausgeht, daher man ſie deſto leichter
an die Leinen binden kann.   Allein, bey den Fiſchern in Flandern, welches Leute ſind, die
ſehr hartnäckig auf ihrem Wahne beſtehen, und die nicht gerne die geringſte Neuerung
verſtatten, iſt dieſer Gebrauch nicht üblich.   Alle große Haken auf dieſer Küſte haben einen geraden und runden Kopf, wie die eiſerne Drat iſt.   Die mittlern und die kleinen
haben einen platten Kopf, welches man breitſchlagen (palleter) nennet.   Um dieſe
platte Seite (Palle, Pelle oder Palette) daran zu machen, legt man ſie, nachdem
die Wiederhaken daran gemacht, und ſie zugeſpitzt und gekrümmt worden ſind, auf den
Klaß Fig. 11. wo ſie der Arbeiter eine Linie lang neben einander auf den ſtählernen Amboß L ſchiebt, indem er die Seite der Spitze und des Wiederhakens in die Höhe hält.
Darauf wird, wenn der Haken klein iſt, die platte Seite mit einem einzigen Hammer-
ſchlage gemacht; iſt er größer, ſo thut man drey, vier oder fünf Schläge darauf. Man
wirft ſie alsdenn in Köpfe von altem Hüthen, Fig. 21.

An folgender Probe kann man am beſten die Beſchaffenheit des Eiſens erkennen.
Wenn es gut iſt, ſo ſieht die platte Seite glatt aus, als wenn es Bley wäre; aber ſehr
oft ſieht man, daß ſie ganz in Faſern zerſpalten iſt h), welche beynahe nicht mehr zuſammen hängen, und zuweilen die Haken ganz unbrauchbar machen.   Dieſe Schwürigkeit
könnte abgeholfen werden, wenn man nur den Ort, welchen man platt machen will, ein
wenig wieder ausglühte, welches leicht zu bewerkſtelligen wäre i).

Auf den meiſten andern Küſten, wo man Haken macht, ſind alle, ſo gar die grö-
ſten, an dem obern Theile platt geſchlagen.

H 2

Von

h) Das geſchieht, wenn der Drath unganz iſt.   i) Dieſes würde nicht viel helfen, wenn der
D. S.   Drath unganz iſt.   D. S.

Von der Verzinnung der Angelhaken.

Die Haken würden von dem Roste bald zerfressen werden, wenn man nicht die Vorsicht gebrauchte, sie zu verzinnen. Nicht, als wenn die Verzinnung sie gänzlich oder lange Zeit davon befreyen könnte; sondern sie verlängert nur ihre Dauer so weit, daß man bey ihrem Gebrauche eine gewisse Ordnung beobachten kann. Daher werden diejenigen, die man auf dem Meere braucht, verzinnet.

Es giebt zuweilen in den Seehäfen Nadler, die herum laufen, und die Angelhaken auf die Art verzinnen, wie man die eisernen Nadeln verzinnet, und wie sie in der Nadlerkunst [k] S. 48 beschrieben seyn soll. Allein die Angelmacher geben vor, daß diese Verzinnung in dem Meere keine Dauer habe. Sie haben mir gesagt, daß sie es probiert hätten, und daß die nach ihrer Art verzinnten Angelhaken viel länger dauerten.

Es ist bekannt, daß nur die polirten Metalle die Verzinnung annehmen können; und da die Angelhaken viele male durch die sehr schmutzigen Hände der Arbeiter gegangen sind, so müssen sie erst wieder rein gemacht werden. Sie werden daher mit feinem Sande in einen langen Sack von starker und fester Leinwand gethan. Zween Männer halten diesen Sack ein jeder an einem Ende, und schütteln die Haken 10 bis 12 Minuten hin und wieder, wie man auf dem V. Kupfer in der Nadlerkunst siehet. Der Sand greift durch diese Bewegung das Eisen hinlänglich an, um es wohl zu reinigen, und vollkommen helle zu machen.

Unterdessen setzt man den Verzinnungstopf Fig. 13. übers Feuer. Das ist ein Topf von gegossnen Eisen mit einer Handhabe, der auf 3 Füßen steht, und inwendig 12 Zoll im Durchmesser, und ungefähr 8 Zoll in der Tiefe hat. In diesen thut man ungefehr 1 Zoll hoch von dem feinsten Zinne, welches ungefähr 5 Zoll hoch mit Unschlitt bedeckt wird. Dieser Topf dient sehr lange zu diesem Gebrauche, und kommt vom Vater auf den Sohn. Das Unschlitt, das sich darinnen befindet, wird, da es so oft übers Feuer kommt, ganz schwarz und zum Theile verbrannt, wie das, wovon der Herr von Reaumur in seiner Abhandlung von dem Eisenbirche (*Memoires de l' Academie* 1725. p. 123.) redet, welches die Verzinnung nur desto leichter machet. Unter diesem Topfe unterhält man ein Feuer von kleingespaltenem Holze, so lange als die Verzinnung währet. Man muß aber sorgfältig zu vermeiden suchen, daß die Flamme nicht so weit in die Höhe steige, daß sie das Unschlitt, welches sehr dampfet, anzünden könne. Wenn sich dieser

Zufall

---

[k] S. den 1sten Theil des Schauplatzes S. 235. D. S.

Zufall aus Unachtſamkeit der Arbeiter ereignet, ſo dörf man nur mit dem Munde auf den Topf blaſen [1]), um das Feuer auszulöſchen; hierauf deckt man den Topf zu, und vermindert das Feuer. Das gar zu große Feuer macht auch zuweilen, daß das Fett, wie Milch, die ſieden will, in die Höhe ſteigt. Hingegen kann man eben dieſes Mittel gebrauchen, oder den Topf geſchwinde vom Feuer wegnehmen.

Nach Verlauf einer Stunde, bey einem mittelmäßigen Feuer iſt das Zinn im Topfe wohl zerſchmolzen, und das Unſchlitt warm genug. Man kann dieſes mit der Verzin̄ungsgabel Fig. 14. unterſuchen. Da die Zähne dieſer Gabel, welche von Eiſen iſt, durch den häufigen Gebrauch verzinnet ſind, ſo iſt es, wenn dieſe Zähne glänzend, und von dem Fette nicht mehr ſchwarz ſind, ein Beweis, daß das Zinn recht heiß iſt, und das Unſchlitt zu flüßend macht, als daß es ſich an die Oberfläche des Zinnes hängen könnte.

Dieſe Gabel iſt, aufgemacht, 24 Zoll lang. Sie hat zum Hefte eine Garnitur von Bindfaden. Ihre 3 Zähne, welche 2 Zoll in der länge haben, ſind umgebogen, und haben mit einander in der Breite 3 Zoll.

Wenn die Gabel von dem Unſchlitte glänzend heraus kommt, ſo ſchüttet man eben den Theil von den Angelhaken, die man verzinnen will, langſam in den Topf, und thut ein wenig neues Zinn hinzu. Damit das Unſchlitt nicht herausſprütze, ſo legt man die Angelhaken auf eine Art von blecherner Rinne Fig. 19. von da man ſie langſam in das Unſchlitt fahren läſſet; welches man einfahren (couler) nennet. Man drehet darinne dieſe Haken auf allen Seiten mit der Gabel Fig. 14. herum. Auf dieſe Art kommen ſie aus dem Zinne in das Unſchlitt, und aus dem Unſchlitt in das Zinn, wodurch ſie den Grad der Wärme erlangen, der ſie am geſchickteſten macht, das Zinn anzunehmen [m]). Die kleinſten Haken brauchen ohngefehr 15 Minuten, um wohl verzinnet zu werden; unterdeſſen macht der Arbeiter bey jedem Topfe voll einige Proben. Er nimmt mit ſeiner Gabel 3 oder 4 Haken, die er auf die Erde wirft, heraus; hebet ſie wieder auf, und wiſchet den plattgeſchlagenen Theil (Palette) zwiſchen ſeinen Fingern ab. Da dieſer Theil den Druck des Hammers erlitten hat, ſo iſt dieß der Ort an dem Haken, wo das Eiſen am härteſten und am ſchwereſten zu verzinnen iſt. Wenn er alſo die platten Theile der Haken im guten Stande ſieht, ſo iſt es Zeit, die Haken aus dem Topfe zu nehmen, und ſie geſchwinde auf dem Fußboden auszubreiten, damit das Zinn nicht zuſammen löthe.

H 3 Alsdenn

---

1) Das Blaſen mit dem Maule und auch mit einem Blaſebalge wird wenig helfen. Das Verzinnen in einem Topfe iſt überhaupt nichts nütze. Ein eingemauertes Pfänngen, wo keine Gluth dazu kann, iſt weit beſſer. D. S.

m) Dieſe Verzinnungsart iſt überaus ſchlecht. D. S.

Alsdenn nimmt der Verzinner so viele Haken im Topfe auf seine Gabel, als sie auffassen kann; läßt sie einen Augenblick an dem Rande des Topfes abtröpfen, und in dem er mit der andern Hand einen Stock hält, schleudert er die Haken an die Wand der Stube, und schlägt mit dem Stocke auf das Heft seiner Gabel, damit dieser Schlag sie desto härter an die Wand werfe, und sie sich auf dem Fußboden desto besser von einander absondern können.　Diejenigen, welche ungeachtet dieses Handgriffes beysammen gelöthet bleiben, werden aufgehoben, und wieder in den Topf gethan.　Bey Arbeitern, die mit Werkzeugen wohl versehen sind, und wo man nicht will, daß die Wände und der Fußboden mit diesem schwarzen und sehr stinkenden Unschlitt überzogen werden, richtet man eine große Tafel besonders darzu auf, welche aus wohl zusammengefügten Bretern gemacht, und mit Flügeln an beyden Enden versehen ist.　Zwischen diesen beyden Flügeln schüttet man auf den Fußboden eine Schicht Kleyen von 1 oder 2 Zinken in der Dicke. An die Breter wirft der Verzinner seine Haken, und da sie nicht zurück springen können, indem sie auf die Kleyen fallen, so steht ein anderer Arbeiter mit einem Stocke bereit, und so bald die Haken auf die Erde kommen, zerstreuet er sie zur Rechten und zur Linken, indem er seinen Stock auf platter Erde, und so geschwind als möglich hin und her gehen lässet, wodurch sie wirklich beynahe alle von einander abgesondert werden.　Unterdessen nimmt der Verzinner eine andere Gabel voll, und fängt eben die Operation wieder an, so lange noch Haken im Topfe sind.　Darauf füllt er den Topf vom neuen mit einer Menge Haken, und mit ein wenig Zinn an.

Während daß diese warm werden, werden die hingeworfenen Haken des ersten Topfes aufgehoben, mit den Kleyen in einen Haufen zusammengekehrt, und alles in ein Sieb, oder hölzerne Kufe, die einen löcherigten Boden hat, Fig. 15. gethan, um die gröbsten Kleyen davon abzusondern.　Alle Haken, die fertig sind, verzinnt man nach einander weg, und der Arbeiter sucht so viele fertig zu machen, als man in einem Vormittage verzinnen kann, damit die Unkosten des Feuers nicht zu oft wiederholet werden dürfen. Wenn die Materie warm ist, so sind 18 bis 20 Minuten hinreichend, einen Topf voll von 3000 bis 3500 der kleinsten Haken zu verzinnen, so daß in einer Zeit von 4 Stunden 28 bis 30000 in 8 Töpfen verzinnet werden können.　Da nur 1 Zoll hoch Zinn im Topfe ist, so können, je größer die Haken sind, desto weniger darinne auf einmal verzinnet werden, weil eine größere Anzahl nicht ganz in das Zinn sinken würde; dergestalt daß, wenn die Haken von der größten Art sind, wie Fig. 12. Kupfert. I. nur 6 oder 7 mit einander verzinnet werden können.　Uebrigens ist zwischen dem Verzinnen beyder Arten kein Unterschied.

Wenn

Wenn die Haken verzinnet ſind, ſo müſſen ſie von dem Schmuze geſaubert werden. Man ſetze daher einen eiſernen Topf **Fig. 17.** in welchem Kleyen ſind, auf einen Dreyfuß übers Feuer. Wenn dieſe Kleyen, die man mit einem Stocke umrührt, recht trocken ſind, ſo daß ſie, wenn man mit der Hand hinein greift, nicht mehr daran hängen bleiben, ſo wirft man die Haken hinein, deren Volumen dem von den Kleyen faſt gleich ſeyn muß. Darauf vermiſcht und rührt man alles einige Minuten mit einer Platte von Eiſenbleche **Fig. 18.** herum. Der Verzinner, welcher dieſe Operation machet, ſitzt niedrig ganz nahe an dem Topfe. Ein anderer Arbeiter hält ihm die Oeffnung des Siebſackes vor. Er ergreift darauf den Topf bey den zwo Handhaben, und ſchüttet die Haken und die Kleyen ganz warm in den Sack. Zween Arbeiter ſchütteln ſie einige Minuten herum, und ſchütten ſie ins Sieb **Fig. 15.** Hierauf thut der Verzinner friſche Kleyen in den Topf, und wirft eben die Haken wieder hinein, die noch einmal warm gemacht, herumgeſchüttelt und geſiebet werden. Alsdenn ſind ſie fertig. Es iſt nun weiter nichts mehr übrig, als ſie zu zählen, um die kleinen in Pakete von 100, 50, oder ein Dutzend, ſo wie ſie den Fiſchern verkauft werden, zu bringen.

Die fetten Kleyen werden aufgehoben, den Fußboden damit zu beſtreuen, wenn man die Haken werfen will. Nach dieſem Gebrauche taugen ſie wegen ihres Geſtankes nicht einmal mehr zum verbrennen. Man ſagt aber, daß ſie das beſte Mittel wären, das Eiſen gegen den Roſt zu ſchützen, welchem dieſes Metall an den Ufern des Meeres ſo ſehr unterworfen iſt. Poliertes oder anderes Eiſenwerk, das hinein gethan wird, erhält ſich, wie man ſagt, viele Jahre, ohne davon angegriffen zu werden; an ſtatt, daß es in Paketen in den Kramläden bald davon zerfreſſen wird, was für Vorſicht man auch dabey gebrauchet.

Viele Angelmacher haben mir geſagt, daß ſie Gebiſſe an Pferdezäumen auf eben die Art, wie ihre Haken, verzinnet hätten; daß ihnen dieſe Arbeit vollkommen gelungen, und daß dieſe Verzinnung viel dauerhafter wäre, als die Verzinnung der Sporen n).

Es geſchieht zuweilen, daß die Haken, welche in dem Topfe ſind, an ſtatt ſich zu verzinnen und weiß zu werden, ſchwarz werden. Viele Fabrikanten haben mir geſagt, daß ſie alsdenn dieſe Haken, als ſolche, die zu nichts nütze, und unmöglich zu verzinnen wären, wegwürfen. Aber vermuthlich kommt dieſer Zufall von einem Bündel Ruß her,

der

n) Die beſchriebene Verzinnungsart verdient das Lob nicht, das ihr gegeben worden. Sie iſt zu weitläuftig und zu ſchmuzig. Die kleinen Angelhaken werden dadurch mehr verdor- ben, als gut gemacht, indem ſie durchs Zinn die Schärfe verlieren, und durchs Werfen leicht verbogen werden. D. Ü.

der von ungefehr aus der Feuermauer in den Werzinnungstopf fällt, ohne daß es die Arbeiter gewahr werden. Es ist aus der bereits angeführten Abhandlung des Herrn von Reaumur zu ersehen, daß der Ruß, wenn er sich in einer gewissen Quantität an das Eisen hänge, im Stande ist, das Zinn zu verhindern, sich daran zu legen. Wenn aber das Unschlitt abgeschaumet wird, so kann der Ruß, welcher der Werzinnung schadet, weggebracht werden. Ich habe einen guten Angelmacher angetroffen, welcher mir gestanden, daß er in solchem Falle seinen Topf wieder kalt werden ließe, das Unschlitt von dem Zinne absonderte, es allein zergehen ließe, und durch eine grobe Leinwand filtrirte, wodurch es so gut, als vorher würde. Was die Haken anbetrift, die durch den Ruß verderbt worden, so fällt es in die Augen, daß, wenn man sie im Sande siebet, und vom neuen saubert, sie wieder zur Werzinnung gebracht werden können. Vielleicht machen es alle diese Arbeiter so; aber sie sind überhaupt in Ansehung des vermeynten Geheimnisses ihrer Werzinnung sehr eifersüchtig; und ich habe nur durch eine kleine List alle Umstände derselben entdecken können.

Es giebt nicht leicht Fischer, die von Dünkirchen auf den Steckfischfang ausgehen, die nicht ein Dutzend Haken mit falschen oder künstlichen Ködern von Bley oder Zinn **Kupfert. VII.** mitnehmen. Nichts ist leichter, als die Figur von einem Fische an die Haken, sie mögen verzinnet seyn, oder nicht, anzumachen. Der zinnerne Fisch wird auf eben die Art verfertiget, wie die herum laufenden Zinngießer in den Dörfern Löffel und Gabeln gießen. Die Forme dazu ist ausgehöhlt, und hat auf jeder Helfte die halbe Dicke des Fisches, den man vorstellen will. Der Arbeiter steckt den Stiel des Hakens hinein. Jede Helfte der Forme ist mit einem hölzernen Griffe versehen, dessen sich der Arbeiter bedienet, die beyden auf einander gelegten Helften zwischen seinen Knien so zu halten, daß er die beyden Hände frey behält. Mit der einen Hand verstopft er den untern Theil der Forme mit Werge, um zu verhindern, daß kein Zinn durchlaufe; alsdenn gießt er mit der andern Hand in die Oeffnung der Forme das Zinn, das er in einem Löffel hat zergehen lassen, und so ist die Figur in einem Augenblicke fertig. Ein anderer Arbeiter nimmt den Haken noch ganz warm, schneidet die Buckel, die sich bey der Oeffnung und dem Luftloche angesetzt haben, ab, und bessert die Figur mit einem Messer aus.

Die gewöhnlichen Preiße sind gegenwärtig zu Calais und Dünkirchen 5 Sols für 100 von den kleinsten; 40 bis 50 Sols für 100 von denen, die zum Fange der Rochen dienen; 6 livres für das Dutzend von den großen Haken, die weder Zinn, noch Krümmung haben; 9 livres für das Dutzend von dergleichen, wenn sie verzinnt und gekrümmt sind; 14 livres für eben dieselben mit einem zinnernen Köder.

Achter

Achter Artikel.

Von verſchiedenen Geräthen, deren ſich die Seil- oder Leinenfiſcher bedienen.

Das, was wir bisher von dem Fiſchfange geſagt haben, giebt genugſam zu erkennen, daß die Leinenfiſcher mit vielen Angelhaken von verſchiedener Größe verſehen ſeyn müſſen. Sie müſſen auch viele Leinen von verſchiedener Größe, und von jeder Art von Dicke von 12 bis 14 Linien im Umfange an, bis zu dem Umfange eines ſehr feinen gedrehten Zwirns haben. Alles dieſes iſt aus den Beſchreibungen, die wir gemacht haben, zu erſehen. Um aber von dieſer Art des Fiſchfanges einen richtigern Begriff zu machen, haben wir für gut befunden, einige Stücke von ganzen mit Angeln verſehenen Seilen (Appelets) ſo viel als es die Größe der Kupferſtiche verſtattet hat, vorzuſtellen.

Die I. Fig. Kupfert. X. ſtellt das Stück des Seils vor, welches das Hauptſeil genennet wird. Das Hauptſeil wird mit Kieſelſteinen a, beſchweret, die von einer Entfernung zur andern daran gebunden ſind; überdieß verſiehet man ſie mit langen Leinen p, an deren Enden Haken von verſchiedener Stärke nach der Größe der Fiſche, die man fangen will, befeſtigt ſind. Jedes Stück des Seils hat gewöhnlich 32 bis 33 Klaftern in der Länge, und wenn alle dieſe Stücke mit den Enden an einander gebunden ſind, ſo entſtehet daraus eine Ausſpannung, (Teſſure), die 1000 Klaftern und mehr in der Länge hat; welches uns, um von ihrer Länge einen Begriff zu machen, genöthigt hat, die beyden Enden unten in c c, in die Runde zuſammengerollt, die Mitte aber auf den Pfahl d angehängt vorzuſtellen. Man hat in Gewohnheit, die Seitenleinen in gewiſſen Entfernungen, die der Länge der Leinen beynahe gleich ſind, welches ſehr oft etwas über eine Klafter beträgt, an das Hauptſeil anzumachen.

Fig. 2. ſtellt eine etwas dünnere Leine vor, die man nur zum Theile ſiehet. Die Seitenleinen ſind auch dünner und kürzer, auch näher beyſammen, und halten ſchwächere Angelhaken. Sie dienen zum Fange kleinerer Fiſche, als mit dem Seile Fig. 1. gefangen werden.

Die Leine Fig. 3. iſt noch dünner; die Seitenleinen ſind kürzer, feiner, näher beyſammen, und halten ſehr kleine Angelhaken: zuweilen hängt man, ſtatt der Kieſelſteine Korkflößen c c. daran. Ein Theil dieſer Ausſpannung (Teſſure) iſt in f f in die Runde zuſammengelegt. Dieſe Arten von Leinen dienen gewöhnlich à la Belée, oder zwiſchen dem Waſſer (auf halben Grunde) zu fiſchen.

Da viele Gattungen von Fischen den Grund des Wassers nicht verlassen; andere hingegen zwischen dem Wasser schwimmen, die, so wie das Wasser. kalt oder warm ist, sich mehr oder weniger der Oberfläche nähern; so müssen die Fischer ihren Leinen eine verschiedene Einrichtung geben, um den Fisch in der Tiefe, wo er sich aufhält, aufzusuchen. Und dieser einzige Umstand ist die Ursache, warum gewisse Fischer einen überflüßigen Fang thun, während daß andere beynahe nichts fangen.

Da die vorigen Artikel Gelegenheit gegeben haben, die Leinen, ihre Dicke, die Länge der Stücke, die Entfernung, die man zwischen den Seitenleinern beobachtet, ihre Länge, die Anzahl der Kieselsteine, die man an die Hauptseile anbindet, die Menge der Stücken, die man bey den Enden an einander fügt, damit sie eine vollkommene Ausspannung ausmachen, umständlich zu beschreiben, so werde ich mich bey den Leinen nicht weiter aufhalten. Allein die Seilfischer müssen noch viele andere Geräthe haben, wovon ich hier einige Meldung thun will.

Sie müssen einen Anker haben. Die Arme desjenigen, welcher Fig. 4. vorgestellt ist, gehen in eine Spitze aus. Einige Fischer lassen es dabey bewenden, weil er ihnen nicht so theuer zu stehen kommt, und weil er hinlänglich feste liegt, wenn die Fahrzeuge klein sind. Allein die Anker, welche breite Vordertheile (Pattes) haben, sind sicherer, und gute Fischer geben ihnen den Vorzug.

Fig. 5. werden Kieselsteine vorgestellt, die man von länglichter Gestalt wählet, weil man sie fester an das Hauptseil binden kann.

Die 6ste Figur stellt 2 Ankerzeichen (Boulées) vor; das eine als ein kleines Faß mit seinem Tauwerke, das man Drosme oder das Boyseil, das Ankerzeichenseil (Orin) nennet; das andere, welches von Korkplatten, die mit einer Schnure von zween Fäden (Bitord) an einander gebunden sind, gemacht ist. Es werden auch noch andere solche Zeichen aus Kork von anderer Gestalt gemacht, die ich bey Gelegenheit beschreiben werde.

Fig. 7. ist ein großer löcherigter Stein, mit seiner Handhabe von Stricken, die man eine Strüppe (Estrope) nennet. Dieser Stein wird in der Fischersprache Cabliere genennt. Dabey ist ein Bley, so wie man es unten an das sogenannte Libouret bindet, oder zur Untersuchung der Tiefe brauchet.

Fig. 8. A B C D E zeige verschiedene Bootshaken, und Harpunen, deren sich die Angelfischer bey gewissen Gelegenheiten bedienen, die sich aber besser zu der dreyzackigten

figten Fischergabel (Fichure) schiden, wovon wir unten reden werden. Gemeiniglich nehmen sie nur denjenigen mit, welcher A gezeichnet ist, und womit sie einen großen Fisch an Bord ziehen, dessen Schwere, wenn er aus dem Wasser kommt, die kleinen zerreissen könnte. Die Stange mit dem eisernen Haken B. (Gasseau) ist auch nothwendig, hauptsächlich bey Annäherung an der Küste, wo die Fischer ans Land treten. Die mit c bezeichnete Stange wird an einigen Orten Hallecroq genennet.

Fig. 9. wird eine Reihe von Haken, (Grapins) die an eine Kette angereihet sind, vorgestellt. Dieses Instrument wird eine Kette, Cateniere oder Catoniere, im lateinischen Catena, genennet. Man bindet es an das Ende eines Taues, und es dient ein Stück von dem mit Angelhaken versehenen Seile, welches auf dem Grunde des Meeres, wenn die Ausspannung der Seile an einem Orte ihrer Länge zerrissen worden, zurück geblieben ist, wieder aufzusuchen. In diesem Falle ziehen die Fischer auf dem Grunde des Meeres die Kette in eine Richtung, die mit dem Wege, den sie halten, wenn die Ausspannung der Seile zerrissen worden, perpendicular ist; und wenn die Kette das Seil mit den Angelhaken ergriffen hat, so ziehn sie es an Bord.

Sehr oft bedienen sich auch die Fischer, um ihre Seile mit den Angelhaken wieder zu finden, eines Werkzeuges, Fig. 11. das sie die Katze (Chat) nennen. Das ist eine Art von Haken, der 4 oder 5 Aerme haben kann; allein gewöhnlich nur dreye hat.

Die 12. Figur stellt ein viereckigt Stück Kork (Corceron) vor. Sie werden auf verschiedene Art, viereckigt auch rund gemacht, welches sehr gleichgültig ist. Zuweilen nimmt man statt des Korkes Stücken von einem leichten und sehr trocknen Holze.

Fig. 13. ist ein runder Fischkorb (Manne), wie diejenigen sind, deren sich die Fischer bedienen, die Stücken des Seils mit dem Angelhaken in die Runde zusammen zu legen, wenn sie auf den Fischfang gehen.

Fig. 14. ist eine Stange mit einem halben mondförmigen Eisen, der halbe Mond (Croissant) genannt, von der Art, wie die, deren sich die Gärtner bedienen, und wovon die Fischer im süßen Wasser Gebrauch machen, wenn sie das Gras auf dem Grunde der Teiche abschneiden.

Endlich Fig. 15. stelle eine Hippe, oder ein sichelförmiges Messer vor (Serpe oder Volin) welches die Pfähle spitzig zu machen, und die Baumäste, die den Fischern an Flüssen im Wege sind, abzuschneiden dienet.

J 2   Das

Das ist also ein summarisches Verzeichniß der vornehmsten Werkzeuge, welche zum Fischfange mit den Angelseilen gebrauchet werden. Es fehlen ohne Zweifel noch viele Geräthe, die wir, so wie sich die Gelegenheit dazu zeigen wird, anführen werden.

Neunter Artikel.

Von den Lockspeisen, deren sich die Fischer bedienen, ihre Angelhaken damit zu versehen °).

Dasjenige, was die Fische bewegt, an die Angelhaken anzubeissen, ist die Begierde, die Lockspeise, die ihnen vorgeleget wird, zu verzehren. Es sind ihnen aber nicht alle Arten derselben gleichgültig. Einige reizen sie mehr, als andere, und gewisse Lockspeisen gehören besonders für besondere Arten von Fischen. Wir werden hier nur von den Lockspeisen überhaupt reden; wir behalten uns aber vor, von denen, die einigen Fischen eigen sind, in den Artikeln zu handeln, wovon diese Fische besonders der Gegenstand seyn werden.

Die Fischer im süßen Wasser ködern im Sommer mit Käse; einige geben dem, welcher der reifste ist, den Vorzug; oft machen sie von dem von Gruyere Gebrauch. Sie nehmen auch das Fleisch von allen Arten von Thieren dazu, und viele sagen, daß das Katzen- und Kaninchenfleisch den Vorzug für allen andern Arten habe, und die Leber dieser Thiere dem Fleische noch vorzuziehen sey. Die Würmer von aller Art geben einen der besten Köder: unter andern werden diejenigen sehr gebrauchet, die zu Käfern werden, und diejenigen, die im verfaulten Fleische und in den Früchten wachsen. Man schätzet aber besonders die Erdwürmer und vornehmlich die Regenwürmer (Achées); welcher Ausdruck mit dem Worte Aiché viele Aehnlichkeit hat, welches viele Fischer für die Lockspeise überhaupt gebrauchen.

Unter

°) Die Fischer in Bretagne nennen der Abder Bouette, oder Boite; die Engländer Bait, woher vielleicht der Ausdruck abaiser kommt. Man bedient sich auch des Wortes Boite auf den Küsten der Normandie; man sagt daselbst auch Abait und folglich Abaiter; es sey nun, daß dieses entweder aus Aehnlichkeit mit dem engländischen Ausdrucke, oder aus Verfälschung des Worts becquer od r Embecquer herkomme, das viele Fischer brauchen, wenn sie einen An-

gelhaken mit der Lockspeise versehen. Einige brauchen den Ausdruck Aiche oder Eche, und sagen Echer. Die Einwohner in der Provence nennen die Köder Esca. Sonst sagt man auch Acque, woher Acquer kommt. Man sagt auch Attrait, Amorce. Alle diese Benennungen sind in verschiedenen Provinzen gebräuchlich. Wir werden vorzüglich die Ausdrücke Appat und Amorce brauchen, oder uns gänzlich des Gebrauchs einiger anderer zu enthalten.

Unter den Fasern, welche aus den Wurzeln der Schwerdtlilie (Iris) hervor wachsen, befinden sich kleine Zellen, in welchen weiße oder blaßgelbe, lange, dünne Würmer mit rothem Kopf, und mit Füßen, die an dem Körper die länge herunter vertheilet sind, stecken. Dieses ist, wie Walton behauptet, ein vortreffliches Köder für viele Arten von Forellen; für die Schleyen, für die Braffen, für die Karpen und andere Fische.

Man mag aber Würmer zum Angeln nehmen, welche man will, so ist es doch allezeit besser, wenn man denselben Zeit lässet, sich auszuleeren, als wenn man sie ohne dieses brauchen wollte. Wenn keine vorhanden sind, die man eine Weile aufbehalten hat, so kann man machen, daß sie sich geschwind ausleeren, indem man sie eine Nacht im Wasser lässet; wenn es Wiesen- oder Gartenerdwürmer sind. Sie werden darauf in einen Sack mit Heu gethan, in welchem sie an den Ort des Fischfanges gebracht werden.

Was die Würmer anbetrifft, die entweder in der Lohe, oder unter den Misthaufen p) stecken, so darf man sie nur eine Stunde im Wasser lassen, und darauf in dem Sack mit Heu thun, um Gebrauch davon zu machen.

Wenn man Zeit und Lust hat, die Würmer länger aufzuheben, so ist das beste Mittel, sie zu erhalten, wenn sie in einen irrdenen Topf gethan werden, der mit Moose angefüllt ist, das im Sommer alle 3 oder 4 Tage, und im Winter alle Wochen erneuert wird; oder wenigstens muß man zu der Zeit das Moos heraus nehmen, es wohl waschen, und mit den Händen so lange drücken, bis das Wasser abgelaufen ist, und sodann es wieder auf die Würmer thun. Wenn sie, und hauptsächlich diejenigen, die in der Lohe und unter den Misthaufen wachsen, anfangen, krank und mager zu werden, so kann man sie wieder herstellen, wenn man alle Tage ungefehr einen Löffel voll Milch oder Sahne tropfenweise auf das Moos, unter welchem sie stecken, gießet; und wenn man in die Sahne ein Ey schlägt, und es mit selbigen sieden läßt, so kann man sie feit machen, und lange Zeit erhalten. Wenn das Gelenke, welches sich ungefehr in der Mitte des Lohwurms befindet, anfängt zu schwellen, so ist das ein Zeichen, daß der Wurm krank ist, und bald sterben wird, im Falle man ihm nicht mit obgedachten Mittel zu Hülfe kommt q).

Das beste Moos zu diesem Gebrauche ist diejenige Art von Lichen, welche genau ein Gemsenhorn vorstellet. Es könnte ihr noch eine andere weisse und weichliche Art vorgezogen werden, welche in einigen Sträuchern wächst, aber schwer zu finden ist.

J 3 Ein-

p) Diese werden von unsern Fischern Pflug-
maden genennet. D. B.

q) Bey uns hat man das nicht nöthig, weil
man zur 2 Jahr-Zeit Würmer genug haben kann.
D. B.

Ein anderes vortreffliches Mittel, die Würmer zu erhalten, ist, wenn man ein Stück grobe Sackleinwand wohl wäschet, und, nachdem man sie trocken werden lassen, sie in eine Brühe von ungesalzen gekochten selchen Rindfleische tunkt; denn gesalzene Brühe würde die Würmer tödten. Darauf wird diese Leinwand ausgerungen, und ohne sie ganz trocken zu machen, die Würmer hinein gethan, und in ein irdenes Gefäß geleget. Nach Verlauf von 12 Stunden werden sie wieder heraus genommen, um der Leinwand eben dieselbe Zubereitung zu geben; und so verfähret man auch die folgenden Tage. Auf diese Art können Erdwürmer beynahe einen Monat in vollkommener Gesundheit erhalten werden.

Wenn es übrigens geschiehe, daß man kranke Würmer, oder andere hat, die in üblem Zustande sind, so kann man mit dem, was gewisse Personen behaupten, einen Versuch machen. Man thut nehmlich Kampfer in den Sack, worinne man das Mooß und die Würmer zum Fischfange aufbehält, welches ihnen einen starken und so anziehenden Geruch giebt, daß die Fische nach den schlechtesten Würmern begierig werden.

Wenn man Regenwürmer sammlen will, so sucht man sie unter den Blumentöpfen im Garten, wo es feuchte ist; oder man geht auf eine etwas feuchte Wiese, und indem man einen Pfahl in die Erde stößt, drehet man ihn so herum, daß man mit dem obern Ende, das man in der Hand hält, einen Zirkel beschreibt; der Druck, der auf solche Art in der Erde verursachet wird, nöthiget die Würmer, heraus zu geben. Sie geben aus eben der Ursache heraus, wenn man mit den Füßen stark auf die Erde auftritt; oder wenn man mit einem Stück Holz darauf schlägt. Auch bringt man diese Würmer sehr geschwind aus der Erde, wenn man entweder Salzwasser, oder ein Decoct von Nußbaumblättern hauptsächlich an denen Orten darauf gießet, wo die kleinen Löcher eine Anzeige geben, daß die Würmer bey der Nacht gewöhnlich heraus kommen.

Um Würmer von Fleische zu erhalten, nimmt man Leber von einem vierfüßigen Thiere, und hänge sie mit einem übers Kreuz gelegten Stocke über einen Topf oder über ein Faß auf, das halb mit trocknen Thone angefüllt ist. So wie die Würmer in der Leber wachsen, so fallen sie auf die Erde, und es kommen auf solche Art hinter einander lange Zeit welche heraus.

Das ganze Jahr hindurch Würmer zu haben, muß man eine todte Katze oder einen Raubvogel nehmen, und sie, indem man die Aeser den Fliegen vorsetzt, faulen lassen. Wenn die Würmer darinne recht lebendig und in großer Anzahl sind, so gräbt man alles zusammen so weit in feuchte Erde, daß es so viel als möglich für dem Froste gesichert ist: alsdenn können sie, so wie man sie braucht, herangenommen werden. Da sich
diese

diese Würmer im Monat März in Fliegen verwandeln, so muß man alsdann zu andern dergleichen Thieren Zuflucht nehmen.

Ein großer Theil von dem, was wir bisher von den Würmern gesagt haben, ist aus dem Walton, einem engländischen Schriftsteller, gezogen, der von dem Fischfange mit der Angelruthe ein sehr schätzbares Werk geschrieben hat.

Es wird von einer Lockspeise, die die Benennung Chatouille führet, viel Wesens gemacht, welches eine Art von einer kleinen Lamprete ist, die nur die Dicke einer Schreibfeder hat, und sich im Schlamme aufhält.

Die Flußmuscheln, die aus ihren Schaalen herausgenommen werden, die Schnecken, die Heuschrecken, verschiedene Arten von Käfern, die geflügelten Ameisen, viele Fliegen und Schmetterlinge, die Frösche, die kleinen Fische von aller Art, die man Weißfische nennet, so gar kleine Barsche, denen die Floßfeder von dem Rücken geschnitten wird, geben eine gute Lockspeise. Die Fische, welche zu diesem Zweck am meisten geschätzt werden, sind die Gründlinge, und die kleinen Karpen *); die Schleyen aber werden für eine sehr mittelmäßige Lockspeise gehalten.

Die Fischer fangen diese Lockspeisen selbst, und zuweilen geschieht es, daß die Kinder, während daß der Vater die großen Fische fängt, sich mit dem Fange der kleinen zu den Lockspeisen beschäftigen.

Man ködert auch zuweilen große Bohnen an, die in Paris Feves de marais, Saubohnen genennet werden. Wir werden an einem andern Orte sagen, wie man sie zu diesem Gebrauche zubereitet.

Man kann überhaupt sagen, daß die Assa foetida und andere Spezereyen, die einen starken Geruch haben, den Köder, den man den Hechten und andern Fischen im süßen Wassern vorhält, zuverlässiger machen.

Wie ersehen aus einer Nachricht von Alicante, daß die Fischer an dieser Küste, die mit der Ruthe auf den Fang ausgehen, mit kleinen Kugeln von Kirschen ködern, um Obladen (Oblades) ²) zu fangen.

Walton

*) Diese Fische sind zu dem angezeigten Gebrauche zu gut, und man kann zu der Flußfischerey überall andere Lockspeisen als dergleichen Speisefische haben. D. S.
²) Sparus Mela urus LINN. BRÜNNICH. Ichth. pag. 41.

Walton sagt, daß man, zum Fange der Kappe (Chabot) [t]), einen Teig mache, der aus starken Käse besteht, der in einem Mörsel mit ein wenig Butter und Safran so lange gestampfet wird, bis alles eine citrongelbe Masse ausmachet. Er sagt hinzu, daß einige zum Gebrauche auf den Winter einen Teig von Käse und Terpentin zubereiteten.

Was die großen Seefische anbetrifft, so müssen die Fischer, obgleich ihre Weiber und Kinder sich viele Mühe geben, kleine Fische zum Köder zu fangen, doch welche kaufen, und dieß ist gewöhnlich eine Sache, die ihnen viel kostet. So oft die von Calais und Dünkirchen auf den Fang der Seehechte und Rochen ausgehen, so kostet es ihnen 40 bis 50 livres, um ihre Angelhaken zu ködern; und wir werden an einem andern Orte zeigen, daß sich die Unkosten zu andern Fischereyen noch höher belaufen.

Die Fischer in der Unternormandie behaupten, daß das Fleisch von allen Arten von Fischen gut sey, die Angeln zu ködern, und sie bedienen sich desselben ohne Unterschied, wenn es noch frisch ist. Dem ohnerachtet werden die also verstümmelten Fische, von welchen Fleisch zum Köder abgeschnitten ist, auf den Fischmärkten der Provinz verkauft; allein die Seefischführer (Chasse-marées), die in die großen Städte kommen, belüstigen sich nicht gerne damit.

Die Fischer in Flandern, in der Picardie und in der Obernormandie machen bey ihren Ködern mehr Auswahl; sie geben vor, daß man nach den Jahrzeiten und nach der Gattung des Fisches, den man fangen will, verschiedne Arten haben müsse.

Sie halten den frischen Hering von aller Art für einen Köder, der allen andern vorzuziehen ist; und die Provencer halten die Sardellen für eben so vortheilhaft.

Sie zählen zu diesen Ködern die Weißfische, (Blanches), die man auch Blanquettes, Oeillets, Orillets, oder Melis; in der Normandie Saumonelle, und in der Provence Nonnat nennet. Alle diese Ausdrücke sind von gleicher Bedeutung, und zeigen kleine Fische von dem ersten Alter und von aller Art an, die man unten an den Fischergarnen am Seeufer (Parcs), in den Canälen (Manches), und in den Netzen findet, wenn das Meer zurück getreten ist.

Die Fische, die gewöhnlich zum Ködern gebraucht werden, sind die Heringe, die Sardellen, die Sandale od. Tobiasfische (Lansons, Lançons od. Alançons) [v]), die Hornfische,
oder

---

t) *Cottus Gobio* LINN.   D. S.   v) *Ammodytes Tobianus* LINN.

oder **Meernabeln** x) (Eguilles oder Aiguilles), welche in der Normandie Quilles, Equilles oder Equilettes heißen; die **Meerpfaffen**, Crados oder Grados, die in Normandie Prêtres y), und in Bretagne Pretras oder **unächter Stint** genennet werden; endlich alle Arten von kleinen runden Fischen.

Auf der großen Bank dienen die Eingeweide der Stockfische, die gefangen werden, in Ermangelung besserer Köder, andere damit zu fangen. Wir werden diesen Artikel sehr umständlich abhandeln, wenn wir den Stockfischfang besonders beschreiben werden.

Endlich werden dazu gebraucht, die Seewürmer, die im Sande und in den Klippen bey der Ebbe zurückbleiben, die **Kuttelfische** (Seches) z) die **Meerdatteln** oder **Pholaden**; (Pitots) a) oder Muschelthiere (Vers à coquilles) die auch Folades, Pelorides, oder **große Gienmuscheln** (Palourdes) genennet werden, die **Dintenfische**, (Cornets oder Calamars) b), verschiedene kleine **weichschaalige**, (crustacées), das Fleisch der gesalzenen Fische, das Fleisch verschiedener Thiere, es mag frisch oder gesalzen seyn rc. Das sind überhaupt alle die Substanzen, wovon Lockspeisen gemacht werden, und welche die Angeln zu ködern dienen. Wir werden sie umständlich wieder vor Augen legen, um den Gebrauch, den man davon machen muß, besser zu erklären.

Wir haben bereits gesagt, daß die frischen Heringe mit zu den besten Lockspeisen gerechnet werden müssen. Zuweilen fängt man, wenn man gegen Ende des Aprils, und im Monat May die Heringe fischet, auch Celans c) und Sardellen, die in Gascogne Galices genennet werden: Diese Fische geben beynahe eben so gute Köder, als selbst die Heringe.

Die Polanderfischer in Provence halten zu diesem Gebrauche die Sardelle für so gut, als die Ponentolser den Hering.

Man

x) *Esox* Belone LINN. D. S.
y) Die Fischer haben den Fischen oft gar wunderliche Namen gegeben: Meeradler, Meerdohle, Meerdrossel, Meerhuhn, Meerkrähe, Meerlerche, Meerschnepfe, Meerschwalbe, Meertaube, Meeraffe, Meereber, Meereinhorn, Meeresel, Meerfuchs, Meerlöwe, Meerochse, Meerwolf, Meerengel, Meerjunckerlein, Meerjungfer, Meermann, Meerweib, Meermönch, Meerschmidt, Meerteufel, Meersonne, Meer-
mond rc. rc. und dahin gehört auch Meerpfaffe, welches nach Richters Ichthyotheol. S. 676. Uranoscopus, seyn soll. Der Herr Verfasser hat hier die Fischernamen beybehalten: in der Geschichte der Fische werden sie wohl erkläret werden. D. S.
z) *Sepia* officinalis LINN. D. S.
a) *Pholas* dactylus LINN. D. S.
b) *Sepia* Loligo LINN. D. S.
c) Auch dieser Name läßt sich nirgends finden und erklären. D. S.

K

Man kann mit einem Heringe nur 4 bis 5 Angeln für die Rochen und 8 bis 10 für den Seehecht und die andern Fische von gleicher Größe ködern.

Wenn man von den großen Fischereyen mit den Sellen einen Begriff hat, so kann man leicht einsehen, was für Heringe dabey aufgehen müssen. Denn es ist gewiß, daß jeder Fischer auf der Küste von Dieppe zu jeder Ausfarth 7 bis 800 Heringe für die Ausspannung seiner Selle (Tessure) gebrauchet; und alle diese Fischer machen, wenn die Zeit dazu bequem ist, in einer Woche viel dergleichen Ausfarthen.

Hier muß man sich an das erinnern, was wir weiter oben von den Unkosten gesagt haben, die die Fischer von Calais und Dünkirchen auf ihre Köder wenden müssen.

Da der Hering, er mag frisch oder gesalzen seyn, ein guter Fisch ist, so wäre zu wünschen, daß man diesen Aufgang verhindern könnte; allein da wie gute Beweise haben, daß dieselben zum Fange frischer Fische nicht entbehret werden können, so will die Regierung in diesem Stücke den Fischern keinen Zwang anthun.

Da gegen Ende des Heringfanges dieser Fisch weder frisch gegessen, noch eingesalzt zu werden, gut ist, so hat die Policen den Fang derselben zu solcher Zeit verboten. Da man aber doch den Vortheil, Paris mit frischen Fischen zu versorgen, in Erwegung gezogen, so ist den Fischern auf der Küste der Normandie erlaubt worden, mit einigen Schiffen ins Meer zu gehen, und so viel Heringe zu fangen, als sie zu ihrem Fischfange nöthig haben. Es ist wahr, daß sie unter dem Vorwande, dazu berechtigt zu seyn, mehr fangen, als sie brauchen, und daß sie welche einsalzen, und den Seefischführern, (Chassemarées) verkaufen: allein, da der Hering ein Strichfisch ist, welcher zu Ende des Märges zu verschwinden anfängt, und im Monate April an den französischen Küsten beynahe nicht mehr anzutreffen ist, so müssen sich die Fischer allezeit mit andern Ködern versehen, um sich in Ermangelung derselben zu bedienen. Ueberdieß scheint die Scholle nicht sehr begierig nach diesem Fische zu seyn.

Die kleinen Weißfische, welche, wie wir gesagt haben, ein Haufe von allen Arten von kleinen Fischen sind, die auf dem Grunde der Fischgarne am Seeufer, und unten in den Netzen in den Monaten May, Junius und Julius gefangen werden, sind eine sehr gute Leckspeise, wenn sie nur recht frisch gebraucht, und die Angeln nach ihrer Größe gehörig damit beködert werden; denn man muß zuweilen zu einer Angel 8 bis 10 Stück haben. Man sticht sie durch die Augen oder Ohren, und ich glaube, daß sie daher

Oeillets

Ocillets oder Orillets genennet werden [d]); sie heißen auch Melis, weil es eine Vermischung von allerley Arten von Fischen ist.

Es ist wahr, daß diese Fische mit der Zeit größer wachsen, und daß alsdenn 2 oder 3 hinreichen, eine Angel zu födern; allein es ist leicht einzusehen, was der Fischfang mit Angeln für einen ungeheuern Aufgang an kleinen Fischen, die, wenn man sie gehen ließe, groß werden würden, verursachet. Ein Dutzend wird zu dem Fange eines Fisches aufgeopfert, welcher zuweilen nicht sehr groß ist. So viele Fische, welche die Küsten bevölkern sollten, sind ohne Zweifel ein beträchtlicher Verlust. Uebrigens muß man einräumen, daß diese Lockspeise sehr gut und im Stande ist, den Mangel der Heringe zu ersetzen.

Die **Seewürmer** geben eine sehr gute Lockspeise, und gewissermaßen die beste unter allen für die Schollen. Es sind viele Gattungen derselben, und einige werden für besser gehalten, als die andern.

Die schwarzen Würmer, die **französische** (francs) [e]) genennet werden, werden auf der Küste der Obernormandie und Picardie sehr geschätzt. Man versichert, daß die Scholle besonders begierig darnach ist. Es muß einer von diesen Würmern schon groß seyn, wenn man zwo Angeln damit födern will. Man fängt sie in dem Sande, wenn das Meer ganz zurück getreten ist, und erkennt die Oerter, wo diese Würmer sind, an den Spuren, die sie auf dem Sande hinter sich lassen.

Die rothen Würmer, die **Bastarde** (Bâtards oder Vérotis) genennet werden, halten sich in kleinen Felsen auf, die sich längst an dem Gestade hin erstrecken, und nicht leicht über den Sand hervor stehen. Sie werden entdeckt, wenn man mit einer Pike die Steine loß machet, aus deren Zusammensetzung der Felsen bestehet. Man findet sie in den Spalten der Steine, mitten in einem schwarzen Schlamme, der gewöhnlich darinne ist. Sie durchlaufen diese Spalten oder Ritzen, und lassen eine röthlichte Spur hinter sich; die Fischer folgen ihr, und finden endlich den Wurm.

K 2   Der

---

d) Dieses Wort bedeutet sonst eine runde Schleife am Ende eines Stricks oder Leine, oder eine Schlinge, wodurch ein anderer Strick oder Leine gesteckt wird. D. U.

e) Vers francs, französische Würmer, wie

Indigo franc, französischer Indigo. S den Schauplatz der Künste Bd X S. 267. Der Herr Verfasser hatte diese und die folgenden Würmer doch aber wohl, als Naturkenner, mit andern, als diesen Namen kenntbar machen können. D. U.

Der rothe Wurm ist von dem schwarzen nicht allein in Ansehung der Farbe, sondern auch in Ansehung der Gestalt unterschieden. Der schwarze Wurm ist rund, und der rothe platt. Die Fischer von Granbville halten diese rothen Würmer für sehr gut, und sagen, daß sie im Wasser besser leuchteten, und daß sie aus der Ursache die Fische eher gewahr würden.

Die weissen Würmer, die in Bretagne Bourlottes genennet werden, werden nicht so geachtet.

Die Regenwürmer dienen zum Fange der Aale.

Hauptsächlich von Ostern bis auf Michaelis wird von diesen Arten von Lockspeisen; woburch nicht so, wie durch den Gebrauch der Weißfische, der Vermehrung der Fische Abbruch gethan wird, Gebrauch gemacht. Zu allem Unglücke sind die Seewürmer sehr theuer, und an Küsten, die schlammigte, oder auch voll Strandsteine sind, und wo weder Sand, noch Felsen ist, sehr selten anzutreffen. Denn die schwarzen findet man im Sande, und die rothen in den Felsen, wie wir bereits gesaget haben.

Die Fischer von St. Valery versehen die von Peletaie, und die von Bourg d'Ault häufig damit, weil ihre sandigten Ufer damit angefüllt sind. Da die Schollen an die Würmer nur anbeissen, wenn sie frisch und so gar lebendig sind, so bringen sie die Kinder und die jungen Leute von St. Valery nach Dieppe in tiefen hölzernen Schüsseln mit Meerwasser, indem sie auf dem Wege beständig laufen, und dem Vorgeben nach, in einer Stunde zwo Meilen machen. Die lange Gewohnheit macht sie zu vortrefflichen Laufern.

Wenn die Fischer Mangel an guter Lockspeise haben, so bedienen sie sich der Muscheln; als der breiten Muscheln, (Moules) der Entenmuscheln, (Brelins, Bredins, Bernicles, Cuvettes, Lampottes) die auch Bocksaugen genennet werden. Es werden ihnen diese Muscheln lebendig zugebracht. Sie nehmen die Schaalen davon ab, und bedienen sich des Fleisches, die Angelhaken, die sie vorher mit gesalzenen Heringe versehen haben, damit voll zu machen. Aber sie fangen mit diesen Lockspeisen nicht leicht etwas anders, als Seehechte und Almanden. Zuweilen ködern die Fischer auch bloß Entenmuscheln (Brelins) an; und alsdenn brauchen sie 3 oder 4 zu einem Angelhaken, wie es die Größe mit sich bringet. Es geschieht gemeiniglich im Monat December, daß man sich dieser Lockspeise bedienet.

Man hängt auch die Meerdatteln (Pitot) an, welche gewöhnlich groß genug sind, einen Angelhaken damit zu versehen; aber dieser Köder wird nicht sehr geachtet.

Die

Die Kuttelfiſche (Seches) die in Bretagne Marquettes, in Gaſcogne Sepie, in Neapel Seppie genennet werden, ſo wie die Dintenfiſche (Cornets oder Cala-mars ᶠ) (Sepia Loligo magna), und die kleinen Kuttelfiſche, die in Saintonge und Aunis Caſſerons genennet werden, ſind ſehr mittelmäßige Lockſpeiſen, wovon gleichwohl in großer Hitze, wenn die andern fehlen, Gebrauch gemachet wird. Man bedient ſich nur des Körpers dieſer Thiere, und zuweilen, aber ſehr ſelten, der Acrme des Calmars oder des Dintenfiſches (pieds des Cornets).

Mit dieſen Arten von Lockſpeiſen werden nur Rochen und wenig Seehechte gefan-gen, ſo daß man ſich ihrer nur aus Mangel anderer Lockſpeiſen bedienet; hauptſächlich der Kuttelfiſche, die die geringſte Art unter allen denen iſt, wovon wir eben Meldung ge-than haben.

Die ganzen Dintenfiſche ſind viel beſſer. Sie ſchicken ſich zu allen Arten von Fi-ſchen, ausgenommen zu denen von der platten Art. Man ſagt, daß die Stockfiſche ſehr begierig darnach ſind, ſo daß, wenn man deren viele auf der großen Bank, (grand Banc) haben könnte, man gewiß einen vortrefflichen Fang damit machen würde.

Man ködert auch von dem Monat März bis in den September einige Schaalthiere an, als da ſind: 1. die großen Garneelen, (großes Chevrettes) die man Sali-cots in der Obernormandie, in Saintonge und Aunis Barbeaux oder Sanctés, in Guyenne und Gaſcogne Großes creviches nennet; 2. die kleinen Garneelen, welche zu Dünkirchen Crevette und Grenade, in der Picardie Meerheuſchrecken, (Sauterelle de Mer), in Guyenne Petites Creviche, in Gaſcogne Eſquine, in Bre-tagne Chevron, Maniguette genennet werden. Mit dieſen Ködern werden Makree-len und Rochen von aller Art gefangen.

3. Was die Garneelen von der kleinſten Art, die Heuſchrecken oder Cara-nates genennet werden, anbetrifft, ſo ſind 5 bis 6 zu einer Angel hinreichend, und man fängt nur graue Rochen damit.

4. Unter die Zahl der Lockſpeiſen, welche die Schaalthiere geben, können auch die Krabben von aller Art gerechnet werden; hauptſächlich, wenn ſie im Begriffe ſind, ihren Rock abzulegen, (alsdenn nennet man ſie Poltrons); oder wenn ihre Schalen, wenn ſie die alten abgelegt haben, noch zart und häutig ſind; in welchem Zuſtande ſie Craque-lins oder Craquelots genennet werden. Man ſchneidet oder zerreißt dieſe Krabben in Stücken, um verſchiedene Angelhaken damit zu befördern. Der Conger ᵍ) (Congre) iſt

K 3

ᶠ) Richtiger wird dieſer Fiſch Calmar ge-ſchrieben. D. S.   ᵍ) Muraena Conger LINN. D. S.

ist der Fisch, den man am gewöhnlichsten mit dieser Lockspeise fängt, und die Fischer mit dem sogenannten Liburet fangen Seehechte, und Almanden damit.

Die kleinen Fischer auf der Küste ködern auch, aus Mangel etwas bessern, Gräßlinge, ob dieses gleich eine sehr üble Lockspeise ist.

Die Reisenden erzählen, daß die Einwohner der Küste von Guinea ihre Angelhaken mit Stücken Zuckerrohr ködern, um den Fisch, den sie Korcosabo nennen, zu fangen.

Man ist zuweilen genöthiget, sich salzigter Lockspeisen, als der Heringe und gesalzener Rindsleber zu bedienen; wobey darauf zu sehen ist, daß sie nicht verdorben sind. In diesem Falle hängt man an das Ende des Angelhakens ein kleines Stück von einer der besten Lockspeisen, die man haben kann. Ein wenig frisches Rind- Kuh- Pferde- Esel- Hundefleisch, und dergleichen ist noch besser; aber dieses Fleisch darf keinen übeln Geruch haben, und die Lebern und Lungen dieser Thiere sind ihrem Fleische vorzuziehen.

Mit diesen Lockspeisen, die gewöhnlich bey den kleinen Fischereyen beym Eingange der Häfen gebraucht werden, werden nur Seehechte (Merlans) gefangen.

Uebrigens giebt es, ausser dem Falle des Mangels, noch andere Fälle, wo das gesalzene Fleisch, so zu reden, nothwendig wird.   Indem man z. E. an den Küsten von Flandern bemerkt hat, daß der Seehecht gegen die Fasten ekel wird, so daß er verschiedene Lockspeisen, die man ihm anbiethet, nicht anbeißen will, so hat man es endlich dahin gebracht, ihn zu locken, wenn man die Angel mit Schweinsleber, so gar wenn sie gesalzen ist, ködert.   Diese Lockspeise hat einen noch bessern Erfolg, wenn die Kälte die Fische auf den Grund des Wassers locket.   Daher wird die frische Schweinsleber von den Angelfischern von Dünkirchen und der umliegenden Gegend sehr gesucht; welches verursacht, daß sie das Stück gemeiniglich um 40 Sols kaufen, daß die Weiber selbige 7 bis 8 Meilen auf den Landgütern herum aufsuchen, und daß die Seefischführer Schweinelebern von 20 bis 25 Meilen mit bringen.   Ausserdem salzen sie die Fischer, die ein wenig wohlhabend sind, gegen Michaelis ein, um bey der Gelegenheit, die wir angezeigt haben, Gebrauch davon zu machen.

Wenn wir sagen, daß das Fleisch, das zu den Lockspeisen gebraucht wird, keinen übeln Geruch haben müsse, so ist das nur von denen Fischereyen zu verstehen, wovon hier die Rede ist.   Denn nicht alle Fische fliehen den Geruch, der den Menschen mißfället. Ungeachtet des Geschmackes, welchen viele Fische im süßen Wasser an dem Fleische, wel-

ches.

ches einigen Grad der Fäulniß hat, zu haben ſcheinen, ſo verſichern uns die Ruſſen, daß der Geruch des Aſes für den **Beluga**, den **Cetera**, einige Seehunde und für andere Seethiere eine ſehr angenehme Lockſpeiſe ſey.

Der Köder von Kabeljau- und Makreelenrogen, (Reſure), wovon wir in kurzem reden werden, iſt es in eben dieſem Falle in Anſehung der Sardellen, die damit angelockt werden.

Es ſcheint überhaupt, daß die Fiſche nach dem Fleiſche ihrer Gattung begieriger ſind, als nach jedem andern. Denn die Fiſcher ſagen, daß, wenn man mit Weißfiſchen, wo es Fiſche von aller Art giebt, ködert, man gewöhnlich an den Angelhaken eben die Gattung von Fiſchen findet, welche zur Lockſpeiſe gedient haben; und es iſt gewiß, daß die Stockfiſche ſich am Angelhaken fangen, die mit den Eingeweiden oder mit andern Stücken von Stockfiſchen geködert ſind. Eben dieſe Beſchaffenheit hat es mit dem **Beluga**, mit dem **Seewolfe**, (Loupmarin) h) und mit andern Fiſchen.

Es könnte untertreffen wohl ſeyn, daß dieſe Regel nicht allgemein wäre. Denn unter den vierfüßigen giebt es Raubthiere, die das Fleiſch von ihres gleichen nicht freſſen, da andere ſich alles gefallen laſſen; ſo wie die Raubvögel ſich einander nicht verzehren, dagegen die Enten das Fleiſch anderer Enten ſehr gerne freſſen.

Wenn man mit Fiſchen, die ein wenig groß ſind, ködert, ſo muß man ihr Fleiſch in die Quere ſchneiden, um ſparſam damit umzugehen. Denn der Angelhaken muß ganz damit bedeckt ſeyn, ausgenommen die Spitze, und der Wiederhaken i). Wenn dieſe Spitzen ganz bedeckt wären, ſo würde der Fiſch oft den Köder fahren laſſen, ſo bald er merken würde, daß die Spitze der Angel ihm den Schlund kützelt.

Unter die Zahl der Lockſpeiſen gehöret auch obangezeigtermaaßen die Reſure, Rave, oder Rogue, welche die Sardellenfiſcher brauchen, die Sardellen zu bewegen, aus dem Grunde des Meeres herauf und in die Netze zu gehen, die dem Waſſer gleich vom Ufer abliegen. Dieſe Lockſpeiſe iſt der eingeſalzene Rogen vom Kabeljau und Makreelen. Der Rogen vom Kabeljau wird inſonderheit auf der Bank von Terreneuve, und an andern Orten

---

h) Loup marin heißt 1) ein Seehund, *Phoca vitulina* LINN 2) ein Fiſch, *Anarrhichas Lupus* LINN 3) ein anderer Fiſch, *Perca Labrax* LINN vermuthlich wird hier der letzte gemeynet. D. G.

i) Unſre Fiſcher behaupten gerade das Gegentheil, nehmlich, daß die Spitze und der Wiederhaken mit dem Köder auch bedeckt ſeyn müſſe, indem die Flußfiſche nicht anbeißen würden, wenn ſie die geringſte Empfindung von der Spitze haben würden. Bey großen Seefiſchen kann ſich dieſes indeſſen wohl anders verhalten. D. G.

ten zum Köder gebraucht, und es kommen viele Schiffladungen aus Norwegen. Was den Rogen der Makreelen anbetrifft, so kommt er hauptsächlich von der Insel Bas. Wenn die Makreelen häufig an einige Küsten kommen, so lassen die Kaufleute welche ein= salzen. Die Fischer in Bretagne machen zuweilen eine besondere Art von Lockspeise, in= dem sie gekochtes Makreelenfleisch anhängen.

Es ist verbothen, sich statt der Lockspeise zum Fischfange der Sardellen und der kleinen Garneelen, die man Meerheuschrecken nennet, zu bedienen. Dieses Verboth gründet sich darauf, weil viel Fischlaich zu Grunde gerichtet wird, wenn die Garneelen mit Säcken gefangen werden, und weilen man überdieß vorgiebt, daß die Sar= dellen, welche von diesen Garneelen oder Meerheuschrecken gefressen haben, nicht einge= salzen werden können, und gar bald verderben.

Dasjenige, was in Bretagne Gueldre, Guildille, Guildive oder auch Guil= dre heißt, wird von Meerheuschrecken, Krebsen und von der kleinen Brut von aller Art von Fischen, das man stößt und zu einem Teige macht, verfertiget. Die Anmerkun= gen der Gesellschaft des Ackerbaues und der Handlung von Bretagne (*Observations de la Société d'Agriculture et de Commerce de Bretagne A. 1757.*) bezeugen, daß diese Lockspeise die Sardellen in weniger als 3 Stunden verdirbt, indem die Fische davon dermaßen in Gährung kommen, daß sie am Bauche aufspringen. Die für das allgemeine Wohl so eifrige Gesellschaft besteht überdieß auf dem Nachtheil, welch er j der Art von Fischen aus einer Lockspeise erwächset, deren Bestandtheile so ver= derblich sind. Sie bemerket so gar, daß man an einigen Orten eine ähnliche Lockspeise, Menue genannt, zubereitet, wozu nur Fische kommen, die so jung sind, daß sie bloß die Größe einer Linse haben. Obgleich diese letztere Lockspeise sehr theuer ist, so wird doch so viel davon verthan, daß nur in der Gegend von Port= louis über 400 Fässer von einer so zarten Brut zu dieser Bestimmung angefüllet werden, woraus eine ungeheure Ver= heerung der Fische entsteht.

Einige Schiffer hängen an ihre Angelhaken ein Stück Speck, welcher durch seine Weiße die Haye, oder Meerwölfe (Requiens) k) und andere große Fische herbey locket.

Wir haben noch übrig, von den künstlichen oder falschen Ködern, (Leurres) wovon zum Fange verschiedener Fische Gebrauch gemacht wird, zu reden.

Die

k) *Canis Carcharius* LINN. von dem die Haut unter dem Namen Fischhaut zu verschie= denen Arbeiten gebraucht wird. D. S.

Die Krabben werden mit weiſſen Steinen, die als Fiſche ausgehauen ſind, in die Fiſchreuſſen gelocket.

Wir haben ſchon geſagt, daß Stockfiſche mit Stücken Bley gefangen werden, denen man die Geſtalt eines Fiſches giebt. Wir haben ſie Kupfert. VII. vorgeſtellt, und werden an einem andern Orte von einer ähnlichen Liſt handeln, die zum Heringe fange gebraucht wird.

Die großen Fiſche laſſen ſich auch durch ein Stück Kork betrügen, welches als ein Fiſch ausgeſchnitten und mit einer Fiſchhaut, oder mit einer weiſſen Leinwand überzogen wird, worauf man auf den Rücken einen blauen Strich machet. Die Bißcajerfiſcher thun noch einige Federn zu dieſen Figuren hinzu, wenn ſie Thunfiſche fangen wollen. Dieſer Köder wird Kupfert. II. vorgeſtellt. Wir haben bereits angeführet, daß man ſich zuweilen eines Lichtes, ſtatt eines Stückes Kork zu dieſem Zwecke bedienet.

Jedermann weiß, daß man mit einem kleinen Stücke rothen Tuch Fröſche fängt. Dergleichen rothes Tuchläppgen iſt ein vortrefflicher Köder, am Tage Makreelen zu fangen. Wenn die Matroſen von Calais und von Dünkirchen, während der Zeit dieſes Fiſches, über den Canal fahren, ſo fangen ſie viele mit Angeln, die auf ſolche Art geködert ſind. Wenn ſie dieſe Angeln in die Wirbel des Schiffes, wo es ſegelt, werfen, ſo fangen ſie nicht allein genug Makreelen zu ihrer Nahrung, ſondern auch oft ſo viel, daß ſie welche friſch verkaufen, und ſo gar einſalzen können.

Die Fiſcher von Grandville bedienen ſich ebenfalls eines Stückes von rothem Tuche, Makreelen zu fangen; allein das geſchieht nur aus Mangel anderer Lockſpeiſen; weil ſie wohl wiſſen, daß das Fleiſch von Fiſchen eine weit ſicherere Wirkung thut.

Die Reiſenden erzählen, daß ſich die Fiſcher in der Inſel Ternate Mooß, deſſen ſie ſich bedienen, die Fugen der Schiffe zu calfatern, in ein Bündel zuſammen binden, und, indem ſie dieſes Bündel an das Ende einer ſehr langen Leine binden, ſelbiges, ſo weit ſie können, in das Meer werfen. Die Fiſche erhaſchen dieſe Lockſpeiſe, und ihre Zähne verwickeln ſich in dem Mooſe, ſo, daß die Fiſcher, die ſehr geſchickt ſind, es zurück zu ziehen, ihnen nicht Zeit laſſen, ſich davon loß zu machen. Diejenigen, die dieſes Fiſchfanges in ihren Schriften Erwehnung thun, hätten ſagen ſollen, welche Fiſche alſo gefangen würden; und vielleicht haben ſie auch nicht Achtung gegeben, ob nicht in das Mooß eine Lockſpeiſe gethan wird. Denn wir werden unten ſagen, daß man mit einem kleinen Bündel von dünnen Zweigen, oder mit einem Bündel von Flachſe, in welches die Eingeweide von einem Thiere gethan werden, Krebſe fangen könne.

Wir

Wir werden an einem andern Orte erklären, wie die Engländer künstliche Insecten verfertigen, womit sie verschiedene Fische, besonders Forellen, fangen.

Wir wollen von den gefährlichen Lockspeisen nichts sagen, welche die Fische trunken machen, oder tödten, als da sind die indianischen Nüßgen, oder Kokelkörner auch Tollkörner [1]), (Coque du Levant), die Krähenaugen, (Noix vomique) und andere. Es wäre gut, wenn diese Mittel, die die Fische aufreiben, ganz und gar unbekannt wären; die Verordnungen untersagen sie bey schwerer Strafe [m]), zu allem Glücke machen die Ponentalser keinen Gebrauch davon. Allein man bedient sich derselben häufig in den Teichen, sowohl im süßen, als im salzigten Wasser.

Was wir bisher gesagt haben, ist für diesen Artikel, wo nur von allgemeinen Begriffen die Rede ist, hinreichend. Wir werden noch vieles hinzu zu setzen haben, wenn wir von den Fischen insbesondere handeln werden, indem einige besondere Lockspeisen erfordern, die ihnen lieber sind, als andere.

Zehenter Artikel.

Von der günstigsten Jahreszeit zu der Angelfischerey; von denen Zeiten, die einigen Arten von Fischen besonders eigen sind; und von denen Zeiten, die am bequemsten sind, einen guten Fang zu thun.

Alle Jahreszeiten und alle Zeiten sind zu dem Fange mit den Angeln nicht gleich günstig. Die Flußfischer lassen ihn im Winter beynahe gänzlich liegen, und fischen alsdann nur mit den Netzen. Und wenn die kühle Herbstwitterung anfängt sich spüren zu lassen, so müssen sie ihre Angeln mit frischen, und so gar mit lebendigen Fischen ködern; dagegen die Fischer im Sommer, da die Fische lieber anbeißen, bloß Fleisch oder gar Käse anködern.

Im Meere so wohl, als in den Flüssen, ist der Fischfang bey hellen und heitern Himmel selten überflüßig.

Wenn

---

l) *Menispermum* Cocculus LINN. D. S.
m) Auch in einigen teutschen Staaten ist der Gebrauch dieser Mittel, Fische dergestalt zu betäuben, daß sie mit Händen gegriffen werden können, verbothen, und sollte überall verbothen

seyn, weil es zu Fischdieben Gelegenheit giebt, und die Leute, die die daraus verfertigten Küchlein verschlingen, wenn man ihrer nicht habhaft wird, davon sterben. D. S.

Wenn es ſchneyet, und ein kalter Nordwind wehet, ſo begeben ſich die Flußfiſche in die Höhlen oder Löcher am Ufer der Flüſſe n) Crônes, und die Meerfiſche gehen ins tiefe Waſſer, wohin die kalte Luft nicht leicht dringen kann.

Der Fiſchfang iſt beynahe niemals ſo gut bey hellen und klaren Waſſer, als wenn es trübe iſt, welches geſchiehet, wenn die Witterung, wegen der Südoſtwinde ſtürmiſch werden will, oder auf dem Meere nach einer kleinen Bewegung. In dieſem Falle ge- hen die aufſtehenden Fiſche an die Lockſpeiſe, die ſie vorfinden, an. Aus eben der Ur- ſache ſind trübe Witterung und kleine gelinde Regen, hauptſächlich zu dem Fiſchfange auf dem Meere, ſehr vortheilhaft.

Der Froſt nöthigt anfänglich die kleinen Fiſche, das Ufer des Meeres zu verlaſ- ſen; und bald darauf werden auch die großen genöthigt, in die Weite zu gehen, und da- ſelbſt ihren Unterhalt zu ſuchen. Dieſe Bemerkungen zeigen den Fiſchern an, wo ſie ihre Beute zu ſuchen haben; ſo daß, wenn es kalt wird, die kleinen Fiſcher von der Rhede abfahren, und ſich ſolcher Fahrzeuge bedienen müſſen, die ſtark genug ſind, daß ſie aufs hohe Meer hinaus gehen, und in den großen Tiefen fiſchen können.

Man hat auch bemerket, daß die Fiſche nicht recht anbeiſſen, wenn ſie leichen; und da überdieß zu der Zeit ihr Fleiſch welch und von übeln Geſchmacke iſt, ſo ſollte man als- denn gar keine fangen. Wenn aber die Leichzeit vorbey iſt, ſo ſind ſie verhungert, und da gehen ſie begierig nach den Lockſpeiſen, die ihnen vorgehalten werden.

Es iſt natürlich, daß es beſondere Jahreszeiten giebt, die Strichfiſche zu fangen, weil ſie ſich an gewiſſen Küſten nur zu beſtimmten Zeiten ſehen laſſen. Wir werden ſel- bige unten anzeigen. Allein es giebt auch beſondere Zeiten zu dem Fange der einhei- miſchen Fiſche (Poiſſons domiciliés). Ich verſtehe unter dieſer Benennung diejenigen, die ſich faſt das ganze Jahr an einer und eben derſelben Küſte befinden. Die rechte Zeit z. E. die Seedrachen mit der Angel zu fangen, iſt im Auguſt, September und October; bis ſich die Kälte in einer gewiſſen Tiefe des Waſſers verſpüren läſſet. Man fängt ſie alsdenn nicht mehr mit der Angel, und die Fiſcher glauben, daß ſie ſich in das große Waſſer begeben, und ſich daſelbſt den ganzen Winter im Sande aufhalten. Dieſes ſcheint dadurch beſtätigt zu werden, daß man die Seedrachen nur im Sommer mit Angeln fängt, da man ſie im Winter mit Netzen fängt, die auf den Grund des Mee- res niedergelaſſen werden.

E 2   Die

---

n) Die Flußfiſche ſuchen ebenfalls die Tiefe, wenn es beginnet kalt zu werden. D. S.

Die Seehechte werden auf unsern Küsten das ganze Jahr gefangen. Gleichwohl ist die wahre Zeit dieses Fanges von dem Monat September bis in den Februar; und zwar nicht allein in Ansehung des Ueberflusses dieser Fische, sondern auch wegen ihrer Beschaffenheit. Denn wenn sie anfangen, im Monat Februar zu leichen, so ist ihr Fleisch weich, unschmackhaft, ja von einem üblen Geschmacke. Sie werden ein wenig besser gegen das Ende des Märzes, und im May und Junius bekommen sie eine noch bessere Beschaffenheit. Gleichwohl sind sie niemals so gut, als in den Monaten September, October und November. Das Fleisch dieser Fische ist auch im December und Jenner noch von guten Geschmacke; aber alsdenn sind sie gemeiniglich so voll Leber und Rogen, daß ihr Bauch ausserordentlich dick wird; daher man auf die Meynung gerathen ist, daß die Seehechte Zwitter wären, indem man die Leber für Milch gehalten hat. Man wird aber dieses Vorurtheil leicht fahren lassen, wenn man bedenket, daß die Leber des Seehechts, so wie die Leber der Kabeljau und anderer Fische Oel giebt; dagegen die Milch trocken und weder schmierig, noch fett ist. Daher wird sie von allen denen Fischen, von welchen man Oel bekommt, weggeworfen. Diese Anmerkung kann dazu dienen, daß man in allen Fischen die Leber von der Milch unterscheiden lernet.

Was die Stockfische, die Zungen °) (Linguets), die Schellfische (Aigrefins) die Seehechte (Merlus) p), so wie die Plattfische, als: die Platteisen, die Vierecke, (Carrelets) q), und hauptsächlich die Schollen anbetrifft, so fängt man sie beynahe zu allen Jahreszeiten; wenn man dabey bedenket, was wir in Ansehung der Kälte und der Leichzeit gesagt haben. Hierbey ist zu gedenken, daß die Nacht günstiger ist, als der Tag, ihren Fang überflüßig zu machen; woferne der Himmel nicht wolkigt, oder das Wasser durch eine Bewegung trübe geworden ist.

Die Fischer arbeiten mit bessern Erfolge, wenn das Wasser recht lebhaft ist, als bey kleiner Ebbe und Fluth; weil der Strohm, der alsdenn reissender ist, den Fisch nöthiget, einen weitern Weg zu gehen, welcher, indem er unterwegs Köder verfindet, an selbige anbeißt und sich fängt.

Die stürmischen Winde verhindern die Fischer nicht so sehr, ihre Angelseile auszuspannen, als sie vielmehr wieder heraus zu ziehen. Und der verdrüßlichste Umstand für die großen Angelfischer ist, wenn der Wind plötzlich seine Richtung ändert. Wenn sie

J. E.

---

o) Eine Art Schollen: *Pleuronectes* Lingua sub LINN. D. G.

p) *Gadus* Merluccius LINN. D. G.

q) Quadratulus, eine Art von Plattfisch, wird auch Scharbe genannt. Platteisen,

Schollen, Flünder, Vierecke, Hollbutte, Steinbutte, Therbutte, Winkelbutte, Schwarzbutte, Meerramseln ꝛc. ꝛc. machen alle einerley Geschlecht aus. D. G.

z. E. mit einem Südwinde ausgeſpannt haben, und er auf einmal in Norden übergeht, ſo laufen die Fiſcher Gefahr, ihre Angelſeile zu verliehren, weil ſie ſich nicht anſchicken können, ihre ausgeſpannten Seile wieder heraus zu ziehen.

Die Fiſcher haben überdieſes auch noch die Raubthiere [r] zu fürchten, als z. E. die Seehunde, die Kuttelfiſche, und andere, welche die an den Angeln hängenden Fiſche angreifen, ſie ermüden, verwunden, und (daß ich mich des Ausdrucks der Fiſcher bediene) in ſie einhauen: und alsdenn dienen dieſe Fiſche nicht mehr zum Verkauf. Es iſt daher für die Angelfiſcher ein großes Unglück, wenn ſie ſich auf einer Bank von Raubthieren befinden.

Da während des ganzen Jahres allezeit einige Arten von Fiſchen zu fangen ſind, ſo unterlaſſen die großen Fiſcher den Angelfang nur, wenn ſie Makrelen fangen wollen, und die picardiſchen Fiſcher, wenn ſie auf den Heringsfang ausgehen.

Zu Dünkirchen, wo man ſich mit dem Fange der Seehechte im December und Jenner ſehr beſchäftiget, hören die großen Fiſcher im Anfange des Februars damit auf, um 40 Meilen gegen Norden zu fahren, und Kabeljau und Rochen zu fangen, welches bis den 15ten May währet. Einige beſchäftigen ſich ſo gar in den Monaten Junius und Julius mit dem Fange der Rochen. Die meiſten halten ſich gegen den Monat Auguſt bey dem Eingange des Hafens auf. Einige gehen gegen Norden, um Heringe und Kabeljau zu fangen, bis gegen den 6ſten September, da ſich gewöhnlich der große Heringsfang anfänget [s].

Zu Havre wird auſſer viel andern Arten des Fiſchfanges, das ganze Jahr hindurch derjenige hauptſächlich getrieben, wobey man ſich des Libouret bedienet.

Wir

---

[r] Poiſſons voraces nennt ſie zwar der Herr Verfaſſer: aber Seehunde ſind doch keine Fiſche: der Kuttelfiſch, Sepia officinalis, auch nicht. D. Ü.

[s] Nehmlich an der flandriſchen Küſte und im Canale zwiſchen Frankreich und England: denn an den engländiſchen und ſchottländiſchen Küſten geht der Fang erſt mit dem Tage Johannis an, und währet bis in den September, weil der Hering zu der Zeit ſeinen Zug dahin nimmt, als wornach ſich der Fang deſſelben reguliret. Er verändert aber ſeinen Zug, nachdem er da oder dort mehr Nahrung findet, welcher er nachgehet, und die in kleinen Fiſchen und Würmern beſtehet. Da dieſe in den Sommermonaten an den engländiſchen und ſchottländiſchen Küſten häufiger, als im Herbſte an der flandriſchen Küſte und im Canale ſind, ſo ſind auch jene, die im Sommer daſelbſt gefangen werden, fetter und angenehmer, als dieſe. D. Ü.

Wir werden dasjenige, was wir an einem andern Orte von den Fischereyen mit dem Libouret und mit der großen Koppel (au grand Couple) ¹), womit sich einige von unsern Fischern in dem Canal, und die zu Bayonne beschäfftigen, gesagt haben, hier nicht wiederhohlen. Eben diese Vorschrift überhebt uns einer vorläufigen Beschreibung, die wir von der Fischerey machen werden, da die Einwohner von Dieppe, Granville, St. Malo, Dionne und Bayonne ein oder mehrere male im Jahre in America verschiedene Gattungen von Kabeljau fangen. Man wird in dem Artikel von dem Kabeljau oder Stockfische auch die Küsten finden, wo diese Fische und andere von ihrer Art entweder im ganzen Jahre, oder nur zu gewissen Zeiten gefangen werden. Diese Dinge, deren Erklärung am hiesigen Orte nicht so interessant seyn würde, werden dem Leser in den Artikeln, die jedem Fische besonders eigen sind, und wo wir sie abhandeln wollen, weit besser gefallen. Also werden wir kürzlich die fremden Küsten, die an das große Weltmeer gränzen, betrachten, und darauf einen Blick auf das Mittelmeer werfen.

In dem Königreiche Valentia fängt sich die Palander Fischerey im September an, und endigt sich im May.

Die Fischer im Königreiche Granada, die sich dieser platten Fahrzeuge bedienen, treiben diesen Fischfang das ganze Jahr.

Nach der Erzählung der Reisenden fischt man auch zu Malaga das ganze Jahr mit den Angeln, und fängt gute Fische daselbst, besonders Boniten (Scombor Pelamis).

Zu Cette dauert die Palander Fischerey von dem Monate April bis zum Ende des Octobers.

Zu Cloiat wird das ganze Jahr mit Angeln gefischt, wenn es die Zeit verstattet, und man fängt große und kleine Fische nach Beschaffenheit der Angeln, deren man sich bedienet, und nach den Lockspeisen, die man anködert.

Die Palander Fischer von St. Tropez und von Frejus fangen ihre Fischerey im October an, und endigen sie im März, indem sie Tag und Nacht arbeiten.

In Provence fischt man auf dem Sandfrey mit kleinen platten Fahrzeugen, den ganzen Winter bis in die Fasten, wenn die Witterung schön ist.

Dieses

¹) Von dieser Art des Fischfanges ist schon oben S. 221 eine Beschreibung gegeben worden, und es wird davon auch in der Erklärung der Kunstwörter am Ende dieses ganzen Werkes noch mehr vorkommen. D. E.

83

Dieses Verzeichniß, welches wir unmöglich kürzer fassen konnten, begreift bey weitem nicht alle Oerter, wo mit den Angeln gefischet wird. Dasjenige, was wir itzt eben gesagt haben, betrifft beynahe nur die großen Fischer; denn es giebt viele kleine, die beständig mit diesem Fange beschäftigt sind.

Dieß ist also ein kurzer Begriff von den Jahreszeiten, da in verschiedenen Seegegenden mit Angelseilen gefischet wird; desgleichen von denen Zeiten, die zu diesem Fischfange am bequemsten sind, und von der Vorsicht, die man brauchen muß, die Fische nach denen von uns angezeigten Umständen an den Orten, wo sie sich aufhalten, aufzusuchen. Wir werden diese Begriffe an einem andern Orte weiter aus einander setzen.

Eilfter Artikel.

Von den Barken, Fahrzeugen, Chaloupen u. s. f. welche zu dem Fange mit den Angelseilen gebrauchet; und von denen, die auf dem Mittelmeere Palandriers genennet werden.

Wir haben schon gezeigt, und man wird es aus dem, was wir in der Folge sagen werden, noch besser sehen, daß man an dem Ufer der Wasser mit Angeln und kleinen fischet, wozu keine Art von Fahrzeugen nöthig ist. Es giebt aber Angelfischereyen, die auf den Flüssen und im Meere zuweilen sehr weit von den Ufern angestellet werden. In diesem Falle kann man der Fahrzeuge oder der Chaloupen, mit einem Worte, einer Art von Schiffe, das sich auf dem Meere halten kann, nicht entbehren, und man muß mehr oder weniger große haben, so wie es die Art des Fischfanges, den man vornehmen will, erfordert. Um die vorläufigen Umstände, womit wir uns gegenwärtig beschäftigen, desto vollständiger zu machen, haben wir für gut befunden, einen Begriff davon zu geben. Ich sage bloß einen Begriff; denn wenn es darauf ankäme, eine vollständige Historie davon zu machen, so würden wir beynahe alle auf dem Meere gebräuchlichen Fahrzeuge, nur die Kriegs- und großen Kauffarthschiffe ausgenommen, in Kupfer haben stechen lassen und beschreiben müssen; weil die Heu, oder Hulks, (Heux) Gribannen, (Gribannes) Pinken, (Pinques) Dogerboots, (Dogres) die Caravellen, (Crevelles) und andere zu großen Fischereyen gebraucht werden. Ich gestehe, daß, wenn wir von diesen Fischereyen reden, wir auch von diesen verschiedenen Arten von Schiffen werden etwas sagen müssen. Allein gegenwärtig werden wir bloß von denen kleinen Fahrzeugen handeln, welche besonders zu den Fischereyen bestimmt sind, die auf dem großen Weltmeere die Fischerey mit Angelseilen, und auf dem Mittelmeere die Palanderfischerey genennet werden.

Es

Es ist nicht die Meynung, daß einige von denen Fahrzeugen, wovon wir hier handeln werden, nicht auch zu gewissen Fischereyen mit Netzen gebrauchet würden: wir werden vielmehr, wenn wir von diesen Fischereyen handeln werden, unsere Leser auf die hier bey Gelegenheit der Angelfischereyen gegebenen Beschreibungen und Kupferstiche verweisen. Ob man also gleich überhaupt sagen kann, daß alle Fahrzeuge, die sich auf dem Meere halten können, zum Fischfange bequem sind, so wird doch hier nur von denen, die besonders zum Fischfange mit Angelseilen bestimmt sind, gehandelt werden. Ferner, um nicht die Kupferstiche zu vervielfältigen, und uns bloß aufs nothwendige einzuschränken, werden wir uns bey unbeträchtlichen Verschiedenheiten, die man zwischen den Fahrzeugen, welche in verschiedenen Häfen an einer und eben derselben Küste gebauet werden, antrifft, nicht aufhalten; denn es ist kein Hafen, der nicht seinen Zimmermann hätte, und jeder Zimmermann beobachtet bey den Fahrzeugen, die er bauet, Gestalten, die ihm besonders eigen, und nicht allezeit so wesentlich und so vortheilhaft sind, als es sich diese Leute einbilden.

Obgleich unsere Absicht nicht ist, von den Seeschiffen, so wie man sie in der Abhandlung von der Schiffsbaukunst, (*Traité d'Architecture navale,*) die wir im Jahre 1758 herausgegeben haben, findet, sehr umständliche Beschreibungen zu machen, so glauben wir doch nicht überhoben zu seyn, die Benennungen der vornehmsten Stücke, woraus die Fahrzeuge, wovon wir reden wollen, bestehen, anzuzeigen, damit diejenigen, welche nicht Gelegenheit haben, die Seehäfen zu besuchen, selbige verstehen können. Und, um die Theile des Schiffes, das wir beschreiben wollen, anzuzeigen, wollen wir ein kleines Fischerfahrzeug wählen, dessen man sich an den Küsten der Picardie bedienet. Kupfert. X. Fig. 16.

Der Theil des Fahrzeugs, welcher von 1 bis a enthalten ist, ist dasjenige, was man den Körper, (Corps) oder nach dem Fischerausdrucke la Gosse du Bateau nennet. Die Theile von 4 bis 1 und 1. sind beynahe sommetrisch; das Vorder- und Hintertheil sind an diesen Orten einander ähnlich. Man kann Koppelhölzer, welche gegen einander über zum Gleichgewichte festgemacht sind, (Couples de Balancement) diejenigen nennen, die mit den Nummern 1. und 1. übereinstimmen; und die Façons, sowohl am Vorder- als Hintertheile u) fangen sich eben daselbst an. Der Kiel (la Quille) worauf das Schiff ruhet, erstreckt sich von dem Fuße des Hinterstevens (Estambot) 5 gegen hinten zu, bis an den Anfang des Vorderstevens (Etrave) 6 vorwärts. Die Tiefe des Wassers (le Tirant d'eau) welche dieses beladene Fahrzeug

---

u) Façon bedeutet die gegen den Kiel zu sich ver- und Hintertheile, und Façons die Oerter, nach und nach verliehrende Einbiegung am Vor- wo das Schiff schmähler wird. D. Ε.

Fahrzeug erfordert, wird durch das Ende der Linien 3, 3. bezeichnet. Wenn man also eine durch das Ende dieser beyden Linien gezogene Linie annimmt, so wird man dasjenige haben, was die **Wasserlinie des beladenen Schiffs** (la Ligne d' eau en charge) genennet wird. Der Theil also, der unter dem Wasser ist, und welcher **das Unter-theil des Schiffes** so ins Wasser taucht, oder der **auswendige Schiffsboden** (l' Oeuvre vive oder Carenne) heißt, erstreckt sich von der Wasserlinie bis an den Kiel.

Das Ende der Linien II, 2, 2 und 4 zeigt dasjenige an, was man den **obersten Rand des Dalborts**, oder das **Dalbord** selbst, das ist, die **Brustlehne** (le Vibord oder Platbord) nennet. Dieß ist der eigentliche Bord des Schiffes: der ganze zwischen der Wasserlinie des beladenen Schiffes und dem Dalbord begriffene Theil aber, oder der Theil, der sich außer dem Wasser befindet; wird das **Obertheil über dem Wasser** (Oeuvre morte) genennet.

Da so wohl der in dem Wasser als außer dem Wasser befindliche Theil mit Bretern, die man die **Verkleidung des Schiffes** (Bordage) nennet, bedeckt sind, so nennen die Fischer diesen ganzen Theil la Bordée, den **Ueberzug, die Verkleidung.**

Zwischen der Wasserlinie und dem Dalbord, auf der Seite des Schiffes, die sich außer dem Wasser befindet, legt man gewöhnlich **Breterwerk** (Virure) oder einen Gurt von Verkleidungen, so dicker ist, als die andern, herum; und dieses heißt das **Barkholz** (la Préceinte, und bey den Fischern la Ceinte). Es wird durch das Ende der Linien 5 und 6 angezeigt, und macht eine Krümmung, welche mit der Krümmung des Dalbords parallel ist. Das Ende der Linie 5 zeigt auch das **Steuerruder** (Gouvernail), und den Hintersteven an, woran es befestigt ist.

Der runde Theil, den man an dem Ende der Linie 6 siehet, ist der **Vordersteven,**

Die Theile des Schiffsbodens, die in die Höhe gehen, und die mit dem Kiel einen krummlinigten Winkel machen, werden Façons genennet. Die vordern erstrecken sich von 1 bis 6, und gehen bis an den Vordersteven, und die hintern von 1 bis 5, oder bis an den Hintersteven.

Der Vordersteven gehet mit einem runden Stücke vorwärts, welches man seinen **Anschwung** (Elancement) nennet. Der Hintersteven, welcher das Hintertheil schließet, ist gerade, aber gegen den Kiel schief zu; dieses nennet man den **Ueberschuß** (Quête).

M

(Quête). Wenn man die ganze Länge des Schiffes haben will, so muß man zu der Länge des Kiels den Betrag des Ueberschusses und des Anschwungs hinzusetzen.

In der ganzen Figur sieht man das Innere des Schiffes, welches mit einem Verdecke nicht versehen ist. Das Verdeck wird in verschiedenen Höhen nach der Art des Fischfanges, den man machen will, angelegt.

Die meisten zur Angelfischerey bestimmten Schiffe sind nicht ganz verdeckt; allein beynahe alle haben vorne und hinten Kuffer, (Coffres) oder eine Kammer (Soutte), deren Länge höchstens den vierten Theil der Schiffslänge ausmachet. Die Fischer nennen diese Kammern Verdecke, (Tilles) oder gleichsam ein kleines Oberverdeck (Tillac).

Die Ziffer 7 zeigt den Fuß des großen Mastes an, der in das Innere des Schiffes bis auf den Kiel geht. Dieser Mast ist zuweilen so lang, daß er bey Num. 8 ein kleines Segel tragen kann. Oder es steht ein anderer kleiner Mast auf selbigem, den man den Mastkorb (Hune) nennet.

Oft stehet vorne ein kleiner Mast, der den Fokmast oder Mittelmast, (Misaine) vorstellet. Man fügt auch zuweilen vorne eine Stange, (Bout dehors) hinzu, welche über den Vordersteven hinaus geht, und welche, da sie beynahe horizontal ist, die Bogsteng (le Mât de Beaupré) vorstellt. Sonst steckt man auch, aber selten, hinten eine Art eines Flaggenstocks (Bâton de Pavillon) auf, welcher statt eines Besanmastes (Artimon) dienet.

Die Ziffer 9 zeigt das große Segel an, welches viereckig ist; es steht über selbigem zuweilen ein kleines, welches man das Segel am obern Mast, das Marssegel, (Voile de Hune) nennet. Fahrzeuge, selbst diejenigen, die nicht dieses Segel über dem großen haben, führen oft vorne ein viereckigtes Segel, welches kleiner ist, als das große.

Man wird unter Fahrzeuge sehen, die Focksegel führen; andere, welche eine Art von Bergspritsegel haben, welches die Fischer Diablot nennen. Wir werden alle diese besondern Dinge anführen, wenn sich die Gelegenheit darzu anbiethen wird; und daher wollen wir hier nichts weiter davon berühren, weil uns das wenige, was wir eben davon gesagt haben, zum Verständnisse desjenigen, was wir in Ansehung der Fischerfahrzeuge anführen werden, hinreichend zu seyn scheinet.

Ueber

Ueber der Ziffer 10 iſt ein Fahrzeug, welches feine Segelſtange und Segel führet; und in der Ferne über 11 ſiehet man ähnliche Segler.

Die Schiffe, die in den Häfen an dem Weltmeere zum Fiſchfange gebraucht werden, ſind, wie wir geſagt haben, von verſchiedener Bauart nach den verſchiedenen Häfen, wo ſich die Fiſcher aufhalten. Die größten Angelſchiffe ſind die langen Barken von Dünkirchen, die großen Poletais, die großen Cordiers von Dieppe, die Clinquards von St. Valery und von Boulonois. Man glaubt, daß unter dieſen keine beſſer ſich im Meere halten können, als die Dünkircher und Poletaiſer. Dieſe Fiſcher treiben ihre Handthierung zu allen Zeiten, und halten ſich auf dem Meere auf, wenn die andern ſich nicht aus den Häfen wagen. Wenn die Schwäche ihrer Equipage ihnen nicht erlaubt, ihren großen Maſt zu führen, ſo führen ſie ihre Segelſtangen, und den kleinen Maſt (Matreau.) Alsdenn befürchten ſie nichts, ſo lange ihr Anker, und ihr Kabeltau (Cable) gut iſt. Sie halten alſo den Sturm vor ihren Anker aus, wie es die großen Schiffe mit dem großen Segel am Hauptmaſte thun.

§. 1. Von den langen Dünkirchner Barken.

Man findet ſie von verſchiedener Größe. Ich will die Ausmeſſungen von einem der größten anführen. Dieſe dienen nicht allein zum Fiſchfange, ſondern auch zu vielen andern Arten von Gebrauche, und man bedient ſich ihrer bey den größten Fiſchereyen. Sonſt hatten ſie ein vierecktes Hintertheil, itzt macht man es an allen rund.

Sie haben einen Kiel von 45 bis 50 Fuß. Der Hinterſteven hat 3 Fuß im Ueberſchuſſe oder Hervorragen, (de quête) und der Vorderſteven 4 Fuß im Anſchwunge, folglich beträgt ihre ganze Länge 52 bis 57 Fuß.

Sie haben 16 bis 18 Fuß im Querbalken, 8 bis 9 Fuß in den mittlern weniger gekrümmten Bauchſtücken, (de plate Varangue), 11 bis 12 Fuß in der ganzen Verkleidung. Die Erhöhung der Faſons im Hintertheile beträgt 5 bis 6 Fuß, und im Vordertheile 2 und einen halben bis 3 Fuß. Der um das Schiff herum gehende Bord liegt auf zwey Dritteln von der Höhlung, welche 7 bis 8 Fuß unter dem Hauptquerbalken beträgt.

Sie haben ein halbes Verdeck, welches ſich bis an den Fuß des großen Maſtes erſtreckt. Wenn ſie zur Handlung beſtimmt werden, ſind ſie ganz verdeckt. In dieſem Falle giebt man ihnen 3 Maſten; allein gewöhnlich haben ſie keinen Beſanmaſt. Ihr Obermaſt (Mât de Hune) iſt wie dem großen Maſte aus einem Stücke gemacht. Wenn ſie als eine Brigantine ausgerüſtet werden, ſo iſt ihr Segel unten viel breiter, als

oben,

oben, wo sie einen **Bogen** (une Corne) von 10 Fuß in der Länge, und unten (une Baume) ˣ) haben, welche an den großen Mast gehänget ist, und 2 Fuß über das Hintertheil des Schiffes heraus geht.

§. 2. Von den boulognesischen Fischerfahrzeugen.

Die Boulognefer fischen mit Fahrzeugen, die denen von Treport sehr ähnlich sind ʸ). Sie sind nicht so lang und ründer, als die **Caravellen** an den Küsten der Obernormandie. Sie haben ein rundes Hintertheil unter dem letzten Balken des Schiffes. Diese Fahrzeuge können höchstens nur 10 Tonnen führen. Ihr Kiel beträgt nur 27 Fuß, und ihre ganze Länge 32 Fuß. Sie sind mit Masten versehen, wie die Fischerfahrzeuge von Treport, und führen 3 Segel, aber die Mastbäume stehen höher. Der große Mast und der Obermast sind aus einem Stücke gemacht, an statt daß der Obermast bey denen von Treport auf den großen Mast eingezapft ist.

§. 3. Von den Fahrzeugen der Seil- oder Angelfischer auf dem Flusse Somme.

Die Angelfischer auf der Somme haben sehr kleine Fahrzeuge, **Kupfert. XII. Fig. 3**; einige von 15, andere von 18 Fuß in der ganzen Länge. Alle haben nur einen kleinen Mast, und ein einziges Segel. Allein diese Fahrzeuge kommen nicht von dem Flusse.

§. 4. Von den Fahrzeugen der Angelfischer von Abbeville.

Diese Fahrzeuge sind mit 8 Mann besetzt, mit denen sie sich an den Ort des Fischfanges begeben, indem sie rudern, wenn ihnen der Wind mangelt; und damit sie ihre Fische frischer verkaufen können, laufen sie mit der Fluth auf den Strand. Wenn sie ihre Angelseile renoviret, und ihre Fische ausgeladen haben, nehmen sie den Fischfang wieder vor, ohne zu warten, bis das Meer hoch genug ist, ihre Schiffe flott zu machen. Sie bringen sie daher auf Walzen ins Wasser, welches auch an andern Ufern des Weltmeeres gewöhnlich ist.

§. 5.

---

x) Die Bedeutung dieses Wortes, die es hier haben soll, herauszubringen, habe ich mir viel vergebliche Mühe gegeben. D. S.

y) Das Wort Treport bedeutet sonst den obersten Querbalken, der mit dem Obertheile des Hinterstevens verbunden ist, und die Höhe des Hintertheils, oder Epicaeld formiret; hier aber die besondere Schiffbauart in dem Hafen von Treport. S. unten S. 266. D. S.

§. 5. Von den Fiſcherfahrzeugen von Cayeux.

In dieſem kleinen Hafen bedient man ſich der Fahrzeuge **Kupfert.** XII. **Fig.** 1. welche von einer beſondern Bauart ſind, indem ſie ein großes plattes **Bauchſtück** (Varangue) haben. Sie ſind mehr vorwärts ausgehauen, als die Fahrzeuge du Treport, wovon wir bald handeln werden. Ihr Hintertheil hat eine Aehnlichkeit mit den großen Quenouilles du Polet. Unterdeſſen iſt ihr Hintertheil nur unter den um das ganze Schiff herum gehenden Bord, welcher auf den Hinterſteven zu gehet, rund. Ueber dieſem Bord endigen ſie ſich hinterwärts viereckigt.

Ihr Kiel hat 31 Fuß, die Höhlung unter dem **mittelſten Querbalken** (Maitre bau) 3 Fuß, und der oberſte Bord 2 Fuß 5 Zoll. Sie haben nur einen Fuß 6 Zoll **Ueberſchuß** über den Kiel, (de quête) und eben ſo viel im **Anſchwunge** (d'Elancement). Der Vorderſteven iſt faſt gerade, daher haben ſie ein plattes Bauchſtück von 4 Fuß 10 Zoll; und die Krummhölzer des Bodens ſind ſo ſchief, daß eines von ihren Enden einen Theil der Bauchſtücke, und das andere einen Theil der **Auflanger** (Alonges) 2) ausmachet. Sie haben 9 Fuß im Querbalken, und wenig Rentrée, welches das Gegentheil der Fiſcherfahrzeuge von Treport iſt; ſo daß der breiteſte Theil von einem platten Borde zu dem andern 8 Fuß 5 Zoll beträgt. Das **Barkholz** (Preccinte) oder der über der äußern Verkleidung angebrachte Bord liegt zwiſchen der Waſſerlinie und dem Dalbort, oder oberſten Bord.

Die perpendiculäre Höhe des Vorder- und Hinterſtevens beträgt 8 Fuß. Der **oberſte Querbalken am Hintertheile des Schiffs,** oder **Heckback** (Lisse d'hourdi) hat 4 Fuß 11 Zoll in der Länge. Die ganze Länge dieſer Fahrzeuge beträgt 35 Fuß, und ihre Laſt 8 Tonnen. Da ſie ſehr oft rudern, ſo beſteht ihre Equipage in 10 bis 11 Mann,

Sie haben zween Maſten, und zwey viereckigte Segel. Der große Maſt hat 35 bis 36 Fuß in der Länge, der kleine 20 bis 22 Fuß.

Man macht dieſe Fahrzeuge ſehr mit platten Bauchſtücken, damit ſie wegen der Bänke, die ſich bey der Mündung der Somme befinden, nicht allein nicht ſo tief gehen, ſondern damit ſie auch deſto leichter, weil dieſes oft geſchieht, auf den Strand laufen können.

M 3 §. 6.

---

2) Oder derer angeſetzten Stücke, wodurch das Schiff von unten auf höher gemacht werden kann. D. S.

§. 6. Von den Fahrzeugen der Angelfischer von St. Valery, die große Clinquarts genennet werden.

Zu St. Valery en Caux bedienen sich die Angelfischer solcher Fahrzeuge, die mit dem Quenouilles von Polet verglichen werden können. Man nennet sie Clinquarts, Kupfert. XI. Fig. 5.

Diese Fahrzeuge haben ein rundes Hintertheil, wenigstens unter dem Barkholze (Preceinte), denn einige haben oben darüber ein viereckigtes Hintertheil.

Sie haben am Kiele 27 Fuß; 7 bis 8 Fuß am Querbalken, ausser den Gliedern, und eben so viel in der Vertiefung. Da diese Fahrzeuge sehr kurz sind, so können sie nur 8 bis 10 Tonnen führen. Sie haben vorne ein kleines Werdeck, und hinten auch eine. Ihre ganze Länge beträgt ungefehr 30 Fuß.

Sie führen zween Masten; der große hat vom Fuße bis an das Eselshaupt *) (Chouquet) 33 Fuß. Es stehe auf selbigem ein kleiner Obermast, (Mat de Hune) von 10 Fuß, welcher vermittelst eiserner Ringe und Zapfen an den großen befestigt ist.

Der kleine oder Fockmast (Matereau) hat 24 Fuß in der Länge, und trägt ein Focksegel. Ausser den 3 Hauptsegeln bindet man zuweilen hinten ein dreyeckigtes sehr schmales Segel an, welches Coutelas genennet wird; dessen Spitze an das Ende der Raa oder Segelstange (de la Vergue) und der Untertheil an eine Art von einer übers Schiff hinausragenden Stange (Bout-dehors) angebunden ist. Diese Schiffe führen auch vorne eine Art von Boegspriet, woran eine Art von Boegsprietsegel, daß sie Diablot nennen, aufgehänget wird. Mit diesen Fahrzeugen gehen sie auf den Heringsfang, wenn sich dieser Fisch der Küste nähert.

Die Gondeln von St. Valery gleichen sehr den kleinen Fahrzeugen von Polet.

§. 7. Von den Fahrzeugen von Treport, und des Fleckens Ault.

Man bedient sich in diesen kleinen Häfen solcher Fahrzeuge, die den kleinen poletaisischen sehr ähnlich sind. Einige haben aber eine etwas verschiedene Gestalt. Sie haben ein rundes Hintertheil unter dem Barkholze, und darüber ein viereckigtes, welches sehr vorwärts gehauen ist. Sie haben 27 Fuß im Kiel, 8 Fuß 4 Zoll im Querbalken;

ausser

_____

*) Dasjenige Holz welches die Stücken des Mastbaumes an einander zu fügen dienet. D. S.

auſſer den Gliedern; 5 Fuß 5 Zoll in der ganzen Verkleidung; nehmlich 2 Fuß 11 Zoll unter dem mittelſten Querbalken, und 2 Fuß 6 Zoll am Dalbord; 4 Fuß 2 Zoll in dem mittlern platten Bauchſtück, und viel Rentrée; ſie ſind oben dergeſtalt enge, daß ihre größte Breite am platten Bord nur 4 Fuß 10 Zoll beträgt. Sie haben vorne ein Verdeck und hinten auch eins.

Der Hinterſteven hat 2 Fuß Ueberſchuß, und der Vorderſteven 2 Fuß 6 Zoll im Anſchwunge, die Erhöhung der Faſons beträgt hinterwärts 2 Fuß 2 Zoll, und die Helfte ſtehe vorwärts. Die länge des oberſten Querbalkens, (Hekback,) macht 4 Fuß 4 Zoll aus. Die ganze länge 32 Fuß. Sie führen zween Maſten. Der große iſt 33 Fuß lang, und auf ſelbigem ſteht ein Obermaſt von 10 Fuß, der vermittelſt eiſerner Ringe und Zapfen an den großen Maſt befeſtigt iſt. Die Tiefe des Waſſers dieſer beladenen Fahrzeuge beträgt 3 Fuß. Sie führen 5 bis 6 Tonnen, und gehen mit 6 Matroſen und einem Schiffsjungen in See.

§. 8. Die Dogerboots (Dogres).

Die Dogerboots, welche zu großen Fiſchereyen dienen, und die man mit den groſſen, welche zur Handlung gebraucht werden, nicht verwechſeln muß, ſind von den eben gedachten Schiffen darinne unterſchieden, daß ſie unten platter ſind, welches ſie ſehr bequem macht, die Flüſſe damit hinauf zu fahren. Man bauet ſie von ſehr verſchiedener Größe. Diejenigen, wovon hier die Rede iſt, haben 7 bis 8 Fuß im mittlern Bauchſtücke, 30 bis 35 Fuß im Kiele, 14 bis 16 Fuß im Querbalken, 10 bis 11 Fuß in der ganzen Verkleidung. Das Barkholz iſt 2 Fuß von dem Dalbord. Ihre ganze länge macht 35 bis 40 Fuß aus. Sie ſind ganz verdeckt. Man macht ſo gar eine Kammer auf dem Verdecke, wenn man auf den Stockfiſchfang ausgeht. Einige führen ein groſſes viereckigtes Segel; andere ſind als eine Brigantine mit dreyeckigten Segeln (Voiles latines) ausgerüſtet. Einige führen bis 100 Tonnen; die kleinen aber, wovon hier die Rede iſt, 20 bis 25 Tonnen.

§. 9. Von den Gondeln, (Gondoles) oder großen Heringsbuyſen (Drogueurs).

Dieß ſind die größten Schiffe, die man zum nordiſchen Stockfiſchfange, zum Heringsfange bey Jarmuth, und zum Makreelenfange bey der Inſel Bas und an den Küſten von Irrland braucht.

Sie

Sie haben 43 bis 46 Fuß im Kiel, 15 bis 16 Fuß im Querbalken, außer den Gliedern, 7 bis 8 Fuß im mittlern Bauchstücke, 11 bis 12 Fuß in der ganzen Verkleidung, und 50 bis 52 Fuß in der ganzen Länge. Das Barkholz ist zuweilen niedriger gestellet, als die zwey Drittel der Vertiefung. Sie haben dem mittelsten Querbalken gegen über 7 bis 8 Fuß im untersten Schiffsraum (Calc), und ungefehr 4 Fuß am Dalbord. Sie sind ganz verdeckt, und haben an dem Fuße des Mastes eine kleine Cajüte (Cabane) worein sich die Matrosen begeben, wenn sie auf dem nordischen Fischfange sind. Sie führen einen großen Mast, welcher ein großes Segel, und darüber einen kleinen Obermast trägt. Vorne ist ein kleiner Mast und ein Focksegel. Zuweilen ist hinten über dem Steuerruder ein Stock, welcher ein kleines Besanssegel trägt.

Der große Mast ist 56 bis 60 Fuß lang; der kleine 38 bis 40, und der Hinterstock 17 bis 18. Sie führen 75 bis 80 Tonnen.

§. 10. Von den Crevellen, oder Carabellen.

Diese Schiffe, die man wirklich als wahre Fischerfahrzeuge ansehen kann, werden auf der Küste der Obernormandie das ganze Jahr zum Fischfange gebraucht. Sie haben 34 bis 36 Fuß im Kiel, 12 bis 13 Fuß im Querbalken außer den Gliedern, 6 bis 7 Fuß im mittlern Bauchstücke, 9 bis 10 Fuß in der ganzen Verkleidung, 5 bis 6 Fuß in der Vertiefung unter dem mittelsten Querbalken. Ihre ganze Länge beträgt 35 bis 40 Fuß. Diese Caravellen haben ein sehr niedriges Werck, und nur 2 Masten; der große führt das große viereckigte Segel und einen Obermast. Seine Höhe macht 50 bis 55 Fuß aus. Der Vordermast hat 30 bis 32 Fuß in der Höhe, und trägt das kleine Segel, welches das Focksegel (Borset, Bourset) genennet wird. Zuweilen hat man vorne oder hinten eine hinausragende Stange, welche die Stagsegel (Voiles d'Etais) daran zu befestigen dienet. Sie führen 25 bis 30 Tonnen. Mit diesen Fahrzeugen werden zu gehörigen Zeiten große Fischereyen vorgenommen. Es giebt kleine Caravellen, die nur einen großen Mast, und einen Fockmast haben; und andere viel größere, welche zur Handlung, und zuweilen zu großen Fischereyen gebraucht werden.

§. 11. Von den Fischerfahrzeugen von Polet, Dieppe, und den umliegenden Gegenden.

Wir werden uns besonders bey den Fahrzeugen von Polet aufhalten, weil die Fischer dieses Hafens sich seit undenklichen Zeiten mit dem Fischfange mit Angelsellen abgegeben haben. Sie haben nicht eher aufgehört, selbigen das ganze Jahr zu treiben, als bis

bis einige große Fischer bey dem Makreelen- und Heringsfange einen Vortheil gefunden haben, auf welchen sie mit ihren zur Angelfischerey gebrauchten Fahrzeugen ausgehen, denen sie nur einen sogenannten **Galgen** (Gibet) noch hinzugefüget haben.   Das ist eine Art von **Gabeln**, Chandelier, die auf dem Hintertheile angebracht werden, womit sie ihren Mast, wenn sie ihn herunter lassen, auffangen, wie auf der XI. **Kupfert.** **Fig. 7.** in der Ferne zu sehen ist.

Die sehr genaue Beschreibung, die wir von den Angelfahrzeugen von Polet machen werden, wird den Leser in den Stand setzen, sich von vielen andern Fahrzeugen, die wir nur kürzlich beschreiben wollen, einen hinlänglichen Begriff zu machen.

Diese Fischer haben hauptsächlich 4 Arten von Schiffen; nehmlich die mit dem **großen runden Hintertheile**, die großen Quenouilles, die kleinen Quenouilles, und die kleinen sogenannten Batelets.

§. 12. Von den großen Fischerfahrzeugen von Polet, welche den Namen führen: Fahrzeuge mit dem runden Hintertheile (Culs ronds) **oder mit dem Vogelschwanze** (à Queve d'Oison).

Die großen runden Hintertheile, **Kupfert.** XI. **Fig. 1.** welche das ganze Jahr zum Angelfischfange, und zur gehörigen Zeit zum Herings- und Makreelenfange dienen, machen Gondeln aus, deren Vorder- und Hinterfasons einander sehr ähnlich sind, und ihre symmetrische Gestalt ändert sich nur an den Enden auf eine beträchtliche Art, wo der Vordersteven seine Rundung, und der Hintersteven seinen Ueberschuß bekommt.

Diese Fahrzeuge haben 32 bis 34 Fuß im Kiel, 12 Fuß im Querbalken, außer den Gliedern, wo die größte Breite ist; 5 bis 6 Fuß im mittlern Bauchstücke, 8 bis 9 Fuß in der ganzen Verkleidung, 5 Fuß im untersten Schiffsraum; und sind sehr niedrig verdeckt, damit sie auf dem Verdeck einen großen Kuffer haben können.   Sie haben 3 bis 3 und einen halben Fuß im Ueberschuß und im Anschwunge.   Ihre ganze Länge beträgt 36 bis 38 Fuß.   Das Barkholz liegt 4 Fuß unter dem obersten Bord.   Sie führen höchstens 20 bis 25 Tonnen, weil sie viel Fasons haben.   Ihre **Wassertiefen**, **wenn sie ohne Ladung sind**, (Tirant d'eau lege) beträgt 6 bis 6 und einen halben Fuß, und wenn sie beladen sind, 8 bis 8 und einen halben Fuß.

M   Sie

Sie führen zween Masten, und 2 viereckigte Segel. Ueber dem großen steht ein kleines Marssegel. Zu dem großen werden 36 bis 37 Ellen Leinwand, und zu dem kleinen 8 Ellen gebraucht.

Der große Mast ist 45 Fuß lang; nehmlich 43 Fuß zum Abhange des großen Segels, und 11 Fuß für das Marssegel.

Die große Segelstange ist 21 Fuß lang, und die zum Marssegel 13 Fuß. Der kleine Fockmast hat 26 Fuß in der Länge, und seine Segelstange 15 und einen halben Fuß. Diese Schiffe gehen auf den Heringsfang.

Es giebt runde Hintertheile von verschiedener Größe. Diejenigen, die sie kleine runde Hintertheile nennen, haben nur 22 bis 24 Fuß im Kiel, und 34 bis 35 Fuß in der ganzen Länge. Sie können nur 12 bis 14 Tonnen tragen. Sie sind, die Größe ausgenommen, denen mit großen runden Hintertheilen ähnlich.

§. 13. Von den Quenouilles, Bastardschiffen (Bateaux bâtards) von Polet.

Die andere Art der Fahrzeuge von Polet, welche zwischen den großen und kleinen runden Hintertheilen das Mittel hält, wird ein Bastardschiff Bateau bâtard oder grande Quenouille genennet, Kupfert. XI. Fig. 2. Man bedient sich derselben das ganze Jahr zum Fange mit den Angelseilen. Diese Fahrzeuge haben ein rundes Hintertheil, aber keine Krümmung am Spiegel über dem Steuerruder (Voûte).

Sie haben 24 bis 26 Fuß im Kiel, 28 bis 30 Fuß in der ganzen Länge, 9 bis 9 und einen halben Fuß in der Breite am mittelsten Querbalken, 18 Zoll an den Hinter- und 9 Zoll an den Vorderfaseins; 4 Fuß in der Vertiefung unter den mittelsten Querbalken. Einige sind gänzlich verdeckt, und andere haben nur im Hintertheile eine untere Kammer, (une Soute) in Gestalt eines Verdecks hinterwärts, und eine kleine vorwärts. Das Barkholz ist in der Mitte, und 3 und einen halben Fuß von dem obersten Bord. Der große Mast ist 34 Fuß lang zum Hange des großen Segels, und überdieß 8 und einen halben Fuß zu dem Marssegel. Die große Segelstange ist 17 Fuß lang, und die Stange des Marssegels 10 Fuß. Der kleine Mast ist 20 Fuß hoch über dem Verdeck; seine Segelstange ist 11 Fuß lang. Sie führen 8 bis 10 Tonnen, und gehen mit 7 bis 8 Mann auf den Fischfang aus.

Es giebt dergleichen Quenouilles, die kleiner sind, als jene, und 26 Fuß in der ganzen Länge haben. Sie tragen 7 bis 8 Tonner. Ihre Wassertiefe, wenn sie belaben sind, beträgt höchstens 6 bis 7 Fuß. Sie sind, die Größe ausgenommen, den großen Quenouilles ganz ähnlich.

Man giebt auch den Namen der kleinen Quenouilles den kleinen sogenannten Batelets, welche die dritte Gattung der poletaisischen Schiffe ausmachen, Kupfert. XI. Fig. 3. Es wird davon vielfacher Gebrauch gemacht. Man bedient sich derselben, bey schöner Witterung mit den Angelseilen, so wie mit dem sogenannten Abouret zu fischen. Bey großen Fischereyen machen sie die Schiffsladung, (Batelage), und sind alsdenn gleichsam die Chaloupen der großen Schiffe. Sie führen ihnen auf das Meer die Angelseile nach, und wenn das Meer nicht hoch genug ist, daß die großen Schiffe in den Hafen einlaufen können, so nehmen die kleinen Fahrzeuge die Fische, und führen sie zum Verkauf, während daß die Fischer ihre Handthierung fortsetzen.

Die Batelets haben 15 bis 16 Fuß in der ganzen Länge, 4 bis 5 Fuß in der Breite, und eben so viel in der Wertlesung. Ihr Barkholz ist 1 Fuß von dem Dosbord, oder obersten Bord. Sie können nur eine Tonne tragen. Sie haben nur 2 kleine Segel, zuweilen nur ein einziges, Kupfert. XII. Fig. 2. Sie haben 4 bis 6 Ruder, und zuweilen eines hinten, statt des Steuerruders. Vier bis 5 Mann sind zu diesen Batelets hinreichend, welche vorne ein kleines Viereck haben.

§. 14. Von den Warneteurs von Petit Veulle.

Die Fahrzeuge, die zu Petit Veulle, einer Vorstadt von Dieppe, Warneteurs genennet werden, Kupfert. XI. Fig. 4. haben ein viereckigtes Hintertheil, und sind wie die großen Quenouilles von Polet bemastet. Sie dienen zum Fange mit den großen Angelseilen an der Küste von England, und zum Heringsfange, wenn diese Fische sich unsern Küsten nähern.

§. 15. Von den Yollen oder Biscayennen.

Diese kleinen Schiffe sind eigentlich die Lootschaloupen, welche die Schiffe in die Häfen ein= und auszuführen dienen; Kupfert. XI. Fig. 6. Sie sind wie die Gondeln gebaut, sehr leicht an Gliedern, ohne Verdeck, und haben nur Bänke für die Ruderer. Sie sind 18 bis 20 Fuß lang, und 5 bis 6 Fuß breit. Man bedient sich derselben, bey schöner Witterung die Schiffsladung zu machen, und auch an der Küste mit dem Abouret zu fischen. Diese Chaloupen gehen häufiger mit Rudern, als mit Segeln; unterdessen setzt man doch auch zuweilen einen kleinen Mast und ein kleines Segel auf selbige.

§. 16. Von den Fischerfahrzeugen zu Havre.

Zu Havre fischt man, wie in den meisten obgedachten Häfen, im Sommer mit dem libouret mit sehr kleinen Schiffen, worauf 2 oder 3 leute sind, und im Winter machen 6 bis 7 leute diesen Fischfang mit lootschaloupen, welche die Einwohner zu Havre, wie zu Dieppe Yolles oder Biscayennes nennen, Kupf. XI. Fig 6. Man braucht sie auch, die Schiffeladung zu machen. Allein ihre eigentliche Bestimmung ist, den Schiffen entgegen zu gehen, und sie in die Häfen zu führen.

§. 17. Von den Fischerfahrzeugen von la Hougue.

Die meisten Fischerfahrzeuge von la Hougue sind hinten rund, und nicht verdeckt. Sie führen 2 viereckigte Segel, aber kein Marssegel. Sie tragen 4 bis 30 Tonnen und darüber. Die grossen werden zum Makreelenfange zwischen Duffant und den sorlingischen Inseln, und zu dem Austernfange in der Bay von Cancale gebraucht. Diejenigen, die unter 30 bis 18 Tonnen tragen, braucht man ausser den beyden eben gedachten Fischereyen, zu dem Farge der frischen Fische. Die kleinsten dienen nur, diesen Fang in einer kleinen Entfernung von der Küste zu treiben. Die Equipage beträgt nach der Grösse der Schiffe 4 bis 8 Mann.

§. 18. Von dem Fischfange zu Dinan.

Die Haudwerker, die nichts zu thun haben, nebst einigen Invaliden, setzen sich, wenn sie fischen wollen, in einer Anzahl von 4 bis 5 Mann auf Chaloupen von 2 bis 3 Tonnen, die ungefehr so beschaffen sind, wie die Kupfert. XII. Fig. 2. Aber sie gehen nicht weiter, als nach St. Malo.

§. 19. Von dem Fischfange zu Lanim.

Die meisten Fischer haben jeder ein kleines Fahrzeug von einer Tonne, dessen sie sich bedienen, mit ihren Kindern mit der leine zu fischen. Dieses Fahrzeug ist beynahe wie das Kupfert. XIV. Fig. 3. welches daselbst so vorgestellt ist, daß es keiner weitern Beschreibung bedarf.

§. 20. Von dem Fischfange auf der Garonne.

Es giebt auf der Garonne Schiffe, die Filadieres, Couraux oder Gabarets genennet werden, und die dem, welches Kupfert. XII. Fig. 2. vorgestellt ist, sehr ähnlich sind. Man hat sie von verschiedener Grösse. Diejenigen, welche vom Vordersbis

bis zum Hintersteven 20 Fuß betragen, haben gewöhnlich 15 bis 16 Fuß im Kiel, 6 Fuß in der Breite, in der Mitte 2 und einen halben oder 3 Fuß in der Vertiefung. Sie haben nur 3 Bauchstücken, und 6 Verkleidungen, welche den Körper des Schiffes ausmachen. Sie sind also sehr gondelförmig, und da sie vorne und hinten sehr spitzig sind, so haben sie eine Aehnlichkeit mit einem Weberschiff. Der große Mast steht ein wenig vorwärts, und man setzt ihn aufs Drittel, wenn man hinten einen kleinen oder Fokemast in Gestalt eines Besanemastes hinzufügen will. Die Hauptsegel sind vierecklgt. Diese Schiffe kommen nicht leicht von dem Flusse. Zuweilen aber fahren sie bey guter Witterung bis nach Tour de Cordouan. In diesem Falle müssen die Matrosen allezeit auf ihrer Hut stehen, damit sie nicht sinken; sie nehmen das Steuerruder weg, um das Hintertheil leichter zu machen.

Die kleinen Schiffe, welche in dem Kessel von Arcasson, den die Kirchspiele von Medoc und la Tete de Buch machen, zum Fischfange dienet, werden **Pinassen** genennet, und gleichen sehr den sogenannten Filadieres. Sie haben die Gestalt einer Gondel; allein sie sind an den beyden Enden spitzig, indem sie 18 Fuß lang, und 4 Fuß breit sind, und einen kleinen Mast von 14 Fuß in der Höhe, nebst einem Segel von 12 Fuß im Vierecke, und kein Steuerruder haben. Die Equipage dieser Schiffe besteht gewöhnlich aus 2 Mann, so wie bey den Filadieres.

§. 21. Von denen Schiffen, deren man sich auf dem Mittelmeere bedienet.

Diese Schiffe sind in Ansehung ihrer Ausrüstung und ihrer Gestalt von den Schiffen des Weltmeers sehr verschieden. Wir werden uns bloß bey dem aufhalten, was schlechterdings nothwendig ist, einen rechten Begriff davon zu machen. Wir werden also nur von den kleinen Palandern reden. Die Beschreibung der **Tartanen** und der andern großen Schiffe wird für die Stellen aufbehalten werden, wo von größern Fischereyen zu handeln seyn wird.

Man wird sich erinnern, daß die Provencer dasjenige den Fischfang mit Palandern nennen, was die Ponen'alser den Fischfang mit Angelseilen heißen. Hieraus folgt, daß die zu diesem Fischfange bestimmten Fahrzeuge, **Palander** genennet werden, und die Fischer nehmen auch den Namen **Palanderfischer** an, und nennen dieses Fischen **Palandriren** (Palangrer).

Die 4. Fig. **Kupfert. XII.** stellt ein provencer Fischerfahrzeug vor. Da man sich ihrer oft mit Rudern bedienet, so sind sie lang und vorne spitzig. Man führt

sie

sie auch sehr ohne Verdeck; damit nun das Wasser nicht hinein dringen möge, so setzt man über den platten Bord Breter, welche in Fugen eingeschoben werden, und über den platten Bord hervorgehen. Diese Breter werden weggenommen, wenn man rudert, wie in a zu sehen ist; wenn aber die Wellen über einander fallen, und man segelt, so werden diese Breter an ihren Ort gesetzt, wie man in b siehet. Diese Schiffe haben nur einen Mast, oder Baum c, und eine große Segelstange d. An dem Schiffe, welches vor dem in der Ferne vorsteht, ist das Segel e an die Stange herum gewickelt; an demjenigen aber, welches in der Ferne zu sehen ist, ist es ausgespannt. Diese dreyeckigte Segel werden lateinische genannt. An dem Schiffe, welches vorne steht, siehet man hinten ein Zelt f, worunter die Matrosen bedeckt seyn können.

Wir haben Kupfert. XIII. Fig. 2. eine Gondel vorgestellt, welche, außer ihrem großen Segel, vorne ein Beysegel trägt.

Die großen Barken, welche Leyts genennet werden, haben 2 Masten, den Hauptmast, und den zum dreyeckigten Segel; zwo Segelstangen und 2 dreyeckigte oder sogenannte lateinische Segel. Es giebt Tartanen, die drey haben. Wir werden Gelegenheit haben, an einem andern Orte von diesen verschiedenen Schiffen umständlicher zu reden.

Wenn die Provencer üble Witterung bekommen, so ziehen sie ihre dreyeckichten Segel zusammen, legen ihre Stangen an den Bord, und machen an den Hauptmast ein kleines viereckigtes Segel, um sich gegen die über einander fallenden Wellen zu halten, beynahe so wie man Kupfert. III. Fig. I. siehet.

In den Gegenden von St. Tropez und von Frejus bedienen sich die Polanderfischer kleiner Fahrzeuge, die sie Fregatons nennen. Sie sind ungefehr 14 Fuß lang, 8 breit, und haben ein Verdeck vorne, und eins hinten. Auf solche Art fischen 3 oder 4 Leute Tag und Nacht.

Zu Narbonne sind die Palanderschiffe eben so beschaffen, wie diejenigen, die zu dem Fange mit Netzen, welcher Gangui genennet wird, dienen. Daher ist auch eben dieser Namen den kleinen Schiffen gegeben worden, die man Kupfert. XIX. siehet, und wovon wir in kurzen handeln werden.

Die Palanderfischer von Ayde treiben ihre Handthierung mit Schiffen, die sie Sardinoyes, und an andern Orten Aissauques nennen. Sie sind 21 Fuß lang, und 6 breit. Fünf oder 6 Mann rudern oder segeln damit, und suchen die zu ihrem Fischfange bequemen Untiefen, bis auf 8 Meilen herum. Man kann sich einen Begriff davon machen, wenn man Kupfert. XIX. Fig. 2. und 3. zu Rathe ziehet. Endlich bedient

bedient sich ein jeder Palanderfischer ohne Unterschied derjenigen Schiffe, die er besitzet.
So treiben einige diesen Fischfang mit kleinen Barken, dergleichen die sind, welche man
Kupfert. XIII. Fig. 7. siehet, und welche sie Corallieres, Corallenschiffe,
nennen, weil sie damit auch auf den Corallenfang ausgehen.

§. 22. Verschiedene kleine Schiffe, die zum Fischfange dienen.

Tillotte oder Tillolle wird ein kleines Fischerschiff genennet, welches von einer
sonderbaren Bauart ist.   Es hat weder Kiel, noch Steuerruder, und gleichwohl ist es
so feste, daß man sich desselben zur Lootschaloupe bedienet, die Schiffe in den Hafen von
Bayonne zu führen.   Es sind keine bessern Chaloupen zur Schifffarth auf dem Adour,
wo die Ströhme sehr reissend sind, als diese, und sie fahren zuweilen damit sehr weit ins
Meer, wenn es nicht sehr stürmisch ist.

Man findet sie von verschiedener Größe; allein ihr gewöhnlichstes Maaß ist
folgendes:

Die ganze Länge macht 14 bis 16 Fuß aus; in der Mitte beträgt die Breite am
platten Borde 4 Fuß, auf dem Boden 5 Fuß.   Die Vertiefung hat 2 Fuß 5 Zoll.
Das große Segel nimmt nur 2 Drittel vom Maste ein.   Die großen Chaloupen mit
Verdecken (Tillotieres) führen ausser dem großen Segel zuweilen vorne ein dreyeckigtes Segel.

Es giebt auf dem Adourflusse noch andere kleine Fahrzeuge, welche Chalands genennet werden, und welche den Piroguen von Martinique sehr ähnlich sehen.   Sie
haben nur zwo Segelstangen, sind sehr gondelirt, und vorne spitzig.   Das Hintertheil
ist ein wenig viereckigt.   Es giebt welche, die 19 Fuß in der Länge, und etwas weniger
als 3 Fuß in der Breite haben.   Diese Schiffe sind mit zween Mann besetzt.

Die Barken auf der Loire sind sehr klein, führen 6 bis 8 große Fässer (Bari-
ques) haben einen platten Boden, und führen einen Mast nebst einem Segel.

Die Canadenser machen sehr leichte Kähne (Cânots) von Birkenrinde, an welche dünne und krumme Lattenhölzer, die statt der Glieder dienen, befestigt werden;
Kupfert. XI. Fig. 8.   Zwischen diese Art von Gliedern werden zur Bedeckung
der Birkenrinde noch einige platte und dünne Hölzer angelegt, damit die Rinde durch die
Füße nicht durchstoßen werden möge.   Diese Kähne gehen an den beyden Enden spitzig
aus, und der breiteste Theil ist in der Mitte.   Der freye Bord ist von zwo Stangen

von

von leichten Holze gemacht, welche, indem sie an den Enden mit einander vereinigt sind, die Gestalt eines Weberschiffes geben. An diesen freyen Bord sind die Latten befestiget, welche die Glieder ausmachen, und auch die Stücken Rinde, die statt der Verkleidung dienen. Es sind von einer Entfernung zur andern Stücken von dünnen und leichten Holze, welche in die Quere über den Kahn gehen, und an den beyden Enden an die Stangen, die den obersten Bord ausmachen, befestigt sind. Diese Arten von Querbalken, (Baus) dienen, die Oeffnung des Kahns in der Gestalt, die sie haben muß, zu erhalten.

Ob man gleich die Rinde von einer Art von Birken nimmt, die wie in unsern Gärten pflanzen, und die größer und dicker ist, als unsere französischen Birken, so findet man doch keine Stücken Rinde, die groß genug wären, daß sie einen ganzen Kahn ausmachten. Es werden daher verschiedene zusammen geheftet, und die Näthe (Coutures) dem Vorgeben nach mit den fasigten Wurzeln der Tanne, (Epicia) von welchen man die Rinde abschälet, gemacht. Um aber das Eindringen des Wassers gänzlich zu verhindern, verstreicht man alle Näthe mit dem Harze der Tanne. Die Canadenser führen diese Kähne rudernd mit Pagayen, welches kleine sehr leichte Ruder sind, die sie mit beyden Händen halten, und damit handthieren, wie mit einem Besen, ohne sie auf den Rand des Kahns aufzulegen. Zween rudern, auf jeder Seite des Bordes einer, und ein dritter, welcher hinten ist, regiert den Kahn mit einem größern Ruder, als die andern haben. Obgleich diese Kähne immer in Gefahr sind, umzufallen, so wagen sich doch die Wilden, so wie die Canadenser, damit an Oerter, wo reissende Ströhme und so gar über einander fallende Wellen sind. Es gelingt den Wilden besser, diese Kähne zu verfertigen, als den Canadensern; allein diese fahren wenigstens so geschickt damit, als die Wilden.

Die Grönländer bedienen sich zu verschiedenen Arten von Gebrauche, besonders zu ihrem Wallfischfange, gewisser Kähne, welche von sehr leichten Gliedern gemacht, mit Fischbein zusammen gebunden, und mit Fischhäuten überzogen sind, die sie mit Seenen an statt des Zwirns zusammen nähen, und die Näthe sind mit Fischfette, oder mit Thrane bestrichen, welches hart wird, und dem Wasser gut widersteht. Es giebt derselben zwo Gattungen; die kleinen Fig. 9. Kupf. XI. die die Gestalt eines Weberschiffes haben, sind 20 Fuß 6 Zoll lang, 1 Fuß 9 Zoll breit, und die Vertiefung in der Mitte macht 15 Zoll aus. Sie sind oben wie unten mit Häuten überzogen. In der Mitte ist ein Loch, dessen Durchmesser der Breite des Kahns gleich ist, und ungefehr 1 oder 2 Zoll hat. Der Grönländer, der seine Füße in dieses Loch steckt, setzt sich auf den Boden, und macht die Oeffnung mit einer Haut, die er um seinen Leib herum bindet, zu.

Er

Er rudert mit einem Ruder von 4 Fuß 6 Zoll in der Länge, welches an jedem Ende eine Schaufel hat.

Die Esquimaux bedienen ſich beynahe ähnlicher Kähne. Dieſe Kähne können nur einen Menſchen tragen.

Die Grönländer machen aber dergleichen Kähne, in welche ſie ihre Weiber und ihre ganze Familie einſchiffen. Sie haben faſt die Geſtalt unſerer Flußkähne; ihre Glieder aber beſtehen gleichfalls aus Stangen, die mit Fiſchbein zuſammen gebunden ſind. Die zuſammengenähten Fiſchhäute b) dienen ihnen ſtatt des Ueberzuges; ſie ſind aber nicht verdeckt. Ihre Länge macht 60 Fuß, ihre Breite 5 Fuß 6 Zoll, und ihre Vertiefung 30 Zoll aus. Sie führen vorne einen kleinen Maſt, und ein Segel, welches von geſpaltenen und getrockneten Wallfiſchdärmern gemacht iſt, die mit Rehſennen oder Därmern zuſammengenähet ſind. Dieſes Segel hat nur, 6 bis 8 Fuß in der Breite, und da dieſe Art von Kähnen von keiner Standhaftigkeit iſt, ſo können ſie nur unter Segel gehen, wenn der Wind hinter ihnen iſt c). Dieſes iſt aus Anderſons Naturgeſchichte von Grönland gezogen.

Die Reiſenden erzählen, daß man in Aegypten auf den Seen mit Schiffen fiſchet, die unten platt, an beyden Enden ſpitzig ſind, und höchſtens 20 Fuß in der Länge und 5 in der Breite haben. Sie gleichen alſo ſehr den Fiſcherfahrzeugen auf der Seine.

In England bedient man ſich auf einem Fluſſe, der die Wye heiße, häufig eines kleinen Korbes, der beynahe wie eine Nußſchaale geſtaltet iſt. Er iſt auswendig mit Juchten überzogen. In der Mitte iſt eine Bank, und es kann nur eine Perſon in dieſem Korbe ſeyn. Er iſt ſo leicht, daß ihn die Bauern wie eine Kappe über ihren Kopf decken, und ſo damit reiſen, indem ſie ſtatt eines Stockes ein kleines Ruder in der Hand halten. Wenn ſie nun am Ufer des Fluſſes ſind, ſetzen ſie ihren Korb ins Waſſer. Allein man ſteigt nicht ohne Schwierigkeit hinein, denn er entfernt ſich, ſo bald man mit dem Fuße daran

---

b) Peaux de poiſſons, ſagt der Herr Verfaſſer; es ſind aber die Felle von Seehunden darunter zu verſtehen. Man ſehe Anderſons Nachrichten von Island ꝛc. S 256. wo die grönländiſchen Fahrzeuge ausführlicher beſchrieben und in Kupfer vorgeſtellet werden. D. S.

c) Sie haben zweyerley Boote, Männer- und Weiberboote. Jene ſind kleiner und nur für eine Perſon eingerichtet. Dieſe können 20 und mehr Menſchen führen, nebſt ihrem Plunder und Zelten, und, wenn der Fang gut geweſen, noch dazu einer Menge Wallfiſchſpeck und Baarden. Mit beyden können ſie ſehr geſchwind fortkommen, und 10 bis 12 Meilen in einem Tage damit zurücklegen. D. S.

daran stößt, und wenn man darinnen ist, so stürzt er um, wenn man das Gleichgewicht nicht recht wohl hält. Es ist ein Vergnügen, einen geschickten Menschen in einem solchen Korbe schwimmen zu sehen, und hauptsächlich die Vorsicht zu bemerken, mit welcher er einen Stein, der ihm zum Anker dient, ins Wasser wirft; er braucht aber nicht weniger Behutsamkeit, diesen Stein, wenn er seinen Ort verändern will, wieder an Bord zu ziehen.

Es giebt auch Oerter, wo man mit kleinen Flößen fischet; zuweilen geschiehet es so gar bloß auf einem Stücke Holz. Die verschiedenen Artikel des Fischfanges, die jeder Gattung von Fischen besonders eigen sind, werden uns Gelegenheit geben, diese Schiffe, nebst einigen andern Dingen, die, so zu reden, besonders dazu gehören, etwas umständlich zu beschreiben.

Zwölfter Artikel.
Von den Verträgen, welche die Fischer mit einander machen, wenn sie gemeinschaftlich auf den Fischfang ausgehen.

Was die kleinen Fischereyen, die am Ufer des Wassers geschehen, anbetrifft, so erfordern sie keine gesellschaftliche Verbindung. Die Väter, die Mütter, die Kinder haben ihre Angelhaken auf verschiedene Art eingerichtet, und sie werfen sie auf ihre Rechnung aus. Die Familie thut die ganze Arbeit, und sie erndet den ganzen Nutzen ein, der daraus erwächset.

Wenn sich zwo Familien mit einander verbinden, so theilen sie die Frucht ihrer Arbeit. Allein mit den Fischereyen, welche Schiffe erfordern, und welche nur von Leuten, die in der Regierung eines Schiffes, und im Fischfange geübt sind, vorgenommen werden können, hat es nicht gleiche Bewandniß.

Beynahe überall haben die Matrosen, welche auf ein Schiff gehen, mit Antheil; und hier folgt nun, was dabey nach einer unter ihnen eingeführten Gewohnheit, welche die Kraft eines Gesetzes hat, ohne daß es geschrieben, oder in die gerichtlichen Formalitäten eingekleidet wäre, am gebräuchlichsten ist.

Alle Matrosen, welche, wie man sagt, pêchent à la Part, h. i. theilnehmend mit auf den Fischfang gehen, geben verschiedene Stücken Angelseile her. Wenn es große Fischereyen sind, so giebt ein jeder 4, 6 Stücke, mehr oder weniger; und
der

der Herr noch einmal so viel, als die andern; wobey voraus gesetzt ist, daß die Angelhaken mit guten Ködern versehen seyn müssen.

Alle die Stücken von diesen Seilen machen, wenn sie an den Enden zusammen
gefügt werden, zuweilen eine Ausspannung (Tessure) von vielen tausend Klaftern,
mehr oder weniger, nach der Größe der Schiffe, und nach der Anzahl der Matrosen,
womit sie besetzt sind; so, daß es für große Schiffe Ausspannungen giebet, die eine Länge
von zwo Meilen im Meere einnehmen. Die Ausspannungen für die kleinen Schiffe sind
nicht so groß; weil 3 oder 4 Mann nicht so viel Seile liefern können, als 8, 10, 15.

Wenn die Matrosen alte Angelseile geben, so werden sie von allen den übrigen weg-
und ins Meer geschmissen. Wenn man es nicht so machte, und eines von den alten
Stücken zerrisse, so würden alle die vörbersten in Gefahr seyn, verlohren zu gehen. Diejenigen Seile, die allernächst beym Schiffe sind, ermüden auch allezeit mehr, als die andern.

Wenn die Fischer an den Ort, wo sie ihren Fang vornehmen wollen, gekommen
sind, so sondern sie die alten Angelseile ab, und losen um den Rumb der andern; das
ist, um die Ordnung, in welcher sie ins Meer sollen geworfen werden, weil es ein Vortheil ist, seine Seile beym Schiffe zu haben, hauptsächlich wenn stürmisch Wetter kommt.
Denn ob es gleich wahr ist, daß die Equipage, die Stücke, die verlohren gegangen
sind, gemeinschaftlich bezahlet, so hat doch derjenige, dem sie gehören, allezeit den meisten Schaden, weil diese Stücke gewöhnlich unter ihren Werth geschätzt werden.

Wenn ein Matrose der Eigenthümer des Fahrzeugs ist, und wenn er es mit aller
Zurüstung und Bedürfniß liefert, und die Fische verkauft, so erhält er einen doppelten
Antheil.

Oft sind die Fischer nicht vermögend genug, sich mit allem dem, was zu ihrem
Fange erfordert wird, zu versehen. In diesem Falle nehmen sie zu denen Bürgern,
die sie ihre Wirthe nennen, und die ihnen allen Vorschuß thun, ihre Zuflucht. Dieser Wirth macht bey ihrer Zurückkunft mit dem Meister gemeinschaftlich den Verkauf der
Fische, und kommt nach und nach wieder zu seinen Kosten, indem er von dem Producte
des Fanges einen Sol vom Livre nimmt. Ueberdieß bekommt er bey jedem Verkaufe
einen Fisch, indem er sich nach dem, welchen man den Gewohnheitsfisch nennet, den
schönsten aussucht. Dieser Zins wird an einem andern Orte erklärt werden.

Wenn die Fischer auf den Schollenfang aus sind, und die Stücken von den mit Angeln
versehenen Seilen (Appelets), alsdenn nicht länge genug haben, so liefert ein jeder Ma-

trose

trofe eine gröfere Anzahl, als 7 oder 8, wenn sie sich hinlänglich mit Würmern versehen können, um diese Menge der Angelhaken zu beködern.

Wenn ein Fischer nicht mehr als vier Stücken von einem solchen Angelseile hat liefern können, dagegen andere 8 geliefert haben, so bekommt er beym Verkaufe nur einen halben Theil.

Ein jeder Fischer muß nothwendig drey Garnituren von Angelseilen haben, weil er so oft, als bey einer heftigen Bewegung der See die Seile zerreißen, diejenigen Seile, so eben gebraucht worden sind, waschen, sie zum trocknen ausbreiten, (Kupfert. XIV. Fig. 1.), da wo keine und Angelhaken fehlen, andere anknüpfen, und die Haken mit neuen Ködern versehen muß. Während daß sich die Fischer der andern Garnitur bedienen, machen die Weiber (Kupfert. XIV. Fig. 2.) die dritte zu rechte, um sie den Fischern bey ihrer Ankunft zu überliefern, damit sie unausgesetzt fischen können. Wenn auf solche Art die Zeit zum Fischfange bequem ist, so sind, während der Zeit, da die Männer sich auf der See befinden, die Weiber (Kupfert. XIV. Fig. 2.) die man Erwerberinnen, (Aquereſſes) nennet, Tag und Nacht beschäftigt, entweder Würmer und Fische zum Köder im Sande zu suchen, wie wir unten erklären werden, oder die Angelseile zu reinigen, abzutrocknen, und wieder zu rechte zu machen; oder endlich die Angelhaken zu beködern; daher sie beständig eine Arbeit haben, die beynahe so beschwerlich ist, als der Männer ihre.

In dem Artikel, wo wir von den Lockspeisen geredet haben, ist gezeiget worden, daß zu den Lockspeisen gesalzenes oder frisches Fleisch, oder auch frischer Fisch genommen wird, welches die Seilfischer von den andern Fischern kaufen. Die Versorgung mit diesen verschiedenen Lockspeisen geht die Weiber nichts an; aber sie sind es, welche die kleinen Garneelen fangen, im Sande Würmer und verschiedene Insecten suchen, und mit einem Worte, welche andere gute Lockspeisen als jene liefern. Und wenn wir von dieser Art von Fange reden werden, so wird man sehen, daß er sehr beschwerlich ist.

Ueberdieß macht das Waschen der mit Angeln versehenen Seile, ihre Ausbreitung zum Trocknen, die Untersuchung der Seinen und Angelhaken, um die fehlenden wieder zu ersetzen, und die Anköderung an die Haken eine Arbeit aus, die diesen sogenannten Erwerberinnen viel zu thun macht, wenn die Zeit den Männern erlaubt, ihren Fang unausgesetzt fortzutreiben.

Da jeder Fischer seine Angelseile wohl beködert liefern muß, so haben diejenigen, die eine zahlreiche Familie haben, hierinne einen großen Vorzug für den andern.

Ein

Ein jeder Fiſcher führet auch ſeine Lebensmittel, ſo wie das Getränke, das ſie brauchen bey ſich; daß ſie alſo nur gewiſſe Vorſchüſſe, welche von dem Producte des Fiſchfanges voraus abgezogen werden, unter ſich gemein haben.

Die eben gedachten Vergleichspunkte ſind, einige Abweichungen ausgenommen, von allen Fiſchern für gültig erkannt worden. Unterdeſſen ſiehet man wohl ein, daß es auf ſie ankommt, Veränderungen, die ſie für gut befinden, darinnen zu machen. So ſind z. E. einige, welche auf gemeine Unkoſten Brod mitnehmen.

Dreyzehenter Artikel.
Wiederhohlung desjenigen, was in dieſem erſten Kapitel abgehandelt worden iſt.

Wir haben in dieſem Kapitel die Vortheile, welche dem Fiſchfange mit den Angelhaken eigen ſind, bekannt gemacht, und die wahre Bedeutung verſchiedener Ausdrücke, die dieſer Art des Fiſchfanges zugehören, angezeigt.

Wir haben für gut befunden, hauptſächlich bey den verſchiedenen Arten von Seilen und Leinen, wovon die Seilfiſcher, die Palanderfiſcher und andere Gebrauch machen, und noch mehr bey der beträchtlichen Anzahl der Arten von Angelhaken, die man braucht, alle Gattungen von Fiſchen zu fangen, ſo wie bey den Angelleinen und Schnuren von Hanfe, Haaren, Seide, oder Metall, ſie mögen einfach oder doppelt ſeyn, u. ſ. f. uns aufzuhalten, und zugleich die Verfertigung der Leinen und der Haken von jeder Größe zu beſchreiben.

Da wir von den verſchiedenen Arten von Lockſpeiſen, womit man die Angelhaken verſiehet, ein Verzeichniß ertheileten, haben wir auch die Vortheile angemerket, welche einige für den andern haben.

Wir haben es auch nicht für überflüßig gehalten, etwas von den Umſtänden der Witterung zu ſagen, welche den Fiſchereyen, die mit den Angeln vorgenommen werden, beförderlich oder hinderlich ſind; wobey wir von den Schiffen, welche man zu dieſen Arten von Fiſchfange braucht, eine kurze Beſchreibung gemacht haben.

Endlich haben wir von den Vergleichspunkten geredet, welche die Fiſcher mit einander errichten, um den Nutzen ihrer Arbeit auf eine billige Weiſe zu theilen.

Allein, alle dieſe Dinge ſind nur auf eine ſehr allgemeine Art abgehandelt worden. Das ſind, man erlaube mir dieſen Ausdruck, nur die Vorbereitungen zu dem Fiſchfange mit den Angeln. Umſtändlichere Beſchreibungen wird man im folgenden Kapitel finden.

D 3 Zweytes

Zweytes Kapitel.

Umständliche Beschreibung der verschiedenen Arten von Fischereyen, die mit den Angelhaken vorgenommen werden.

Die allgemeinen Begriffe, die wir in dem ersten Kapitel vor Augen gelegt haben, dienen nothwendig, das Verständniß der verschiedenen Fischereyen, die mit den Angelhaken vorgenommen werden, und wovon wir in diesem Kapitel handeln werden, zu erleichtern. Dergleichen sind der Fischfang mit der Ruthe oder mit dem Rohre, der mit der Leine oder mit einfachen Schnuren, der mit Seilen, die mit Seitenleinen, an welche die Haken angemacht werden, versehen sind: davon einige auf dem Grunde des Wassers liegen, einige unter dem Wasser, oder nahe an der Oberfläche schwimmen; ingleichen der Fischfang mit dem Libouret, mit der Kugel, mit der großen Koppel, u. s. f. Wir werden diese verschiedenen Arten zu fischen in eben so vielen besondern Artikeln abhandeln.

Erster Artikel.

Von dem Fischfange mit der Angelruthe, Angelstabe, oder mit dem Rohre [d]).

Die deutlichste Methode bey der Beschreibung aller Künste besteht darinne, daß man mit den einfachsten Dingen den Anfang machet, ehe man zu denen schreitet, die verwickelter sind. Da wir also die verschiedenen Arten, mit Angelhaken zu fischen, zu beschreiben haben, so werden wir anfänglich von derjenigen handeln, die man das Fischen mit der Angelruthe oder mit dem Stabe nennet; nicht allein, weil sie die einfachste ist, sondern auch, weil man gewöhnlich an dem Ufer der Flüsse, der Gräben, der Teiche und selbst des Meeres Gebrauch davon machen siehet.

Ueberhaupt

---

d) Nachdem dieses Instrument stärker oder schwächer von Holze ist, muß es Angelruthe oder Stab genennet werden. Die bey uns gebräuchlichen bestehen aus 2 Stücken; das untere heißt der Untersatz, oder Stab, und das obere, welches an das untere gebunden wird, die Schwippe oder Ruthe, und von diesem wird die Benennung des ganzen Instruments hergenommen, und es heißt eine Angelruthe. D. Ü.

Ueberhaupt bestehet dieser Fischfang darinne, daß man an das Ende einer Ruthe eine mit einem Angelhaken versehene Schnure anbindet, und ins Wasser sinken läßt, und wenn der Fisch an den Köder angebissen hat, ihn, indem man die Ruthe aufhebt, geschwind aus dem Wasser ziehet.

Man giebt dieser Art zu fischen verschiedene Benennungen. Einige nennen sie das Fischen mit der Angelruthe, weil sie die Schnuren an das Ende einer leichten und biegsamen Ruthe anbinden. Andere nennen sie das Fischen mit dem Rohre, weil sie statt der Ruthe Schilfrohr, davon sie mehrere Stücke in einander stecken, dazu gebrauchen; und dieses Rohr wird auf lateinisch Canna genennet. Der Ausdruck Rohr (Canne) kann daher kommen, weil zuweilen die Angelhaken oder Stäbe so eingerichtet sind, daß sie, wenn man nicht fischet, statt der Röhre zum Spazierengehen gebrauche werden können. Ich will dieses etwas umständlicher abhandeln.

§. 1. Von den verschiedenen Arten, die Angelruthen oder Stäbe zu diesem Fischfange zu machen.

Die Fischer haben in Gewohnheit, ihre Angelruthen von einem leichten und elastischen Holze zu machen. Sie suchen daher einen Stab von Haselstauden, von Weiden, von Pappeln oder von Tannenholze aus. Das Holz vom Zürgel- oder Nesselbaume (Celtis oder Micocoulier) den man aus Perpignan, wo er Ladonier genennet wird, bekomme, um Ladestöcke, Peitschenstiele, und Stöcke daraus zu machen, würde zu diesem Gebrauche sehr bequem seyn, weil es leicht ist, und sich sehr biegt, ohne zu zerbrechen.

Diese Stäbe, Kupfert. XV. Fig. 3. a b müssen an dem Ende a, das man in der Hand hält, 2 bis 5 Zoll im Umfange haben, und nicht ganz 1 Zoll an dem andern Ende b. Ihre Länge muß 10 bis 12 Fuß mehr oder weniger betragen, so wie es die Weite und Breite des Wassers, wo man fischen will, verstattet.

Man muß darauf sehen, daß das Holz nicht knotig ist, welches den Stab zerbrechlich machen würde, sodann, daß es recht gerade ist. Man darf es nicht krumm laufen lassen, wenn man es trocknet; daher man es auf ein starkes hölzernes Richtscheid (Regle) bindet, welches mit dem großen Schlichthobel recht gerade gemacht worden ist. Man kann die Angelstäbe auch zierlicher machen, wenn man sie mit Farben anstreicht, wie wir unten zeigen werden.

Nach

Nach dem Herrn Walton ist, wenn man gute Angelstäbe haben will, folgendes zu beobachten. Man muß zwischen Michaelis und Lichtmesse einen schönen geraden Schuß von einer Weide e), einer Haselstaude, oder von einer Aspe abschneiden, welcher 9 Fuß lang ist, und ungefehr 4 Zoll im Umfange hat. Diesen muß man seiner Länge nach ganz gerade in einen warmen Ofen legen, und ihn so lange darinnen lassen, bis er wieder kalt worden ist. Alsdenn läßt man ihn einen ganzen Monat an einem trecknen Orte liegen, nach welcher Zeit er an ein starkes viereckigtes Stück Holz fest angebunden wird. Um ihn hierauf in seiner ganzen Länge zu durchbohren, nimmt man einen dicken eisernen Kupferschmidtsdrath, der an einem Ende spitzig gemacht ist, und lässet dieses Ende in einem Kohlenfeuer so lange glühen, bis es weiß wird: alsdenn bedient man sich desselben, den Stab zu durchbohren, indem man das glühende Ende des Draths in den Mittelpunct oder Kern des Stabes, den man beständig gerade hält, hinein stößt, wobey man bald an dem einen, bald an dem andern Ende durchstößt, bis beyde Löcher auf einander treffen. Dieses Loch zu vergrößern, nimmt man immer stärkere gespitzte Eisen, welche man, so wie den Drath, glühen lässet, bis sie weiß werden. Man muß aber damit verfahren, daß der Durchmesser des Loches sich stufenweise vermindere, und daß er an dem dünnen Ende des Stabes kleiner, als an dem dicken werde.

Wenn dieses erste Rohr also zubereitet, auswendig in der Dicke vermindert, und sauber ausgearbeitet worden ist, so weicht man es zween Tage in Wasser ein; darauf bringt man es an einen bedeckten Ort, und legt es hernach so lange in den Rauch, bis es ganz trocken ist. Dieses Rohr muß ungefehr die Helfte von der Länge des Angelstabes ausmachen, und das Loch, wovon wir eben geredet haben, dienet dazu, daß zwo Ruthen hinein gesteckt werden können. Denn die ganze Ruthe bestehet aus 3 Stücken, die an den Enden in einander geschoben werden.

Zur Ruthe, die in das Ende des hohlen Rohres gesteckt werden muß, schneidet man zu gleicher Zeit mit dem Rohre einen schönen Haselstaudenzweig ab, und lässet ihn, wie das Rohr, dürre werden. Alsdenn macht man diese Ruthe gerade, und giebt ihr die gehörige Dicke, damit sie in das ins Rohr gemachte Loch einpasset; und indem man sie auf der Seite des dickern Endes hinein steckt, muß sie in der Höhlung des Rohrs nicht weiter, als bis in die Helfte seiner Länge gehen.

Die

e) Weidenholz schickt sich nicht zu Angelruthen. Haselnußholz zur Schwippe, und tannenes zum Untersatze, ist bey uns das gewöhnlichste, und zu dem Zwecke, wozu es gebraucht wird, das bequemste. D. S.

Den Stab vollends fertig zu machen, nimmt man neue, gerade und zarte Schößlinge von Schwarzdorne, wilden Aepfelbäumen, Miſpelbäumen, oder von Wachholder-
ſtöcken. Dieſe Schößlinge werden erſt abgeſchälet, hernach gedörret, nachdem man eine
gewiſſe Anzahl davon in ein feſtes Bündel mit einer ſtarken Schnure zuſammen gebunden hat; von ihrer Dicke nimmt man ſo viel ab, daß ſie in das in der Höhlung des
Rohrs an dem dünnſten Ende deſſelben gemachte loch geſteckt werden können. Dieſe
drey Stücke nun werden an den Enden, vermittelſt Schrauben und ihrer Mütter ſo zuſammengefüget, daß die 3 Stücke nur einen Stab ausmachen. Auf ſolche Art können
die beyden angeſetzten Stücke, wenn man nicht fiſchet, in das hohle Rohr eingeſteckt werden, welches alsdenn beym Spazierengehen als ein gewöhnliches Rohr gebrauchet werden kann.

Dieſe Stäbe laſſen ſich verbeſſern, wenn man ſich zum Rohre, anſtatt des Haſelhol-
zes, des indianiſchen Rohres bedienet, und man erſparet ſich viele Mühe, wenn man
von der angezeigten Art, da die angeſetzten Stücke in das erſte Rohr geſteckt werden, ab-
gehet. Alsdenn hat man nicht nöthig das Rohr zu durchbohren; man thut die 3 Stücke,
welche die ganze Angelruthe ausmachen ſollen, in einen Sack, aus welchem man ſie heraus nimmt, wenn man fiſchen will, und fügt ſie mit den Enden an einander, ohne metallene Schrauben darzu zu gebrauchen, indem man bloß das Ende des einen Stückes in
das loch einſteckt, welches an dem Ende desjenigen, worin es geſteckt werden ſoll, gemacht wird. Darauf befeſtige man ſie mit Stiften f), damit ſie nicht aus einander gehen, wenn ein großer Fiſch die Schnure ſtark ziehet.

Man macht auch ſehr ſaubere und bequeme Angelruthen von 3, 4, bis 6 Stücken,
die an den Enden mit halben Holze zuſammen gefügt werden. Man ſchneidet nehmlich
die beyden Enden, die zuſammengefüget werden ſollen, als eine Flöte (Flûte) und
macht an einem von den beyden Stäben einen kleinen Zahnſchnitt, welcher in eine an
dem andern gemachte Kerbe geht. Dieſe beyden als eine Flöte geſchnittenen Theile müſſen in einer Länge von 4 bis 5 Zoll genau auf einander paſſen. Die Seiten, welche auf
einander gefüget werden ſollen, beſtreiche man mit Schuſterwachſe, und bindet einen guten gedrehten Faden, der gewichſt, oder durch Pech gezogen iſt, herum. Wenn die
Ruthe

---

f) Dieſe Art, die Stücken der Angelruthe zu-
ſammenzufügen, iſt nicht feſt genug, indem die
Stifte leicht ſpringen, wenn ein ſtarker Fiſch
an der Angel aus dem Waſſer gezogen werden
ſoll. Ueberhaupt hat man 3 Stücke zu einer
Angelruthe nicht nöthig, und die mehrere Zu-

ſammenſetzung der Stücke macht die Ruthe wan-
delbar. Man kann Ruthen von 2 Stücken
machen von einer Länge, als man ſie nur
braucht, und ſie ſind feſter als die von 3 Stücken zuſammengeſetzten. D. S.

P

Ruthe sauber ausfallen soll, so bedient man sich statt des Fadens einer grünen seidenen Schnure, die mit ein wenig weissem Wachse gewichset ist.

Wenn man sehr zierliche Stäbe haben will, so kann man das erste Stück, das in der Hand gehalten wird, von einem Holze aus den Inseln machen, weil nichts daran liegt, ob dieser Theil leicht ist, oder nicht. Die andern können von Bambusrohre, Cedern-Cppressen Bürgelbaum- oder von andern leichten und biegsamen Holze gemacht werden, das, wenn man es verlangt, sich schön färben läßt, indem es mit schwachen E. zwasser, worinne Feilstaub aufgelöset worden, bestrichen und sodann mit Schachtelhalm polirt wird. Man muß dieses Acidum verschiedene mal auftragen, und allemal wieder poliren.

Wenn man mit Schnuren, woran wahre oder gemachte Insecten angelödert werden, fischen will, so nimmt man zu den Ruthen, weil sie sehr leicht seyn müssen, Provencerrohr oder Schilf, woran vorne ein Stab Fischbein angemachet wird; besser ist es aber, wenn sie von einer Gerte von Schwarzdorn, von Mispelholze, von Haselstauden, von Wachholderholze, von Cppressenbaume u. v. a. gemacht werden, die man, wie wir oben gesagt haben, dürre werden läßet, indem man viele in ein Bündel zusammen bindet, damit sie recht gerade bleiben.

Es ist leicht einzusehen, daß die Stärke der Ruthen nach der Größe der Fische, die man fangen will, eingerichtet werden muß. Wenn man mit Insecten fischet, so müssen die Ruthen sehr leicht seyn, damit man den Angelhaken in der Oberfläche des Wassers eine hüpfende Bewegung geben kann, wie wir erklären wollen, wenn wir von den Forellen handeln werden.

Um die mit halbem Holze eingefügten Stücke vermittelst einer seidenen Schnure, oder eines gewichsten gedrehten Fadens recht wohl an einander zu befestigen, und das Ende des Fadens gleichfalls fest zu machen, muß man, wenn man selbigen nur noch 5 oder 6 mal herum zu wickeln hat, Kupfert. XVI. Fig. 1. das Ende des Fadens auf die Ruthe oder Stab legen, den Finger ausgestreckt darauf halten, und, indem man die 6 letzten maie herum wickelt, den Finger und den Faden mit umwickeln. Wenn dieses geschehen ist, ziehet man den Finger heraus; alsdenn ziehet man so viel als möglich diese letztern Umwickelungen eine nach der andern feste an, wie Fig. 2. zu erkennen giebt. Endlich ziehet man auch das Ende des Fadens, das heraus geht, an. Auf diese Art ist der Faden sehr gut befestigt, und er wird hernach mit der Schere ganz nahe bey den Umwickelungen abgeschnitten.

Einige

Einige machen eine Handhabe von 8 bis 9 Stücken Haar, das sie an das dünnste Ende des Stabes befestigen, indem sie einen gewichsten Faden, so wie wir eben gezeigt haben, verschiedene mal darum wickeln. Allein dieses geschieht nicht von allen. Wir werden unten davon reden.

§. 2. Von den Leinen.

Nachdem wir von den Angelruthen oder Stäben und von den Angelröhren hinlänglich gehandelt haben, so müssen wir auch etwas von den Leinen oder Schnuren sagen, die an das Ende der Stäbe oder Ruthen gebunden werden, an deren Ende ein Angelhaken fest angemacht ist. Man kann sich hier sogleich an das erinnern, was wir in dem ersten Kapitel angeführt haben, wo von den Leinen und von den daran gemachten Seitenleinen mit Angelhaken gehandelt wurde, ob wir gleich von den sehr feinen Leinen nur sehr wenig gesagt haben.

Viele Fischer, die nicht so genau darauf sehen, machen diese Leinen von guten gedrehten Garne, das aus 3 oder 4 Fäden von gutem Zwirne besteht. Einige, die etwas aufmerksamer seyn wollen, machen am Ende dieser Leine die Schnuren zu den Angelhaken von Haaren. Allein die Leinen sind besser und sauberer, wenn man sie in ihrer ganzen Länge von einer seidenen oder Haarschnure machet.

Es ist auf dem VI. Kupfer Fig. 1. und 2. vorgestellet worden, daß es Fischer giebe, welche die Leinen zu den Angelhaken von Haaren machen, indem sie die Flüschen (Brins) nach Art eines Bündels bloß neben einander legen, ohne sie zusammen zu drehen. Allein das ist nur bey den Fischereyen auf der See gewöhnlich, hauptsächlich, wenn man große Fische fangen will.

Die Flußfischer machen zu ihrem Gebrauche Schnuren von Haaren, die sie zusammen drehen, wozu sie die längsten Haare von dem Schweife eines Pferdes nehmen. Diese Haare müssen rund, klar, ohne Nüsse, Filz, oder andere ähnliche Krankheiten seyn. Denn ein einziges wohl ausgesuchtes Haar ist so stark, als drey, welche die eben gedachten Fehler haben, seyn würden. Die weissen Haare sind diesen Mängeln mehr unterworfen, als die schwarzen. Unterdessen geben ihnen doch viele den Vorzug, indem sie behaupten, daß sie in dem Wasser nicht so sehr in die Augen fallen. Sie müssen auch so viel als möglich von gleicher Dicke ausgesucht werden, damit sie besto regulärer auf einander liegen, und zusammen besser widerstehen; welches nicht seyn könnte, wenn ihre Dicke merklich verschieden wäre.

Gewiſſe Fiſcher behaupten, wie wir eben geſagt haben, daß die weiſſen Haare in dem Waſſer nicht ſo ſehr in die Augen fallen. Andere hingegen ſagen, daß die ſchwarzen im Waſſer nicht ſo ſehr in die Augen fielen, als die weiſſen. Dem ſey wie ihm wolle, ſo iſt dieſes die Urſache, warum man ſie zuweilen färbet [g]); und hierzu giebt Walton folgende Anweiſung.

Man nehme ein Maaß (Chopine) gutes Bier, pariſer Maaß, ein halb Pfund Ruß, eine kleine Quantität Nußblätterſaft, und ein wenig Alaune; thue alles zuſammen in einen irdenen Topf, und laſſe es eine halbe Stunde ſieden. Darauf nehme man den Topf vom Feuer, und wenn er kalt worden iſt, lege man das Haar hinein, und laſſe es ſo lange in dieſem Safte, bis es eine grüne Farbe bekommen hat. Je länger es in der Farbe bleibt, deſto grüner wird es; man muß aber zu vermeiden ſuchen, daß es nicht gar zu grün werde.

Einige wollen indeſſen, daß das Haar ſo grün werden müſſe, damit es die Farbe des Graſes bekomme. In dieſem Falle muß man eine Kanne, (Pinte), pariſer Maaß, von Nachbier, und ein halb Pfund Alaune nehmen, und beydes mit den Haaren in einen irdenen Topf thun, den man eine halbe Stunde gelinde kochen läſſet; worauf man das Haar heraus nimmt, um es trocken werden zu laſſen. Man thut darauf zwo Hände voll Ringelblumen in zwo Pinten Waſſer; man deckt den Topf zu, und läſſet ihn eine halbe Stunde gelinde ſieden. Es ſetzt ſich oben ein gelber Schaum, und alsdenn thut man ein halb Pfund geſtoßenen Vitriol, nebſt den Haaren, die man färben will, hinzu. Man läſſet den liquor gelinde kochen, bis er auf die Helfte eingekocht iſt. Endlich nimmt man den Topf vom Feuer, und 3 oder 4 Stunden darauf zieht man das Haar heraus, welches man ſchön grün finden wird. Je mehr man Vitriol hinein thut, deſto ſtärker wird die Farbe; allein das Blaßgrüne iſt vorzüglich.

Einige gehen ſo weit, daß ſie behaupten, daß das Haar in der Jahreszeit, da das Gras in ſüßen Waſſern welk und dürre wird, gelb werde. Um ihm dieſe Farbe zu geben, darf man nur die Doſis der Ringelblumen ſtärker machen, und die Doſis des Vitriols ſehr vermindern.

Es

---

g) Bey uns ſind die Haarangeln ſehr abgekommen. In der That bält die ſelbe beſſer, zumal wenn ſie aufhört wird. Man nimmt dazu guten Mahlerfirniß. Die Faden werden erſt fein zuſammen gedrebt, bernach aus-geſpannt und mit dem Firniſe überſtrichen. Sie bleiben ſo lange aufgeſpannt, bis ſie voll-kommen getrocknet ſind. D. Ü.

Es werden aus den americaniſchen Inſeln Fäden zu uns gebracht, welche man von einer Art von Aloe oder Aloide bekommt, die der Herr von Linnee unter das Geſchlecht, das er Agave nennet, rechnet. Dieſe Fäden werden Pitefäden (Fils de Pite) genennet. Es giebt unter denſelben lange und ſehr feine, die, wenn man ſie, wie wir gleich zeigen werden, wohl zubereitet, den Haaren noch vorzuziehen ſind. Die Fiſcher bedienen ſich derſelben hauptſächlich, die Angelhaken daran zu binden.

Die feinſten von dieſen Fäden werden mit Fleiß ausgeſucht, und indem man ſie Stückweiſe umbieget, in einen Topf gethan, ſodann der Schaum aus einem Topfe, worinne man friſches, und nicht geſalzenes Fleiſch hat kochen laſſen, darauf gegoſſen. Nach Verlauf von 3 oder 4 Stunden nimmt man die Pitefäden nach einander heraus, und ziehet ſie zwiſchen dem Daumen und Zeigefinger durch, um das daran hängende Fett abzuſtreichen. Auf eine andere Art darf man ſie durchaus nicht abwiſchen. Darauf breitet man dieſe Fäden in ihrer ganzen länge aus, und wenn ſie trocken ſind, macht man kleine Gebinde davon. Durch dieſe Zubereitung werden ſie beynahe ſo fein, ſo rund und ſtärker, als die ausgeſuchteſten Haare. Um ſie geſchmeidig zu erhalten, wickelt man in ein Stück in Oel getunkte Blaſe; ehe man aber keinen davon macht, muß man ſie, wie die Haare, ungefehr eine halbe Stunde in Waſſer weichen.

Die Dicke der leinen muß nach der Größe der Fiſche, die man fänget, eingerichtet ſeyn, es iſt doch aber allezeit gut, wenn ſie fein ſind, hauptſächlich an dem Ende, woran der Angelhaken hänget. Daher machen diejenigen, welche mit Inſecten und ſehr zarten Haken fiſchen, die Angelſchnure nur von einem einzigen Haare. Allein in dieſem Falle muß man ſehr geſchickt im Fiſchen ſeyn, wenn es nicht zerreiſſen ſoll. Es iſt alſo beſſer, wenn man die Angelſchnure aus zwey Haaren macht; und Cotton, ein engländiſcher Schriftſteller, ſagt, daß derjenige, welcher mit Schnuren von zwey Haaren nicht eine Forelle von 20 Zoll in der länge in einem Fluſſe, der von Holze und Graſe ganz frey iſt, fangen kann, den Namen eines Fiſches nicht verdiene. Es gehört alſo viele Geſchicklichkeit darzu, mit ſeiner leine gehörig umzugehen, wenn man einen Fiſch von einer etwas beträchtlichen Größe gefangen hat.

Es fällt in die Sinne, daß man keine Haare finden kann, die lang genug wären, eine leine davon zu machen, die zuweilen 5 bis 6 Klaftern in der länge haben muß. Es müſſen daher einzelne Stücken gemacht, und an den Enden zuſammen gebunden werden, damit eine hinlänglich lange leine daraus entſtehe. Man legt nehmlich zwey ſolche Stücken dergeſtalt auf einander, wie in d e, Fig. 3. Kupfert. XV. zu ſehen iſt, und vereiniget ſie mit einem Knoten f, indem man die Enden der Haare zweymal herum

wickelt,

wickelt, **Kupfert. XVI. Fig. 3.** Wenn der Knoten zugezogen ist, so können die Haare nicht mehr aus einander gehen; und es wird sodann dasjenige, was über den Knoten heraus geht, mit der Schere abgeschnitten. Auf solche Art wird eine hinlängliche Anzahl zusammengefügt, um eine Leine von der verlangten Länge zu machen.

Es giebt Fischer, welche vorgeben, daß man in Ansehung desjenigen Stückes, welches das Ende der Leine auf der Seite des Angelhakens ausmachet, die Haare nicht um einander wickeln müsse, sondern daß es besser wäre, wenn man sie bloß nebn einander anzöge, weil alsdenn die Haare in dem Wasser nicht so sehr in die Augen fielen, und die Fische nicht scheu gemachet würden. Allein am gewöhnlichsten ist es, daß man sie um einander windet, wie wir gleich erklären werden.

Die Leinen müssen von dem Ende der Ruthe bis zu den Angelhaken immer dünner zu gehen; und bey manchen Arten von Fischfange bestehen die letzten Stücke bloß aus einem Haare, oder aus einem sehr feinen Pitefaden, oder gar aus einem einzigen Seidenfaden;[h]).

Was die gewöhnlichsten Fischereyen anbetrifft, so müssen die beyden Stücke, die am nächsten an dem Angelhaken sind, nur aus zwey Haaren, die drey Stücke über selbigen aber aus 3 Haaren gemacht werden. Zu den 3 folgenden nimmt man viere, und also 5, 6, 7 und so gar 8 bis an das Ende der Leine, welches an der Ruthe ist; so daß die Leine von der Ruthe bis an den Angelhaken an Dicke gleichförmig abnimmt.

Will man eine Angelschnure länger machen, so muß es an dem dicken Ende der Ruthe geschehen. Wenn mit Insecten gefischet wird, so kann eines oder zwey feine Stücken über dem Stücke, welches den Angelhaken hält, daran gefüget werden. Denn die Leine muß bey dem Haken nothwendig fein seyn, um so mehr, weil ein geschickter Fischer mit einer gut gemachten Leine den Haken an den Ort, wohin er will, fallen lassen kann, ohne auf dem Wasser kleine kreißförmige Bewegungen hervorzubringen, die die Fische scheu machen würden[i]).

Die

h) Dieses scheinet ganz unpracticabel zu seyn; bey uns muß die Angelschnure von oben bis unten hinaus von egaler Stücke seyn. D. S.

i) Die kreißförmige Bewegungen des Wassers machen die Fische nicht scheu; vielmehr geben verschiedene Fische, insonderheit die Hechte, Forellen, Karpen rc. eher darnach, wenn sie sehen, daß etwas ins Wasser fällt, welches die Erfahrung bezeuget. Man werfe einen Frosch, wenn man ihm ein Bein zerknickt hat in einen Teich, in welchem Hechte sind, und man wird sehen, daß, so bald er eine Bewegung macht, die Hechte den Frosch von der Oberfläche des Wassers wegschnappen. D. S.

Die Fischer, welche leinen zu ihrem Gebrauche machen, erwählen dazu die längsten Haare, damit die Stücken länger werden, und sie desto weniger brauchen, der leine
die ganze Länge zu geben.   Sie weichen sie einige Stunden in Wasser, und indem sie
2, 3 oder 6 in ein Bündel zusammen halten, so binden sie selbige mit einem einfachen
Knoten an eines von den Enden g. Fig. 3. Kupfert. XV. darauf sondern sie sie,
eins und eins, zwey und zwey, oder drey und drey ab, und stecken einen spitzigen Stift
h zwischen diese Fäden, gleich bey dem Knoten.   Indem sie alsdenn jede 2 oder jede
3 Haare zwischen dem Daumen und dem Zeigefinger in jeder Hand halten, drehen sie sie
um einander herum. Wenn diese also gedrehten Haare zusammen kommen, so rollen sie
sich um einander und machen eine kleine Schnure.   An dem Ende knüpft man diese kleinen Stücken zusammen, bis sie die gehörige Länge der leine haben.   Darauf weichet
man die ganze leine einige Stunden in warmes Wasser, und spannt sie aus, indem man
sie an den beyden Enden anziehet, damit sie keine Falten mache, und gerade bleibe, wenn
sie trocken ist.

Diejenigen, die leinen machen, um sie den Fischern zu verkaufen, bedienen sich einer Maschine, welche wir hier beschreiben wollen. Sie ist Kupfert. XVI. Fig. 4.
vorgestellt, und sie bestehe in einer horizontalen Rolle A, und in 3 Scheiben, durch welche ein eisernes Stänglein oder Zapfen geht, der an einem Ende einen kleinen Haken B
hat. Dieses Stänglein oder Zapfen wird von zwey kupfernen Blechen gefasset, die ungefehr einem halben Zoll von einander entfernt sind. Am Ende der Scheiben gehen zwey
andere solche Häkgen etwas über das untere Blech heraus.

Die Rolle wird mit einer Handhabe C, die über dem obern Bleche ihren Ort hat,
herum gedrehet, und macht zugleich die Scheiben, entweder vermittelst eines Getriebes,
(Engrenage), oder vermittelst eines Riemens, wie bey den Spinnrädern, beweglich.

Wenn man nun die Schnure machen will, nimmt man die Anzahl von Haaren,
woraus sie werden soll, theilet sie in 2 oder 3 Bündel, bindet jedes Gebinde an ein Ende
des Fadens D, der zweyfach zusammen gedreht, und ungefähr 6 Zoll lang ist.   Diese
doppelt gedrehete Fäden werden in die Häkgen eingehängt, indem vermittelst eines Knotens die Haargebinde mit selbigen vereiniget, und an ein Stück Bley E, welches ungefehr
2 Pfund wiegt, und in einen kleinen Haken ausgeht, gebunden.   Von einem Korkstöpsel
wird ein kleiner Zapfen (Toupin) F verfertiget, welcher so viele Rinnen oder Ein-
schnitte hat, als die Schnure Gebinde haben soll.   Dieser Zapfen wird zwischen die Gebinde eingeleget, so daß jedes Gebinde in eine Rinne desselben gehet.   Wenn man nun
die Handhabe herumdrehet, so drehen die Haken die Gebinde mit herum; und indem
sich diese bemühen, sich aufzudrehen, so verursachen sie zugleich, daß sich das Bley herum
drehet,

drehet, und sie drehen sich unter dem Korke über einander zusammen. Wenn man glaubt, daß die Schnure hinlänglich gedrehet ist, so schiebt man den Korkstöpsel hinauf; wenn er nun bis an die Hälgen gekommen ist, so sind die Schnuren fertig, und man macht sie zuletzt mittelst eines Knotens fest zusammenhaltend.   Es kommt auf die Geschicklichkeit des Arbeiters an, daß alle Haarspitzen gleich gespannt werden, und daß die Schnure in ihrer ganzen länge regulär gedrehet sey.   Wenn dieses Stück fertig ist, so macht man ein anderes, und schneidet die Spitzen so kurz ab, als man sie haben will.

Diese Maschine ist im Kleinen eben diejenige, welche wir Kupfert. VIII. vorgestellet haben, mit welcher die hänfene Angelleinen gemacht werden.   Wenn die Stücke zusammengedrehet sind, so weicht man sie in Wasser, und spannt sie aus, bis sie trocken sind.   Ohne diese Vorsicht würden einige Haare mehr zurück fahren, als die andern, und die leine würde dadurch um eben so viel geschwächt werden.

Es ist bekannt, daß dergleichen Schnuren auch von Seide und Zwirne gemacht werden.   Man kann aber dieser Mühe überhoben seyn, weil man bey den Kaufleuten gedrehten Zwirn, und kleine seidene Schnuren findet.

Wenn die Schnure fertig ist, so bindet man sie an das Ende der Ruthe.   Einige machen daher an dem Ende derselben einen Einschnitt, und befestigen daran ein Stück Schnure, welche aus 6 Haaren bestehet, und welches man verdoppelt, um ein Oehr an dem Ende der Ruthe mittelst Umwickelung gewichster Seide davon zu machen.   Dieses Oehr ist bestimmt, das Ende der Schnure hinein zu stecken.

Allein durch diesen Einschnitt schwächet man das Ende der Ruthe, welches dünne seyn muß.   Daher ist unsere Meynung, daß man sie nicht an das dünnste Ende b, Fig. 3. Kupfert. XV, sondern an einem andern Orte bey i anbinden müsse. Wenn sie darauf schneckenförmig um die Ruthe von i bis b gewickelt wird, so kommt man auf solche Art an das Ende der Ruthe, wo sie mit einer Schleife (Noeud coulant) befestiget wird.

Wenn die Schnure so angebunden wird, so hat man zween Vortheile; erstlich kann man sie nach Belieben länger oder kürzer machen, indem man sie mehr oder weniger mal um die Stange herum wickelt.   Fürs andere wird durch diese Einrichtung der Schnure das Ende der Ruthe nicht allein in den Stand gesetzt, daß es nicht so leicht zerbricht, sondern die Umwickelungen der Schnure befestigen auch den dünnen Theil der Ruthe.

Es

Es giebt Fischer, welche sehr lange Angelschnuren verlangen. Andere wollen, daß sie nicht länger seyn sollen, als die Ruthe, hauptsächlich zum Fischfange mit Insecten. Und endlich machen einige nach den verschiedenen Umständen die Schnuren bald länger, bald kürzer [k]).

Dem sey wie ihm wolle, ehe man die Schnure an die Ruthe anbindet, ziehet man sie durch ein kleines Stück Bley. Einige nehmen bloß eine kleine gespaltene Bleykugel k, ziehen die Schnure durch, und machen den Spalt zusammen, damit das Bley an eben dem Orte, wo man es angemacht hat, fest sitzen bleibe. Andere ziehen die Schnure durch eine bleyerne Kugel, die ein Loch hat; und noch andere nehmen statt einer größern Kugel verschiedene kleine, welche an die Schnure in einer Entfernung von einem Zolle neben einander befestiget werden. Alles dieses ist sehr gleichgültig: nur muß das Bley k ungefehr 6 Zoll über den Angelhaken gebunden, und dieses Gewicht so genau eingerichtet seyn, als erfordert wird, daß die Schnure zwar auf den Grund des Wassers sinke, die geringste Gewalt aber sie davon wieder abbringe; in fließenden Wassern muß das Gewicht weit beträchtlicher seyn, als in stehenden.

Einige Fischer binden an die Schnure eine mit gewichster Seide überzogene, und an beyden Enden verstopfte Federkiele. Allein es ist noch gewöhnlicher, daß man die Schnure durch ein Stück Kork stecket. Einige bedienen sich bloß eines Flaschenstöpsels l, Fig. 3. Kupfert. XV. Andere geben diesem Korke eine kegelförmige, und noch andere, welches noch besser ist, eine kugelförmige Gestalt. Die Gestalt mag aber beschaffen seyn, wie sie will, so muß doch ein Loch durchbohret werden, um die Schnure durchzustecken. Und da man den Kork nach der Tiefe des Wassers, wo man fischet, näher oder weiter von dem Angelhaken an die Schnure befestigen muß, so steckt man in eben dieses Loch, wodurch die Schnure geht, ein kleines Stück spitziges Holz; oder noch besser, eine Federkiele, die leicht heraus genommen werden kann, und die die Stelle eines Keils vertritt, damit sich die Schnure nicht durchs Loch durchziehen könne, und der Kork an dem Orte, wo man es haben will, feste bleibe [l]). Der Kork muß nur die Dicke haben,

---

[k]) Am besten ist es, die Schnure um 2 Hände kürzer zu machen, als die Angelruthe ist; weil man mehr Stärke hat, den Fisch, der an den Haken angebissen hat, aus dem Wasser zu ziehen. Es ist auch bequemer auf diese Art nach dem Haken zu sehen, ob er noch mit dem Köder bedeckt ist. Denn indem die Schnure zu dem Ende aus dem Wasser gezogen wird, fällt der Köder mit dem Haken gleich vor die Hand, wo-

mit die Ruthe gehalten wird, und folglich sieht man gleich ob der Haken noch bedeckt ist. D. S.

[l]) Dieses wird die Senkung der Angel genennet. Wenn die Senkung zu hoch ist, so geht der Angelhaken nicht tief genug unterm Wasser weg; wenn sie hingegen zu tief ist, so wird der Kork mit der Federkiele auf dem Wasser breit liegen, anstatt, daß er gerade auf dem Wasser stehen muß; und das zeiget an, daß der

Q   Haken

haben, daß er ſich auf dem Waſſer halten kann; denn ein zu großes Stück würde den Fiſch verſcheuchen.   Was die Fiſchereyen, wobey man die Angelhaken auf der Ober⸗ fläche des Waſſers herum hüpfen läſſet, anbetrifft, ſo braucht man dazu weder Bley, noch Kork.   Wenn man gewiſſe Fiſche, als z. E. Karpen fangen will, ſo muß der An⸗ gelhaken auf dem Grunde ſchleifen; bey andern Fiſchen muß er in der Mitte des Waſſers ſeyn, und überhaupt iſt es gut, daß er bey warmer Witterung mehr nach der Oberfläche des Waſſers zu ſey, als in der Kälte.   Hiernach muß die Entfernung, die zwiſchen dem Korke, dem Bleye und dem Haken ſeyn ſoll, eingerichtet werden.

Es iſt nun weiter nichts übrig, als daß der Angelhaken m an das Ende der Schnure gebunden wird, welches auf verſchiedene Arten geſchehen kann.   Was die ſehr kleinen Angelhaken, welche mit einem Ringe verſehen ſind, anbetrifft, ſo ſteckt man das Ende der Schnure zweymal in den Ring, und legt es auf den Körper des Hakens, wor⸗ an man es befeſtiget, indem gewichſte Seide verſchiedene male darum gewickelt wird. Darauf hebt man das Ende der Schnure gegen den Ring in die Höhe, und wickelt den ſeidenen Faden noch weiter herum.   Um das Ende deſſelben zu befeſtigen, wickelt man Seide 4 oder 5 mal um eine etwas dicke Nadel, Kupfert. XVI. Fig. 2. in deren Oehr die Seide eingefädelt iſt.   Dieſe Nadel zieht man gegen den Haken, und alſo kommt die Seide in die Umwickelungen, die zuletzt gemacht ſind.   Dieſe Umwickelun⸗ gen zieht man nach einander zuſammen, und endlich wird das Ende der Seide, das ſich zwiſchen dem Haken und den Umwickelungen befindet, die man um die Nadel gemacht hat, angezogen.   Auf dieſe Art wird das Ende der Seide ſehr ſauber und wohl befeſtiget.

Wenn die Haken ſich platt endigen, und nicht recht fein ſind, ſo kann man ſie mit dem Knoten n, Kupfert. XV. Fig. 3. befeſtigen.   Um die Wiederhohlungen zu vermeiden, verweiſen wir den Leſer auf dasjenige, was wir im erſten Kapitel von den verſchiedenen Arten, die Angelhaken an die Leinen zu befeſtigen, geſagt haben.

§. 3. Verſchiedene Arten, die Haken zum Fiſchfange mit der Leine zu beködern.

Wenn man mit kleinen Inſecten ködert, ſo muß man ſie durchſtechen, bis ſie an den Wiederhaken kommen.   Zuweilen iſt ein einziges, wenn es der Länge nach ange⸗ ſteckt

Haken mit dem Köder auf dem Grunde auf⸗ liege und die Angel mit dem Strohme nicht fortgeben könne, welches doch nöthig iſt. Die Tiefe des Waſſers muß vorher mit dem Angel⸗ ſtabe probiret, und hiernach der Keil mit der Federkiele an der Angelſchnure eingerichtet wer⸗ den. D. S.

ſteckt wird, hinreichend; denn die Haken, die man zu dieſem Fange braucht, ſind ſehr fein. Wenn die Inſecten ſehr klein ſind, ſo ſticht man ſie die Quere durch, und ſteckt mehrere zuſammen an.

Wenn man bey der Nacht fiſchen will, da die Lockſpeiſe mehr in die Augen fallen muß, ſo ſticht man beynahe allezeit zween Regenwürmer quer durch den Leib; ſie bewegen ſich alsdenn ſehr, und die geringſte Helle iſt hinreichend, daß ſie die Fiſche gewahr werden können.

Es giebt eine unzählige Menge von Würmern, welche zum Köder dienen können, worunter hauptſächlich diejenigen gehören, die ſich im Kuh= und Schweinsmiſte und in der gewäſſerten Lohe befinden. Ueberhaupt giebt man denjenigen, welche lange Zeit im Waſſer leben, beym Fiſchfange den Vorzug. Was die großen Würmer im Miſte anbetrifft, ſo ſteckt man die Spitze des Hakens auf der Seite des Schwanzes hinein, daß ſie beym Kopfe wieder heraus kommt.

Bey Erklärung der verſchiedenen Arten zu ködern, wenn man ſich kleiner Fiſche dazu bedienet, ſetze ich voraus, daß einer von den Fiſchen Kupfert. XV. Fig. 3. zur Lockſpeiſe dienen ſoll. Sie ſind größer vorgeſtellt worden, als es in Anſehung anderer Gegenſtände dienlich ſeyn dörfte, um die Sache deutlicher zu machen.

Will man an einem Orte fiſchen, wo es große Fiſche giebt, und wo man daher ſtarke Angelhaken brauchet, ſo muß der Fiſch, der zur Lockſpeiſe dienen ſoll, 2 quer Finger breit ſeyn.

Wenn der Angelhaken zween Haken hat, A, Kupfert. XV. Fig. 3. ſo ſteckt man den Kopf des Angelhakens in das Maul des Fiſches, und läſſet ihn unter einem von den Ohren wieder heraus gehen. Man bindet darauf den Schwanz des Fiſches an die Leine, wobey man darauf ſiehet, daß die beyden Angelhaken ganz nahe bey dem Maule des Fiſches ſind. Endlich bindet man die Angelhaken an die Leine.

Der einfache Haken B wird eben ſo geködert, wie der doppelte, ausgenommen daß man kleine Fiſche dazu nehmen kann; und das iſt an ſolchen Orten die gewöhnliche Art, wo es keine großen Fiſche giebt. In dieſem Falle ſteckt man den Angelhaken durch das Maul, und läſſet ihn unter dem Ohre wieder heraus gehen; oder man ſteckt, wie in c, den Stiel des Hakens unter dem Ohre hinein, und läſſet ihn bey dem Maule wieder heraus gehen; oder man ſteckt bloß wie in D, den Haken durch das Maul, und läſſet ihn bey dem Hintern wieder heraus gehen. Auf ſolche Art braucht man den Fiſch nicht erſt

D 2   an

an die Seine zu binden; weil ihm aber eine größere Wunde gemacht wird, so lebt er nur 4 bis 5 Stunden, welches eine große Schwierigkeit macht. Denn die meisten Fische beißen an verdorbene Köder nicht an, fallen auch niemals todte Fische so begierig an, als diejenigen, die noch leben.

Wenn man den Haken durch die Ohren gesteckt hat, so erhält man, da der Fisch 12 bis 15 Stunden lebt, dadurch einen großen Vortheil, hauptsächlich, wenn mit liegender Seine gefischet wird; weil, wenn die Fische des Abends nicht angebissen haben, man hoffen kann, daß sie den andern Tag früh anbeissen werden.

Einige Fischer machen zwischen dem Kopfe des Fisches, und der ersten Floßfeder auf dem Rücken eine kleine Oeffnung. Vermittelst dieses Einschnittes stecken sie einen metallenen Drat zwischen der Haut und dem Rückgrad des Fisches hinein, und lassen selbigen ein wenig oberhalb des Schwanzes heraus gehen. Wenn sie darauf den Angelhaken an diesen metallenen Drat, der zur Nadel dienen muß, gesteckt haben, so ziehen sie den Drat zurück, damit der Stiel des Hakens unter die Haut komme. Damit nun die Haut des Fisches nicht zerreisse, so befestigen sie den Haken mit ein paar Seiden= oder Zwirnbändern, dergestalt, daß der Fisch dabey lange Zeit leben kann.

Die Fische lange beym Leben zu erhalten, giebt Walton den Rath, zwischen die beyden Haken eines doppelten Angelhakens einen Meßingdrat zu thun, an welchem ein kleines eyförmiges Stück Bley befestigt ist; Kupfert. XVI. Fig. 5. Dieses Bley soll man in das Maul des Fisches, die man zum Köder brauchen will, thun, und das Maul zunähen, damit das Bley nicht heraus fallen könne. Der Fisch, welcher nicht verwundet ist, lebt auf solche Art lange Zeit, und schwimmt beynahe als wenn er frey wäre, daher die andern Fische desto leichter an den Köder und den Angelhaken anbeissen m).

Um zu machen, daß der Fisch sich desto mehr bewege, giebt dieser Schriftsteller auch den Rath, eine von den Floßfedern ganz nahe bey den Ohren abzuschneiden. Da der Fisch alsdenn nur auf einer Seite schwimmen kann, so drehet er sich nur im Creyse herum, und diese Bewegung lockt die Fische herbey, die man damit fangen will.

Dasjenige, was wir oben gesagt haben, beweiset, wie wichtig es sey, einen Behälter zu haben, wo kleine Fische am Leben erhalten werden können, um Vorrath bey der Hand zu haben, wenn man fischen will.

Wenn man mit einem Frosche ködern will, kann man ihn an den Hals stechen, den Stiel des Hakens zwischen der Haut und dem Fleische an dem Rückgrade der Länge hinschieben, und ihn an der Hälfte des Rückens heraus gehen lassen. Wenn nun zwi-

schen

m) Es muß in England nicht viel Regen=   schen so viel Mühe, und diesen so viel Quaal
würmer geben, weil man sich mit den kleinen Fi   mache. D. S.

schen dem Korke und dem Angelhaken eine Entfernung von einer Klafter gelassen wird, so wird dieser Frosch frey schwimmen, und lange Zeit leben.   Allein dieser Köder taugt nur zu großen Raubfischen.

Einige geben vor, daß die Fische viel besser anbeissen, wenn zu den Ködern ein sehr kleines mit **Steinöle** (Petrole) geriebenes Stück Scharlachtuch hinzugefüget wird.

Andere versichern, daß, wenn die Würmer, oder andere lebendige Lockspeisen vorher in einer mit Honig geschmierten Büchse verwahret worden, die Fische desto gewisser anbeissen.

Man sagt auch, daß jede Art von Lockspeise, die mit dem Mark aus dem Hüftbeine eines Reihers gerieben wird, die Fische sehr anlocke.   Wir haben nicht Gelegenheit gehabt, weder die Wirkung dieses Markes, noch dasjenige, was die Fischer **Reiheröl** (Huile de Heron) nennen, auf die Probe zu stellen.   Da sie aber doch viel Wesens von diesem Reiheröle machen, daß man damit alle Arten von Fischen anlocken könnte, so haben wir uns nicht entübrigen können, hier anzuführen, wie es gemacht wird; ohnerachtet sich muthmaßen lässet, daß, da der Reiher in seinem Leben einen großen Schaden unter den Fischen anrichtet, man daher auf die Einbildung gerathen seyn könne, daß die Fischer gleichsam zu ihrer Schadloshaltung sich von seinem Fleische nähren, wenn er tod ist, und ihnen nicht mehr schaden kann.   Dem sey wie ihm wolle, so wird dieses vermeynte Oel folgendergestalt verfertiget.   Man zerhackt, oder stößt so gar in einem Mörsel das Fleisch von einem männlichen Reiher.   Dieses zerhackte Fleisch thut man in eine Flasche mit weitem Halse, die fest zugemachet werden, und 14 Tage oder 3 Wochen an einem warmen Orte stehen bleiben muß.   Wenn das Fleisch verfault ist, so wird es zu einer Substanz, die dem Oele nahe kommt, und dann vermischt man es mit einem kleinen Kuchen von Hanfsaamen, oder mit Brodkrume, Honig und ein wenig Bisam. Man giebt vor, daß die meisten Fische, und besonders die Karpen sehr lüstern nach dieser Lockspeise sind n).

Wir können hier unmöglich alle die Arten von **Teigen** anführen, die bequem seyn sollen, die Angelhaken damit zu beködern.   Wir wollen nur einige beschreiben, wovon **Walton** viel Rühmens machet.

D 3   Man

n) Dieses sogenannte Reiheröl wird sonderlich von Fischdieben, denen es sehr bekannt ist, gebrauchet. Sie bestreichen sich damit Hände und Füße, geben sodann ins Wasser und fangen die Fische, die ihnen ganz nahe kommen, mit den Händen. D. Ü.

Man muß, sagt er, Kaninchen- oder Katzenfleisch klein hacken, es in einem Mörsel mit Bohnen- oder mit andern Mehle zerstoßen, ein wenig Zucker oder Honig dazu
thun, und indem man es auf allen Seiten wohl knetet, ein wenig weiße gehackte Wolle
damit vermischen, welches nöthig ist, um Kugeln davon zu verfertigen, die fest genug
sind, daß sie an den Angelhaken hängen bleiben.

Walton giebt auch den Rath, in einer hölzernen Schüssel Schaafsblut so lange
stehen zu lassen, bis es halb trocken worden ist; wenn es nun hinlänglich hart geworden,
so soll man es in Stücken von solcher Größe schneiden, die der Größe des Angelhakens,
woran es angehängt werden soll, gemäß ist. Er fügt hinzu, daß ein wenig Salz das
Blut verhindert, schwarz zu werden, und dabey den Köder nur desto besser machet.

Walton rühmt überdieß folgenden Köder, als einen solchen, der sich zu allen
Gattungen von Fischen schicket. Man nehme eine oder zwo Hände voll von dem schönsten und größten Weizen, und lasse ihn in Milch sieden, bis das Körngen recht weich
geworden. Alsdenn richte man ihn bey einem kleinen Feuer mit Honig und ein wenig
Safran, den man in Milch hat zergehen lassen, zu. Mit diesen Körnern ködert man die
kleinen Angelhaken; man kann aber auch bey den Lockspeisen, die in Körben auf den
Grund niedergelassen werden, (Appâts de fond), wovon wir bald reden werden, guten Gebrauch davon machen.

Es geben auch alle Arten von Fischregen gute Lockspeisen ab, wenn man im süßen
Wasser fischen will: doch giebt man dem Lachs- und Forellenrogen in dieser Absicht den
Vorzug für allen andern. Die Art sie zu bereiten, besteht darinne, daß man sie auf
einem warmen Dachziegel ein wenig hart werden lässet. Wenn man nun Gebrauch davon machen will, so werden Stücken von gehöriger Größe davon abgeschnitten.

Anstatt sie hart werden zu lassen, wie wir eben gesagt haben, hängen einige Stücken von der Größe einer kleinen Nuß, frisch an kleine Angelhaken an. Dieser Köder
kann 8 Tage an einer Angel bleiben. Wenn man sich desselben länger bedienen will, so
hängt man ihn auf, damit er trocken werde, und weicht ihn ein wenig in Wasser, um
ihn mürbe zu machen, wenn man ihn brauchen will.

Es giebt einige, welche, den Rogen lange Zeit zu erhalten, auf den Boden eines
Topfes eine Schicht Wolle und sodann den Rogen mit ein wenig Salz bestreut darauf legen; alsdenn machen sie wieder eine Schicht Wolle und eine Schicht Rogen und Salz,
bis der Topf voll ist.

Wie

Wir führen dieſe verſchiedenen Lockſpeiſen aus dem Walton, einem engländiſchen
Schriftſteller an, welcher in Anſehung des Fiſchfanges mit der Angel ſehr berühmt iſt;
und wir müſſen hier ſagen, daß dieſes nicht unſere eigenen Bemerkungen ſind.

Fortſetzung des 3ten §. von den natürlichen oder künſtlichen Inſecten, welche man in England zum Fiſchfange mit der Ruthe braucht.

Da die Engländer ein beſonderes Vergnügen darinne finden, mit der Ruthe zu
fiſchen, ſo hat ſie der häufige Gebrauch, den ſie von dieſem Fiſchfange machen, in den
Stand geſetzt, zu verſuchen, welche Inſecten die beſten Lockſpeiſen abgeben; und da dieſe
Inſecten ſich nur in gewiſſen Monaten des Jahres ſehen laſſen, ſo haben ſie geſucht, die
Geſtalt und die Farbe dererjenigen nachzuahmen, welche ſie für die beſten zu dieſem Zwecke
befunden haben.

Dieſe gemachten Inſecten, die wir aus England bekommen haben, ſind mit einer
bewundernswürdigen Kunſt verfertigt. Gleichwohl können wir nicht ſagen, daß ſie die
natürlichen vollkommen nachahmen; und vielleicht iſt dieſe Bedingung auch nicht ſo gar
nothwendig, weil wir ſchon im Vorhergehenden geſehen haben, daß es Fiſche giebt, die
an nachgemachte Fiſche anbeiſſen, welche weit entfernt ſind, die natürlichen nachzuahmen, und doch gleichwohl zur Lockſpeiſe anderer gebraucht werden o). Man wird ſich
auch erinnern, daß man einige Gattungen von Fiſchen mit einem kleinen Stücke rothem
Tuche fängt. Dem ſey wie ihm wolle, da Walton und Cotton, die in England
für vortreffliche Ruthenfiſcher gehalten werden, die Kunſt, verſchiedene Arten von Inſecten nachzumachen, ſehr umſtändlich beſchrieben haben, ſo halten wir uns für verpflichtet,
unſern Leſern ihre hauptſächlichſten Proceſſe mitzutheilen: ich ſage die hauptſächlichſten;
denn vermuthlich wird man es uns Dank wiſſen, daß wir viele Kleinigkeiten, die ſich in
den Werken obgedachter Schriftſteller befinden, weggelaſſen haben.

Die Fig. 6, 7, 8, 9 und 10. auf der XVI. Kupfertafel ſtellen Angelhaken
vor, die mit ihren kleinen, und angemachten Lockſpeiſen, ſo wie ſie uns aus England zu-
gerichtet worden, verſehen ſind. Es ſcheint, daß man durch die 7. und 9. Figuren
rauche Raupen, und durch die 6, 8, 10te Figuren geflügelte Inſecten habe vorſtellen wollen; die wir aber zu keiner Art von Inſecten, welche wir kennen, zu zählen wiſſen, ob ſie gleich alle ſehr ſauber gearbeitet ſind.

Walton

o) Der Herr Verfaſſer ſcheinet hier das Abſehen auf die bleyernen Löder auf der VII. Kupfertafel zu richten, welche Fiſche vorſtellen ſollen. D. S.

Walton sagt, daß die geflügelten Insecten, sie mögen natürlich oder gemacht seyn, zum Fange der Forellen, der Aschen p) (de l'Ombre), der Barsche, der Lächse und anderer sehr bequem, und daß die kleinsten den großen gewöhnlich vorzuziehen sind. Er fügt hinzu, daß es bey trüben Wetter besser sey, wenn man von Insecten, die eine helle Farbe haben, Gebrauch machet; und daß man bey heitern Wetter, wenn die Sonne scheinet sich mit mehrern Vortheile der dunkelfärbigen bediene. Hieraus macht er den Schluß, daß man beyde haben müsse, um sich derselben nach den eben angezeigten Umständen zu bedienen.

Gegen die Meynung dieses berühmten Ruthenfischers behaupten andere, die gerne alles was sie vornehmen, schwer machen, daß man in allen Monaten des Jahrs verschiedene Insecten brauchen müsse; ohne dabey zu erwägen, daß so, wie die Jahreszeiten warm oder kalt sind, eben dieselben natürlichen Insecten in einem Jahre 3 Wochen oder einen Monat eher kommen, als in dem andern.

Walton, welcher die Vermehrung der Schwierigkeiten zu vermeiden sucht, sagt ausdrücklich, daß 3 oder 4 wohl gemachte Insecten, und die eine mittlere Größe haben, hinreichend sind, das ganze Jahr in den meisten Flüssen damit zu fischen, ausgenommen in großer Kälte im Winter q). Cotton behauptet, daß man mit den Insecten, die er anzeigt, Forellen im Monat Jenner mit mehrerem Grunde als im Monat Februar fangen könne, wenn die Witterung gelinde ist. Vermittelst dieser Bedingung nähert er sich der Meynung des Walton; dem ohnerachtet behauptet er, daß man eine große Verschiedenheit von Insecten haben, und daß man sehr vorsichtig zu Werke gehen müsse, wenn man künstliche machen will. Der große Ruhm, den die Engländer in dem Fischfange mit der Ruthe suchen, macht uns also verbindlich, diejenigen die einen besondern Geschmack an diesem Fischfange haben, nicht eines Theiles der Erläuterungen zu berauben, die man in den Werken der Engländer, sowohl in Ansehung der Wahl der Insecten, als der Art, sie nachzumachen, antrift. Allein wir glauben, daß man uns Dank wissen werde, wenn wir uns bloß auf die Hauptgegenstände einschränken; weil uns so wie dem Walton, die große Weitläuftigkeit der Engländer sehr unnütze geschienen hat.

Cotton giebt, wie ich glaube, auf eine sehr sinnreiche Art den Rath, daß man die Insecten, welche die Flüsse, wo man fischen will, besuchen, zu Lockspeisen wählen solle,

p) *Salmo* Thymallus LINN. *Syst. nat.* pag. 512. Das ist der Fisch, wovon das bekannte Aschenfett gemacht wird; welches ich bey Pferden, die ins Auge geschlagen werden, mit ganz besondern Nutzen gebraucht habe. D. S.

q) Die Regenwürmer werden bey unsern Flußfischen den ganzen Sommer über, als eine der besten Lockspeisen gebrauchet. D. S.

solle, und sagt, daß die Fische dieser Flüsse allezeit lieber an selbige, als an diejenigen, die ihnen so zu reden fremde sind, anbeißen.

Er glaubt überhaupt, daß gewisse Raupen und die Schmetterlinge, die davon herkommen, so wie die Wassernotten [r] und die geflügelten Insecten, welche das Ziel ihrer Verwandlung sind, Leckspeisen abgeben, die für vielen andern den Vorzug verdienen; und daß man hauptsächlich diese nachahmen müsse, um sich derselben zu denen Jahreszeiten, da man keine natürliche Insecten haben kann, zu bedienen. Da es viele Oerter giebt, wo man keine Leute antrifft, die sich mit der Verfertigung künstlicher Insecten beschäfftigen, so haben wir geglaubt, daß uns unsere Leser Dank wissen würden, wenn wir ihnen einen Theil der Anweisungen, die man in den Schriften der Engländer findet, vor Augen legten, und uns dabey nur auf das, was das Interessanteste ist, einschränkten [s].

Hier kommen anfänglich die verschiedenen Substanzen vor, welche diejenigen brauchen, die behaupten, daß man die Gestalt und die Farbe der Insecten sehr abwechseln müsse.

Zu den Schnuren, woran die Angelhaken gebunden werden, kommen Seide, Haare, Pittefäden, Seidenwürmerdärmer, die wir aus China bekommen [t], und in Ermangelung dieser, Katzendärme gebraucht werden. Man kann hierbey zu Rathe ziehen, was wir in dem Artikel von den Angelleinen davon gesagt haben.

Zu dem Körper der Insecten nimmt man Cannelet, Moße und andere feine Zeuge von verschiedenen Farben. Wir meynen dieses sowohl von gesponnener Wolle, als von gezwirnter und roher Seide, die oft mit Wachse von verschiedenen Farben abgerieben wird, und endlich auch von dem Gold- und Silberdrate.

Um

---

r) *Phryganea* LINN. D. S.

s) Es scheinet, daß der Erfinder dieser künstlichen Insecten ein zärtliches Herz gehabt, und dabey hauptsächlich darauf gesehen habe, viel kleine Fische und andere lebendige Creaturen von einem so qualhaften und langsamen Tode, als das Anspießen an dem Angelhaken ist, durch seine Erfindung zu befreyen. Es scheinet aber auch, daß an den wenigsten Orten, wo mit der Angelruthe gefischet wird, und wo an kleinen Fischen, Fröschen, Regenwürmern, Schnecken, verschiedenen lebendigen Insecten und dergl. davon das öconomische Lexicon unter dem Worte

Köder ein ziemlich weitläuftiges Verzeichniß liefert, in denen Jahreszeiten, da die Angeln gebraucht werden, kein Mangel ist, wenig Gebrauch von diesen künstlichen Insecten zum Fischfange werde gemacht werden. D. S.

t) Das übersteiget doch in aller Absicht die Glaubwürdigkeit, daß die Chineser aus Seidenwürmerdärmern einen Handelsartikel machen sollen. Vermuthlich ist es *Fucus* Tendo LINN. was hier für Seidenwürmerdärmer ausgegeben wird. Die Fäden von diesem Gewächse kommen aus China, und werden auch in England zu Angelschnuren gebraucht. D. S.

R

Um das Haarige, womit gewisse Insecten überzogen sind, oder auch ihre Fühlhörner nachzumachen, nimmt man zuweilen Wolle, von alten türkischen Tapeten; Haare von verschiedenen Gattungen von Thieren, als von Eichhörnern, Hunden, Katzen, Füchsen, Haasen, Bären, Seehunden, selbst von Schweinen, welche unter der Gurgel, und an einem schwarzen Flecken bey den Augen sehr feine Haare haben, und von andern Thieren.

Die Flügel werden zuweilen von zarten Häutgen, am häufigsten aber von schmalen Federn gemacht, die an dem Halse und auf dem Kopfe der Hähne und Kapaunen sitzen. Die Enten, die Fasanen, die Brachvögel, die Pfauen und viele andere Vögel haben auch Federn, die zu diesem Gebrauche bequem sind.   Man giebt ihnen mit der Schere die Gestalt, die sie haben sollen.   Unterdessen sagt Walton, welcher, wie wir bereits ans geführet haben, die gemachten Insecten auf eine sehr kleine Anzahl herunter setzt, daß für die Forellen und andere Fische sehr gute Insecten von Bärenhaaren gemacht werden könnten, wenn sie mit braunen Haaren von verschiedenem andern Thieren vermischt wür- den. Er giebt dabey den Rath, daß man, um von der Farbe der Haare oder einer Feder wohl zu urtheilen, selbige zwischen das Auge und die Sonne halten müsse.

Das Talent derer, die sich mit diesen kleinen Arbeiten beschäfftigen, besteht darinne, daß sie unter allen eben angezeigten und vielen andern Materien diejenigen wählen, welche in Ansehung ihrer Farbe, ihrer Stärke und ihres Gewebes am geschicktesten sind, die natürlichen Insecten nachzuahmen; allein Walton merkt dabey an, man solle mit fei- nern Haaren, Seehundhaaren, die gefärbet werden könnten, Bärenhaare, und die Haare unter der Gurgel der Schweine zu vermischen suchen, weil diese steifern Haare die andern, welche wenn sie naß werden, sich legen und auf einander drücken, aufrecht halten.

Auch hat Walton angemerkt, daß, da man die Größe der gemachten Insecten nach der Größe der natürlichen, die man nachahmen will, einrichten muß, man ohngefehr bey der Größe der rauchen Raupen, die 15te Figur, in Ansehung der Größe einer Ephemere u) die 1ste Figur, und bey den Insecten, die nicht eigentlich groß seyn dörfen,

---

u) Hierunter ist zu verstehen der Auft (vom Mo- nat August welches seine Zeit ist,) oder das fliegen- de Uferaaß oder der Haft; das Insect, dessen Le- bauslauf Swammerdam also beschreibt: Es kommt aus dem Wasser; es zerplatzet; es legt seine Haut ab; es fliegt davon; es häu- ret sich abermals; es flieget auf und nie- der; es sucht seinen Gatten; es paart sich; es legt Eyer; es stirbt; und das al- les in zwo oder drey Stunden. Weitläuf- tiger und recht schön ist die Beschreibung, die der Herr D. Schäfer zu Regenspurg im Jahre 1757 durch den Druck bekannt gemacht hat. Diese Insecten werden mit Lehme vermenget, so- dann Kugeln daraus gemacht, und im Backofen getrocknet, damit sie sich länger halten. Zum Angeln

dörfen; die 16te Figur zum Muster nehmen, und daß, wenn sie klein seyn sollen, man sich nach der 1 ten Figur richten könne. Hieraus siehet man, daß nach Waltons Urtheile es hinreichend ist, wenn die gemachten den natürlichen nur beynahe gleich kommen.

Um ein künstliches Insect anzumachen, hält man den Stiel des Angelhakens zwischen dem Daumen und dem Zeigefinger, die Spitze des Hakens unterwärts, den Ring auswärts, und die Krümmung auf die Seite der flachen Hand. Wenn nun das Insect einen etwas dicken Körper hat, so macht man ihn von einem kleinen Streifen von dünnen Zeuge, der mit einem seidenen Faden umwickelt wird. Wenn der Körper dünne seyn soll, so macht man ihn bloß durch die Umwickelungen gezwirnter oder roher Seide, von gehörig ausgesuchter Farbe, und mischt Gold- oder Silberdrat darunter, nachdem das Insect die Farbe und den Glanz eines von diesen beyden Metallen hat.

Wenn das Insect haarig seyn soll, so bedient man sich eben dieser Fäden, die Haare und die Wolle damit zu befestigen, die man darauf mit der Schere abschneidet, oder das äusserste davon bey der Flamme eines Lichtes abbrennet, damit sie die gehörige Länge bekommen.

Wenn das Insect geflügelt seyn soll, so macht man diese Theile von Federn, welche fest und gerade sind. Man schneidet sie mit der Schere zu der Größe und Gestalt der Flügel des Insects, das man nachahmen will. Damit sie recht feste an dem Körper sitzen, so wickelt man bey dem Gelenke der Flügel oder bey ihrer Befestigung an dem Körper einen seidenen Faden vielmals herum, und damit sie die Stellung, die sie haben müssen, bekommen, muß man mehrere Umwickelungen machen, die sich kreuzen. Man fährt darauf fort, den hintern Theil bald platt, bald rauch zu machen; wobey man vorher viel große Haare hinzufügen muß, wie die 13te Figur ausweiset. Man muß aber darauf sehen, daß der Körper des Insects nicht die ganze Länge des Angelhakens einnehme. Es ist so gar besser, wenn er nicht bis an den Wiederhaken geht, so wie die verschiedenen Figuren dieses zu erkennen geben.

Wir haben schon gesagt, daß es uns nicht möglich gewesen wäre, genau zu bestimmen, zu welchen natürlichen Insecten die gemachten zu rechnen wären, die wir aus England bekommen haben. In Ansehung der Insecten, die man in den Werken des Wal-

R 2 ton

Angeln schicken sie sich nicht, weil sie zu klein sind, sondern werden nur an denen Orten, wo die Körtung erlaubt ist, in Garnsäcken und Reusen gebraucht. Nach der chursächsischen Fischerordnung sind alle Körrungen den Fischern verbothen. Wann dergleichen Kugeln mit dem Hefte in Teiche geworfen werden, so giebt dieses eine der besten Nahrungen der Fische ab. D. S.

ton und Cotton gezeichnet findet, sind wir beynahe in eben der Verlegenheit gewesen. Dieses ist noch nicht alles; es ist uns auch nicht möglich gewesen, die französischen oder lateinischen Benennungen der Insecten, welche in diesen Werken mit engländischen Namen stehen, zu entdecken. Sie brauchen dazu gemeine Ausdrücke, als z. E. ein Insect, das sich unter den Tropicis befindet, (l'insecte à feru), der Umwinder, (le Tournoyant) und andere, die mit denen, welche die Naturkündiger brauchen, keine Verbindung haben, und kein wirkliches Kennzeichen derselben bestimmen. Auch die Beschreibungen, die sie geben, wie man diese Insecten durch die Kunst nachmachen soll, zeigen die Gestalten nur auf eine seichte Art an, die nichts genaues bestimmt. Weil also diese Insecten sehr willkührliche Benennungen und Gestalten zu haben scheinen, so würden wir das Umständliche vergeblich anführen, was die engländischen Schriftsteller davon sagen. Es scheint, daß diejenigen, die verschiedene natürliche Insecten nachmachen, hierinne ihrem Geschmacke folgen, und daß es ihnen um so mehr gelingt, je mehr sie Geschicklichkeit und Geduld besitzen. Denn wir haben aus England dergleichen gemachte Insecten kommen lassen, welche mit so vieler Kunst und Feinheit gearbeitet sind, daß man sie bewundern muß; und man wird wohl thun, wenn man sie mit Aufmerksamkeit untersucht, um sie nachzumachen. Dieß ist die Ursache, warum wir einige auf der XVI. Kupfertafel haben stechen lassen; und damit unsere Leser das Vergnügen haben mögen, sich von den in den engländischen Schriften befindlichen Anweisungen einen Begriff zu machen, so werden wir hier einige mit einrücken.

Die 18te Figur stellt dasjenige vor, das sie Ant-Fly, das ist, geflügelte Ameise nennen. Eine solche Ameise sollte nach unsern Naturkündigern 2 Fühlhörner, einen breiten Kopf, einen schmalen Hals, 6 Füße und 4 Flügel haben, welches aber mit dem Insecte Fig. 18. nicht übereinkommt. Unterdessen sagt Swammerdam, wie Walton, daß die geflügelten Ameisen überhaupt einen dicken und runden Leib wie eine Flasche haben. Walton behauptet, daß der Körper dieser Insecten im Monat Junius von einem braunen und rothen Camelot, mit hellgrauen Flügeln gemacht werden sollte; daß aber die im Monat August Flügel von dunkler Farbe, und einen Körper von recht schwarzen Kuhhaaren haben müssen, der besonders am Ende des Bauches ein wenig roth schattirt ist. Er rühmt dieses sehr in Ansehung des Fischfanges.

Wir kennen keine Ameisen, deren Bauch sich roth endigt; aber es kann welche in England geben, um so mehr, da Ray sagt, daß er in diesem Reiche zwo Arten derselben bemerkt habe, eine von einem schwarzen Rothe, und die andere röthlich, und zwo von mittlerer Größe, wovon die eine roth, und die andere von einem schönen Schwarz glänzte.

Das

Das Insect Fig. 17. wird in England Hawthorn-Fly, welches Weißdorn-fliege bedeutet, genennet, und man sagt, daß es, so bald die Blätter ausschlagen, auf allen Weißdornsträuchern gefunden werde. Es soll sehr klein, ganz schwarz, und je kleiner es ist, desto besser zum Forellenfange zu gebrauchen seyn. Die Anweisungen, die man giebt, es nachzumachen, sind auch nicht sehr umständlich; es wird bloß ge-sagt, daß man schwarze Federn von dem Halse eines Hahns, oder das rothe Haar von einem Schweine dazu nähme.

Es gefällt den Engländern, das Insect Fig. 16. Dun-Cat, welches vielleicht Poil de couleur tannée et rogné, das ist, lohfarbiges und beschnittenes Haar bedeutet, zu nennen. Das ist eines von denen, welche in allen Arten von Wassern zum Forellenfange dienen sollen. Man rühmt den Gebrauch desselben besonders im Monat May. Einige machen den Körper von Bärhaaren, welche kurz und von lohfarbe sind, und sie mischen ein wenig lila und Gelbes darunter. Sie geben ihm breite Flügel, die von eben dem Haare wie der Körper, aber von lohfarbe und unvermischt gemacht sind. Was die Fühlhörner anbetrifft, so werden sie von den Haaren am Schwanze eines Eich-hörngen gemacht. Andere machen den Körper dieses Insects von dem Haare eines jun-gen Bären, und von ein wenig gelber und grüner gesponnener Wolle; sie überziehen al-les mit einem gestickten Grün oder Gelb, und machen die Flügel von den Federn eines Wachtelkönigs, (Rale de Terre).

Nach unsern Naturkündigern sollte das Insect Fig. 13. der Haft oder Auß seyn, weil es die einzige bekannte Art ist, die an dem hintern Ende 3 Haare hat. Die 12 Schwimmfüße (Appendices ou nayeoires) welche das Insect beständig mit vieler Geschwindigkeit beweget, machen auch ein Kennzeichen dieses Insectes aus. Wir wissen auch nicht, daß es nach Art der Wassermotten in einer Röhre (Etui) wohnet, wie Cotton und einige andere Engländer vorgeben. Die Würmer oder larven unserer Ephemeren halten sich in löchern auf, die sie am Ufer dem Wasser gleich in die Erde machen.

Da das Insect, Fig. 13. gelb, grün schattirt, und mehr oder weniger glänzend ist, so nehmen die Engländer zwo Gattungen desselben an, eine grüne und eine graue. Sie nennen sie Green-Drake, und Grey-Drake. Diese beyden Gattungen sind zum Fange der Forellen gleich schätzbar. Das ist auch eines von den vornehmsten Insecten, welches die engländischen Fischer mit dem Namen May-Fly, oder Mayfliege beziehen.

Da wir sie zu keinem derer Insecten, die wir kennen, so genau zu rechnen wissen, so wollen wir die engländische Beschreibung davon vor Augen legen. Der Körper ist

R 3

bald

bald blaß, bald dunkelgelb, grün gestreift, länglicht, dünn, und endigt den Schwanz mit einer Spitze, an deren Ende 3 lange feine und beynahe schwarze Borsten sind. Der Schwanz hält sich oft in die Höhe. Dieses Insect fliegt gewöhnlich zu einer beträchtlichen Höhe in die Luft. Man findet es hauptsächlich an dem Ufer des Wassers im Monat May, besonders wenn sich die Witterung zum Regen neiget; und zuweilen ist es in so großer Menge, daß man dafür erschrecken würde, wenn man nicht wüste, daß es keinen Schaden thut. Bey stillem Wetter, wenn die Wasser ruhig sind, siehet man sie oft mit kleinen Wellen in Gestalt eines Zirkels bedeckt, welche die Fische machen, die sich in die Höhe heben, um sich an diesen Insecten zu sättigen, und sie füllen sich zuweilen so damit an, daß sie sie durch das Maul wieder von sich geben, welches auch mit unserm Haft oder Auft geschiehet, das die Fischer das Manna der Fische nennen.

Cotton sagt, dieses Insect ließe sich in der Mitte des Mayes sehen, mitten im Monat Junius verschwände es, und die wahre Zeit, sich desselben mit Vortheile zum Fischfange zu bedienen, wäre das Ende des Mayes, und der Anfang des Junius.

Es giebt, wie wir gesagt haben, eine Art von eben diesem Insecte, welche von einem blassen, ins Grüne fallenden Gelb, und in der ganzen Länge seines Körpers schwarz gestreift ist. Seine Flügel sind von einem lebhaften Schwarz, beynahe so zart als eine Spinnewebe, und sehr durchsichtig; daher dieses Insect, wenn es natürlich ist, nicht zum Fange mit der Leine auf der Oberfläche des Wassers dienen kann. Allein man macht es geschickt nach, und in diesem Zustande ist es sehr brauchbar, hauptsächlich, wenn sich die natürlichen nicht mehr sehen lassen. Wenn man sie nachmachen will, so nimmt man zum Körper Wurzeln von Schweinshaaren, und von den schwarzen Haaren eines spanischen Hundes. Darauf macht man die Streifen von schwarzer Seide, und die großen Borsten des Schwanzes von den Barthaaren einer schwarzen Katze. Die Flügel, welche schwarzgrau sind, werden von Entenfedern gemacht.

Die Gattung eben dieses Insects, welche die Engländer Green-Drake nennen, ist, wenn man sie lebendig hat, sehr gut zum Fischfange. Daher versorgen sich die Fischer damit, und thun sie in eine Büchse, deren Deckel viele Löcher hat; damit sie sie eine ganze Nacht lebendig erhalten können. Wenn man sich ihrer zum Ködern bedienen will, so nimmt man sie bey den Flügeln heraus, und da es gebräuchlich ist, zwey an einen Angelhaken zu stecken, so sticht man eines unter dem Flügel mit der Spitze des Hakens, der an dem dicksten Ende seines Körpers durch selbiges gehe. Mit dem andern macht man es gleichfalls so, nur mit dem Unterschiede, daß der Kopf desselben auf die andere Seite kommen muß. Sie leben und schlagen mit den Flügeln eine gute

Wirtel-

Viertelſtunde: ihre Flügel müſſen aber nothwendig recht trocken ſeyn, ſo daß man nicht allein zu verhüten hat, daß ſie ſich nicht ins Waſſer tauchen, ſondern man darf auch keine feuchten Finger haben, wenn man das Inſect nimmt, um es an den Angelhaken anzuſtecken.

Die Engländer ſehen dieſes Inſect für geſchickt an, ſowohl in ſchnellen als in ſtillen Waſſern, und zu jeder Stunde des Tages damit zu fiſchen. Sie machen es vollkommen nach, um davon Gebrauch zu machen, hauptſächlich wenn bey übler Witterung dieſe lebendigen Inſecten ſich weder auf dem Waſſer, noch an den Ufern ſehen laſſen.

Da wir verſprochen haben, von den Handgriffen der Engländer, die natürlichen Inſecten nachzumachen, etwas zu gedenken, ſo halten wir uns für verbunden, hier anzuführen, daß Walton den Körper von geſponnener grünlicher oder weidenfärbiger Wolle gemachet wiſſen will, die man an vielen Orten mit gewichſter Seide glänzend macht; und man macht auch mit ſchwarzen Haaren, die zuweilen mit einigem Silberdrat vermiſcht ſind, ſchwarze Striche daran.

Cottons Anweiſung iſt viel verworrener. Er ſagt, daß der Körper dieſes Inſects an einen großen Angelhaken von Kameelhaaren, glänzenden Bärhaaren, und von dem weichen und wolligten Theile der Haare eines Schweines gemachet werden müſſe. Man ſoll ſie mit gelben Camelot vermiſchen, hernach auf der ganzen Länge des Körpers gelbe mit grünen Wachſe gewichſte Seide auftragen, die langen Haare des Schwanzes von Marterhaaren machen. Endlich ſollen die Flügel von weißgrauen Entenfedern, die man gelb färben muß, verfertigt werden.

Man erſiehet hieraus, daß diejenigen, welche in dieſer Arbeit für die geſchickteſten gehalten werden, ſehr verſchiedenen Regeln folgen; woraus ſich ſchließen läſſet, daß man ſich nur befleißigen dürfe, die Inſecten ungefehr nachzuahmen. Es liegt wenig daran, durch was für ein Mittel dieſer Zweck erreichet werde. Es iſt indeſſen wahr, daß es einigen bey dieſer Nachahmung beſſer gelingt, als andern.

Die 15te Figur ſtellet eine rauche Raupe vor, welche die Engländer Palmer, oder Great Hackle nennen. Nach dem Ray iſt dieſes eine lange, falbfärbige, ſehr rauche Raupe, die die Blätter der gemeinen Brombeere zu ihrer Nahrung hat, und die, da ſie den ganzen Winter in dem Zuſtande der Raupe, ohne etwas zu genießen, zubringet, ſich im Frühlinge ein Häuschen macht, worinn ſie ſich in eine Nymphe verwandelt. Im Anfange des Sommers wird eine Phaläne daraus, deren Geſtalt und Farbe nicht ſehr beſtändig iſt, ſondern ſie fällt in ein aſchfarbiges und ſchmuziges Grün, das ſich

nicht

nicht bestimmen läßt.   Die äussern Flügel der Phaläne des Schmetterlinge sind oben von eben dieser Farbe, und wenn sie sich dem Körper nähern, haben sie eine röthliche Aschfarb, durch welche zwo sehr rothe Linien gehen, u. s. f.

Man bedient sich dieser Raupe im Monat Februar, wenn nicht zu viel Eiß und Schnee ist, Forellen damit zu fangen.

Wir übergehen viele andere Insecten, die Cotton unter der Geschlechtsbenennung Hackle anführet; ein Ausdruck, welcher daher kommt, weil man, wenn sie nachgemachet werden, lange und schmale Federn brauchet, die man auf dem Kopfe und am Halse der Hähne und der Kapaunen, welche in England Hackle genennet werden, antrifft.

Beym Cotton kommt unter andern auch ein' Insect vor, welches er Harry-long-legs nennet, das man durch Heinrichs große Beine übersetzen könnte. Es scheint uns eine Gattung der Wanzen zu seyn, welche mit ihren langen Beinen auf stillen Wassern leicht hinlaufen, als wenn diese Wasser ein fester Körper wären x). Man findet sie oft so gar auf dem Wasser gepaart. Herr Geoffroy beschreibt zwo Gattungen, die schwarz oder braun sind, und eine schwache Vermischung von Weiß haben. Die engländische Art ist von Lohfarbe und leichtblau schattiret. Man bedient sich ihrer zum Fischfange, besonders im Monate August, und zuweilen fischt man mit gutem Erfolge, wenn auch nur der Kopf des Insects an das Ende einer langen Angelleine angebunden wird.

Die Figuren 19, 20, 21, 22 sind nach den Figuren des Herrn von Reaumur Histoire des Insectes Tome III. Pl. 12. abgezeichnet. Sie stellen Röhren (Fourreaux) y) von Wasserinsecten vor, welche geflügelt werden. Herr von Reaumur nennet sie Motten z) (Teignes). Andere Naturkündiger rechnen sie zu dem Geschlechte der Phryganea, und ihr engländischer Name ist Cadews. Ihre Scheiden sind inwendig von Seide, und auswendig mit verschiedenen Substanzen, als mit kleinen Stücken Holz, Rohr, Wasserlinsen, Strohhalmen, Stücken von Muscheln, groben und feinen Sande, u. s. f. Fig. 25. überzogen. Die meisten von diesen sehr leichten Materien geben den Röhren Festigkeit, ohne ihr Gewicht schwerer zu machen, als das

x) Cimex Lacustris und Cimex Stagnorum Linn. Sie sehen schwärzlich oder dunkelbraun, und die untere Fläche des Leibes schielet ins Schneeweiße. D. S.

z) Fourreau und Etui ist einerley, und bedeu-

tet die Röhre, worinne die Larve der Phryganea lebt. D. S.

y) Diese Motten oder Phryganeen nennet Herr D. Schäfer Frühlingsfliegen, andere nennen sie Afterschmetterlinge. D. S.

das Volumen Wasser, das sie aus seinem Orte verdrängen; so daß das Insect, welches darinnen ist, sich leicht auf den Grund ziehet, und sich an die Wasserkräuter anhänget.

Es geschieht zuweilen, daß die Motte ganze Muscheln an ihrer Scheide hängen hat, in welchen sich lebendige Thiere aufhalten, die sie mit sich schleppt.

Unter den Insecten von dieser Art findet man auch einige, die bloß zwischen zwey Stücken Holz liegen, Fig. 24; und andere, die sich zwischen zusammen gerollten Blättern aufhalten, Fig. 23. Die 14. Figur stellt das Insect ohne seine Scheide vor, so wie man es gewöhnlich antrifft; denn wir können nicht bergen, daß es viele Gattungen desselben giebt, wovon aber hier umständlich zu handeln, ohne Nutzen seyn würde.

Diese Wassermotten werden, nachdem sie in Puppen verwandelt worden, zu fliegenden Insecten, Fig. 11. und 12. die der Herr von Reaumur Papillonacées nennet, weil dieses Insect beym ersten Anblicke wie ein Schmetterling aussieht. Allein seine 4 Flügel sind nicht wie die Flügel der Schmetterlinge mit Staube bedeckt, und sie sind häutig wie die Flügel der Fliegen.

Nach unsern engländischen Schriftstellern bedient man sich nicht allein des fliegenden Insectes, sondern auch der Motten, hauptsächlich derer, die von einer etwas beträchtlichen Größe sind, zur Lockspeise.

Wir haben im Vorhergehenden gezeiget, wie das fliegende Insect an den Angelhaken angespießt wird, um einen Köder davon zu machen. In Ansehung der Motte rathen unsere Schriftsteller an, daß man sie einige Tage in einem wollenen Sacke, auf dessen Boden Sand ist, verwahren, diesen Sack täglich einmal anfeuchten, und ehe sie an den Angelhaken angesteckt wird, ihr den Kopf mit dem Darme, der daran hängen bleibt, abreissen solle. Alsdenn wird der Körper der Länge nach an einen sehr kleinen Angelhaken gespießt, wobey man das Insect so viel als möglich schonet. Ein Umstand, den wir nicht übergehen dürfen, ist, daß man ein kleines Stück Bley an den Stiel des Hakens binden muß, damit es das Insect ins Wasser ziehe; denn es muß eher als die Leine hinein kommen.

Es wird vielleicht denen, die diese Insecten am Leben erhalten wollen, nicht unangenehm seyn, wenn wir ihnen aus des Herrn von Reaumur Werke anzeigen, daß sie im faulen Wasser eher sterben, als in der Luft, daß sie aber im hellen und reinen Wasser sich sehr gut beym Leben erhalten lassen.

S   Cotton

Cotton redet auch von einem Insecte aus der Classe der Käfer, dessen Flügel mit einem schuppigten Ueberzuge bedeckt sind, und das man auf der Oberfläche des Wassers, wo es Zirkel macht, schnell laufen und sich herum drehen siehet. Wegen dieser Eigenschaft haben ihm einige Naturkündiger den lateinischen Namen Gyrinus beygelegt, womit die engländische Benennung Whirling-Dun übereinstimmet. Herr Geoffroy hat eines davon zu dem Geschlechte der Erdflöhe (Altises) gerechnet, ein anderes zu dem Geschlechte der Gyrinus, welches er auf Französisch Tourniquet nennet *).

Cotton sagt, es gäbe ein sehr kleines, welches im März hervor käme, und alsdenn zum Forellenfange dienete. Ein anderes, welchem, wie er vorgiebt, dieser Name eigentlich zukommt, läßt sich gegen den 12ten März zuerst auf dem Wasser sehen. Alle beyde sind braun, und ihre Röhren (Etuis) mit Grau vermischt. Man braucht sowohl natürliche als künstliche, indem in Ansehung des Forellenfanges vom halben April bis gegen Ende des Junius viel Rühmens davon gemacht wird.

Die dritte Gattung ist größer als die vorigen, welchen sie ausserdem ähnlich siehet. Ihre Röhren sind von blasser Citronenfarbe. Man siehet diesen Käfer beynahe den ganzen Sommer aus dem Rohre in den meisten Flüssen hervor kommen, die einen Ueberfluß an Forellen haben, und dieses beynahe allezeit sehr spät des Abends, und selten vor Untergang der Sonnen. Es wird hauptsächlich vom halben Monat May bis zu Ende des Julius Gebrauch davon gemacht.

Ueberdieß brauchen auch die Engländer in den Monaten Junius und Julius viele Arten von gemachten Heuschrecken.

Sie bedienen sich auch hiezu künstlicher Schnaken b) (Tipules), welche die Engländer, so wie die Schnaken überhaupt Gnats nennen; und sie machen hauptsächlich im Monat Januar, wenn schöner Sonnenschein und nach der Jahreszeit Wärme genug ist, von einer sehr kleinen Gattung Gebrauch, welche lohfarbig, aber glänzend ist. Andere Insecten dienen in den Monaten März, May und Junius zu Ködern.

Die Engländer bedienen sich auch vieler anderer Insecten; aber wir halten es für unsere Schuldigkeit, hiervon abzubrechen. Der Ruhm der angeführten Werke der Engländer hat uns zu einer Ausschweifung verleitet, welche wir hier schliessen müssen, um zu andern Gegenständen, die viel wichtiger sind, zu schreiten.

§. 4.

---

a) *Gyrinus* LINN. ist der allerkleinste Wasserkäfer mit ganz kurzen Füßen. Rösel W 3. B. 91. *Alticae* GEOFFROY sind die Erdflöhe, D. S.
　　Chrysomelae saltatoriae LINN. D. S.
　　b) D. I. der sehr langbeinigen Mücken.

§. 4. Wahl des Ortes zum Fiſchfange.

Nun ſind die Stäbe oder Ruthen zubereitet, und die Haken geködert; es kommt alſo itzt darauf an, einen zu dieſem Fiſchfange bequemen Ort auszuſuchen. Er muß eine ſehr beträchtliche Tiefe von Waſſer haben; der Grund muß gleich, ohne Steine, Holz, Waſſergewächſe, und ohne Schlamm ſeyn, damit nicht allein der Fiſch den Köder gewahr werden kann, ſondern daß er ſich auch, wenn er ſich geſtochen fühlet, nicht an Oerter verbergen kann, wo es viele Mühe koſten würde, ihn heraus zu ziehen.

Es iſt auch nothwendig, daß das Waſſer zugänglich, und die Ufer nicht zu ſteil ſind. Am beſten iſt es, wenn die Erde und das Waſſer von gleicher Höhe ſind, oder einen ſanften Abhang haben, wie eine Pferdeſchwemme. Denn da der Fiſch alle ſeine Kräfte zuſammen nimmt, um zu entwiſchen, wenn man ihn aus dem Waſſer ziehen will, ſo muß es ein geſchickter Fiſcher ſeyn, der ſeine Beute nicht verlieren will; und die großen würden allezeit davon kommen, wenn man nicht die Vorſicht gebrauchte, wovon wir gleich Meldung thun wollen; welches hauptſächlich geſchehen muß, wenn das Ufer ſteil, und viel höher iſt, als das Waſſer.

Das das Waſſer ſelten mit der Erde in einer Gleiche gefunden wird, ſo kann man dieſem Mangel vermittelſt einer großen Tafel abhelfen, welche noch bey vielen andern Umſtänden von einem nützlichen Gebrauche iſt. Man bedecket die Tafel 1 und einen halben oder 2 Zoll dick mit Thon. Ein Ende dieſer Tafel legt man in das Waſſer, und das andere Ende läßt man auf dem Ufer. Dieſes macht eine ſchiefe Fläche, auf welche man den Fiſch führet, um ihn langſam aus dem Waſſer zu ziehen.

Eben dieſe Tafel kann auch in ſchlammigten Boden gut gebraucht werden, um ſich einen Ort zu verſchaffen, worauf man die Angel legen kann. Damit aber der Fiſch nicht ſcheu werde, muß man die Tafel einige Tage vorher an ihren Ort, und eine lockſpeiſe darauf legen, damit der Fiſch angelocket werde. Es iſt überhaupt eine gute Vorſicht, wenn man die Fiſche durch Köder, welche ſie, wie wir gleich zeigen werden, herbey ziehen, an die Oerter, wo man fiſchen will, zu locken ſucht.

§. 5. Von den Ködern auf dem Grunde.

Die Fiſche zu bewegen, daß ſie die Oerter, wo man fiſchen will, ſuchen, biethet man ihnen Nahrungsmittel an, wornach ſie lüſtern ſind. Man vermiſche daher zuweilen verſchiedene Arten von Körnern mit Schlamme, womit ein Korb oder ein Faß angefüllt wird, welches auf beyden Seiten offen iſt, und läßt es zu Boden ſinken. Ver-

ſchiedene

schiedene Gattungen von Fischen und besonders die Karpen suchen gerne Körner in diesem Schlamme.

Eine andere Lockspeise, die auf dem Grunde für sehr gut gehalten wird, zu machen,
weicht man große sogenannte Saubohnen eine Nacht ein, und läßt sie darauf in Wasser,
worinne die Hülsenfrüchte gut kochen, halb kochen. Wenn sie so weit sind, so thut man zu dem
vierten Theile eines Scheffels Bohnen ein Viertelpfund Honig, nebst ein paar Bisamkör-
nern, und nimmt hernach den Topf vom Feuer, ehe die Bohnen ganz gekocht sind. Will
man nun von dieser Lockspeise Gebrauch machen, so legt man davon kleine Haufen auf
die Erde, womit die Tafel bedeckt ist, und drückt sie mit der Hand darauf, damit die
Bohnen fest bleiben; oder man macht Klöße davon, die mit den Händen zusammenge-
drücket, und auf den Grund, wenn er nicht schlammigt ist, geworfen werden.

Einige von den größten Bohnen können zurück behalten werden, die Haken damit zu beködern.

Die Keuhme von gekautem Brodte giebt auch eine sehr gute Lockspeise auf dem
Grunde ab. Man kann sich auch eines Teiges bedienen, der von Katzen- und Kani-
nichenfleisch gemacht ist, wovon wir oben geredet haben. Um es zu diesem Gebrauche zuzubereiten, knetet man es mit Jungfernwachs und Honig, und macht Kugeln davon, die
man ins Wasser wirft.

Die leichteste Grundlockspeise besteht aus einem Teige von Brodkrume, Honig und
ein wenig Assa foetida c).

Man lockt auch den Fisch, hauptsächlich die Karpen, an den Ort, wo man fischen
will, wenn man Kuhmist, oder mit Blute vermischte Kleyen, gekeimten Hafer, Eingeweide von Thieren und andere Dinge ins Wasser wirft.

Es wird auch eine gute Lockspeise auf dem Grunde von einer oder zwo Metzen ge-
keimter und grob gemahlener Gerste gemacht. Man läßt sie in einem Kessel ein oder
zweymal aufwallen, und darauf durch einen Filtrirsack ablaufen. Man kann den Saft,
welcher durch den Sack läuft, den Pferden geben. Wenn das Mark, das sich in dem
Sacke befindet, kalt worden ist, so trägt man es an das Ufer des Wassers gegen 8 oder
9 Uhr des Abends, drückt es mit den Händen, und macht Klumpen davon, die man ins
Wasser

---

c) Für die leichteste und angenehmste Lockspeise auf dem Grund für alle Arten von Fischen halten unsere Angelfischer zerhackte Regenwürmer. Den Karpen sind Kürbisse eine
Delicatesse. D. S.

Waſſer wirft. Wenn der Strohm nicht reiſſend iſt, ſo fallen dieſe Klumpen zu Boden, und bleiben daſelbſt liegen. Den andern Morgen bey Anbruche des Tages gehet man dahin fiſchen. Dieſer Köder gehört beſonders für die Braſſen.

Einige Fiſcher, die noch aufmerkſamer ſind, heften an die Blätter der Waſſerlillien allerhand Arten von Würmern, wodurch die Fiſche herbey gezogen und zugleich angelocket werden, an den Köder, der ihnen alsdenn mit einer Angel dargereicht wird, anzubeiſſen.

Wenn man eine von dieſen lockſpeiſen an einen Ort gelegt hat, ſo unterſucht man Abends und früh, ob ſie verzehret worden iſt. Iſt es geſchehen, ſo weiß man gewiß, daß Fiſche da ſind, und man kann ſich auf einen guten Fang Hoffnung machen. Iſt aber die lockſpeiſe noch da, ſo würde man ſeine Zeit vergeblich verwenden, wenn man an dieſem Orte fiſchen wollte.

§. 6. Vorſicht, welche die Fiſcher brauchen müſſen, die Fiſche zu bewegen, an die Angeln anzubeiſſen, und ſie ans Land zu ziehen, wenn ſie angebiſſen haben.

Da beynahe alle Fiſche vom Raube leben, ſo ſind ſie von Natur begierig, die Gegenſtände, die ihnen neu vorkommen, zu unterſuchen; und dieſer Trieb gereicht den Fiſchern, wenn ſie ſich die Sache recht zu Nuße zu machen wiſſen, zum Vortheile. Denn da die Fiſche von ſich ſelbſt luſt haben, die lockſpeiſen, die man ihnen anbiethet, zu unterſuchen, ſo bekommen ſie auch luſt, ſich derſelben zu bemächtigen. Allein alles Geräuſch, und ſo auch die Bewegungen, die der Fiſcher etwa macht, erſchrecken ſie. Wenn daher die Angelſchnure geworfen iſt, ſo muß man unbeweglich bleiben, wie der Fiſcher E, Kupfert. XV. Fig. 1. und beſtändig das Auge auf den an der Schnure befindlichen Kork (der auf dem Waſſer ſchwimmt,) gerichtet haben; denn die Bewegungen dieſes Korkes ſind es, welche anzeigen, daß ein Fiſch angebiſſen hat. Wenn man dieſes nun gewahr wird, ſo darf man nicht eilen, die Schnure zu ziehen, ſondern man muß dem Fiſche Zeit laſſen, den Köder zu verſchlingen. Dafern man aber ſiehet, daß er den Kork fortziehet, ſo urtheile man, daß er ſich in einer Höhle am Ufer des Fluſſes (Crosne) oder unter die Wurzeln der Bäume (Sourive), oder unter die am Ufer etwa wachſenden Kräuter zu verbergen ſucht. Alsdenn muß man mit der Angelſchnure eine ſchüttelnde Bewegung machen d), um den Fiſch zu ſtechen, und die Spiße des Angelhakens

S 3

d) Das teutſche Kunſtwort iſt, den Fiſch anhaften. Man muß dabey Achtung geben, wo der Fiſch hingehen will. Die Bewegung muß mit der Ruthe rückwärts gemacht werden, damit man den Köder nicht aus dem Maule des Fiſches wieder herausziehe. D. G.

gelhakens in seinen Schlund einbringen zu laffen.   Das ist der Augenblick, da sich die
großen Fische sehr quälen; und anstatt die Schnure zu ziehen, muß man sie ihnen nach
und nach laffen, damit sie von einer Seite auf die andere gehen können, bis man gewahr
wird, daß sie müde sind, und ihnen die Kräfte entgehen, da es denn Zeit ist, sie langsam ans Ufer zu ziehen.

Bey kleinen Fischen ist die Stärke der Schnure hinreichend, ihren Bewegungen
zu widerstehen: allein bey großen Fischen, die an den Köder angebiffen haben, wird viel
Vorsicht und Geschicklichkeit erfordert, wenn man sie nicht verlieren will.

Einige Fischer, welche große Haken und sehr starke Schnuren brauchen, ergreifen
die Schnure mit der Hand, und indem sie den Kopf des Fisches in die Höhe haken, laf-
sen sie ihn Waffer verschlucken; auf solche Art verliert er nach und nach seine Kräfte.
Da aber, wie wir weiter oben gesagt haben, die starken Haken und die großen Schnuren
den Fisch scheu machen, so beissen nur diejenigen daran, die ganz verhungert sind.

Damit man nicht seine Beute verliere, wenn man mit einer feinen Schnure fischet,
und große Fische, die alle Kräfte anwenden, wenn sie sich gestochen fühlen, hauptsächlich
wenn sie aus dem Waffer gezogen werden sollen, gefangen hat; so muß man eine Schnure
von 5 bis 6 Klaftern in der Länge haben, und sie größtentheils um ein kleines Stück
leichtes Holz O, Fig. 3. Kupfert. XV. herum wickeln. Einen Theil dieser Schnure
nun windet man ab, und wickelt sie um gedachtes Stück Holz, bis sie nur so lang ist,
als erfordert wird, daß man bequem fischen kann.   Man befestigt die Schnure, indem
man sie in eine Spalte steckt, die unten an der Ausschweifung, welche dieses Stück Holz
endigt, gemacht ist.   Diese Schnure wird nicht eher abrollen, als bis der Fisch gestochen
ist.   Wenn er nun die Spitze des Angelhakens empfindet, so bemühet er sich zu entwischen, die Schnure gehet aus der Spalte los, windet sich von dem Stücke Holze ab, und
indem sie sehr lang wird, so läßt sie dem Fische die Freyheit, herum zu springen und sich
zu quälen.   Er verschlucket Waffer, welches er durch die Ohren nicht wieder von sich
geben kann; er ermüdet sich, und wird nach und nach matt.   Wenn man alsdenn
die Leine mit Vorsicht ziehet, so bekommt man ihn an das Ufer des Waffers.

Eine andere Einrichtung, welche auf eins hinaus läuft, besteht darinne, daß man
an das dünne Ende der Ruthe b. Fig. 3. einen kleinen kupfernen Ring steckt, wodurch
man die Ruthe ziehet, welche sich zum Theile um eine Spuhle rollt, die ohngefähr bey oder
an dem dicken Ende der Ruthe befestigt ist. Wenn nur der Fisch seine Kräfte anwendet, so
läßt man die Spuhle sich herum drehen, und die Schnure wird also sehr lang.

Da

Da man den Fiſch lange Zeit ſich bewegen laſſen muß, ſo hat man nicht nöthig, die Ruthe beſtändig zu halten; daher man ſie entweder auf eine in die Erde geſteckte Gabel, worauf die Ruthe ruhet, aufleget, oder man ſteckt ein ſpitziges Eiſen in die Erde, welches an das dicke Ende der Ruthe geſchraubet werden kann. Auf dieſe Art kann man, wenn der Fiſch müde iſt, ihn mit beyden Händen ergreifen, und ihn fangen.

Es giebt geſchickte Fiſcher, die, wenn der Fiſch an das Ufer gezogen worden, ſich auf den Bauch legen, ihn bey den Augen oder bey den Ohren ergreifen und herausziehen: und wenn es Karpen ſind, ſo haben ſie ſo gar die Geſchicklichkeit, ihnen den Zeigefinger ins Maul zu ſtecken, und ſich ihrer zu bemächtigen. Da aber die Fiſche alle ihre Kräfte zuſammen nehmen, wenn ſie verſpüren, daß man ſie aus dem Waſſer ziehet, ſo iſt das ſicherſte Mittel, daß man einen Hamen, das iſt, ein kleines Fiſchgarn in Geſtalt eines Beutels, das an einer Stange angeſpannt iſt, p. Fig. 3. zur Hand habe, und ſolches unter die Fiſche, wenn ſie anfangen aus dem Waſſer zu kommen, ſtecke, wie auf der XVI. Kupfert. Fig. 26. zu ſehen iſt e).

Viele Fiſche entfernen ſich ſehr, wenn ſie ſich geſtochen fühlen, und verbergen ſich zuweilen unter die Waſſergewächſe, aus welchen ſie mit vieler Mühe herausgehohlet werden müſſen. In dieſem Falle darf man ja nicht die Schnure ziehen, ſondern es iſt beſſer, daß man die Fiſche ſich lange Zeit bewegen und ſchwächen laſſe. Alsdenn ziehet man die Schnure nach verſchiedenen Richtungen und allezeit ſehr langſam, auf welche Art man ſie zuweilen aus den Waſſergewächſen oder Höhlungen am Ufer herauskriegt. Wenn es aber nicht möglich wäre, ſo kann man die Schnure durch einen etwas ſchweren eiſernen Ring ſtecken, Kupfert. XVI. Fig. 27. der an eine ſtarke Leine wohl befeſtigt iſt. Indem man nun die Schnure, woran der Angelhaken angemacht iſt, aufhebt, ſo läßt man den Ring ganz nahe an den Kopf des Fiſches, der angebiſſen hat, fallen: zuweilen fällt der Ring ſo gar um den Kopf. Darauf ziehet man an der ſtarken Leine, woran der Ring iſt, auf verſchiedenen Seiten, aber niemals in der Richtung der Angelleine. Dieſes Mittel gehet gemeiniglich gut von ſtatten, und man kann auf ſolche Art einen Fiſch herausziehen, der auſſerdem verlohren gehen würde f).

Ju

---

e) Ein groſſer Fiſch iſt im Stande aus dem Hamen wieder herauszuſpringen. D. S.

f) Beſſer iſt ein Haken, der in die Ohrwangen oder in den Leib des Fiſches eingehäkelt wird. Unſre Angler nennen das Inſtrument einen Gohler. Es iſt ein Stab, an deſſen Ende ein ſtarker Drath gekrümmt befeſtigt wird. Die Spitze wird ſcharf geſchliffen, damit ſie einſchneide. Hiermit wird der Fiſch aufgeritzt, daß er an den Haken hängen bleibt, und ſolchergeſtalt zumal wo hoch Ufer iſt, leicht herausgezogen werden kann. D. S.

In gewissen Fällen kann man auch den Fisch mittelst eines Kahnes aus den Wassergewächsen oder aus den Höhlungen am Ufer heraushohlen.　　Wir werden unten Gelegenheit haben, hiervon zu reden.

§. 7. Von der Art, im Spazierengehen zu fischen.

Die obgedachten Arten des Fischfanges erfordern viel Geduld.　　Man muß ein tie-
fes Stillschweigen beobachten, und unbeweglich bleiben, indem man den Fisch erwartet,
welcher zuweilen lange zögert, ehe er an den Köder, der ihm vorgehalten wird, angehet.
Wir wollen daher zum Vergnügen lebhafter und ungeduldiger Personen einige Arten des
Fischfanges beym Spazierengehen anführen.　　Man muß sich einer leichten Ruthe a b,
Fig. 3. Kupfert. XV. bedienen, die 12 bis 15 Fuß mehr oder weniger lang ist, so wie
es die Weite des Wasserbettes, wo man fischen will, erfordert.　　Daran wird, wie wir
schon hinlänglich erkläret haben, eine Schnure, welche ohngefehr 3 Klaftern (Toises)
herunter hängt, gebunden, und an deren Ende ein Angelhaken befestigt, der mit einer
leichten Lockspeise versehen ist, als: mit einer Heuschrecke, der man ein Gelenke von ihren
großen Füßen abgerissen hat; eine schwarze Schnecke, deren Bauch geöffnet wird, damit
der Fisch durch den weissen Theil der Eingeweide angelocket werde; verschiedene Arten von
Würmern oder von Fliegen, Hummeln, Schröter, oder andere Käfer, denen man die
Hörner, die Füße, und die Flügeldecken abgeschnitten hat, u. s. f.　　Alle diese Lockspeisen
sind sehr gut.　　Im Herbste kann man mit einem gelben Teige ködern, welcher aus starken Käse besteht, der in einem Mörsel mit ein wenig Butter und so viel Saffran zerstos-
sen wird, daß er eine citrongelbe Farbe bekommt.　　Im Winter kann es geschehen mit
Käse und ein wenig Terpentin, so mit einander vermischt und zu einem Teige gemacht
wird.

Es erfordert Geschicklichkeit, die Angel auf eine gehörige Art ins Wasser zu lassen.
Wenn es warm wird, so muß man sie gegen die Oberfläche oder in die Helfte der Tiefe
des Wassers niederlassen; wenn es aber kalt ist, muß man sie nahe an den Grund halten.
Es giebt aber doch gewisse Arten von Fischen, die ohne Absicht auf die Witterung beständig auf dem Grunde des Wassers bleiben, und andere, die näher an die Oberfläche
kommen.

Ueberdieß giebt es Fischer, welche die Ruthe mit so vieler Geschicklichkeit zu führen
wissen, daß sie todten Lockspeisen Bewegungen mittheilen, die den Bewegungen lebendiger
Fische gleich kommen.

Selbst dann, wenn man mit kleinen Insecten oder gemachten Insecten fischet, giebt
es gewisse Fische, die sich anlocken lassen, wenn die Angel in einer kleinen Entfernung
über

über der Oberfläche des Wassers so gehalten wird, daß diese Fische aus dem Wasser springen, um die Angel zu ergreifen. Wir haben schon von der Art, diese Insecten nachzumachen, geredet, und wir werden in dem Capitel, wo von der Forelle wird gehandelt werden, die Art, sich ihrer zu bedienen, beschreiben.

Dem sey wie ihm wolle, wenn alles, wie wir gezeigt haben, fertig gemacht ist, so nimmt man die Ruthe mit beyden Händen, und indem man der Länge hin an dem Wasser G, Kupfert. XV. Fig. I. spazieren geht, wirft man die Schnure so weit als möglich von sich, und lässet die Ruthe sich stark herum drehen. Die Angel fällt auf eine gewisse Tiefe in das Wasser; indem man sodann die Ruthe mit einer Hand nimmt, giebt man ihr kleine Erschütterungen, damit die Lockspeise auf dem Wasser hüpfe, so daß sie den Fisch, der sie verfolgt, zu fliehen scheinet, welches ihn nöthigt, über das Wasser heraus zu springen, und den Köder und den Angelhaken zu verschlucken g).

Wenn der Fisch angebissen hat, so darf man, wie wir schon gesagt haben, die Schnure nicht zu bald ziehen. Es ist besser, wenn man dem Fische Zeit läßt, den Köder zu verschlingen. Alsdenn giebt man der Ruthe eine Erschütterung, damit die Spitze des Hakens in den Schlund des Fisches hinein dringe, welches den Fisch stechen genennet wird h). Wenn der Fisch klein ist, so läßt man ihn ans Land springen; wenn er aber groß ist, so ziehet man ihn mit mehr oder weniger Vorsicht ans Ufer, wie wir eben schon gezeiget haben.

Ob man sich gleich mit diesem Fischfange den ganzen Tag beschäftigen kann, so sind doch die besten Stunden die beyden nach der Sonnen Aufgang, und zwo Stunden vor ihrem Untergange.

§. 8. Von der Art, mit der Ruthe mit schlafenden Schnuren, die am Ufer ausgespannt sind, zu fischen.

Der Fischfang mit der Ruthe kann noch interessanter gemacht werden, wenn man zu einerley Zeit drey, vier, oder eine noch größere Anzahl von Ruthen braucht; Kupf. XV.

g) Beym Angeln im Spazierengehen wird nicht viel heraus kommen, weil der Fisch durch die Bewegung des Körpers des Anglers scheu gemacht wird. Am besten ist, einen Ort, wo Walm ist, das ist, wo das Wasser eine Rundung macht, auszusuchen und dabey stille zu stehen oder zu sitzen. D. S.

h) Bey uns heißt es obgedachter maßen den Fisch anhauen. D. S.

T

XV. Fig. 1. F.   Sie müssen aber sehr nahe bey einander, und nahe am Ufer seyn, damit der Fischer, ohne von seiner Stelle zu gehen, alle bemerken kann.

Wenn man auf diese Art fischen will, so steckt man das dicke Ende jeder Ruthe in die Erde, und zwar nicht perpendicular, sondern so schief, daß zwischen der Oberfläche des Wassers und dem dünnen Ende der Ruthe eine Entfernung von 2 bis 3 Fuß bleibet. Hat man nun auf solche Art alle seine Ruthen ausgestellt, so hält man sich stille, und von dem Wasser so weit entfernet, daß man von dem Fische nicht bemerkt wird; jedoch so, daß man die Korke an allen Angelschnuren in den Augen behält, damit man wissen kann, wenn der Fisch gefangen ist.

Sollte sich ein großer Fisch fangen, so könnte er, indem er zappelt, die Schnure zusammt der Ruthe leicht ins Wasser ziehen. Dieses zu verhüten, bindet man an das dicke Ende der Ruthe eine kleine hölzerne Gabel, die in die Erde gesteckt wird, und indem sie ein wenig schief steht, in Ansehung der Ruthe eine kleine Strebe (Arc-boutant) macht, die desto tiefer ins Erdreich bringet, je mehr der Fisch an der Ruthe ziehet.

§. 9. Vom Fischfange, der dem vorhergehenden beynahe ähnlich, und an dem Ufer salziger Landseen üblich ist.

Zu Cette in Languedoc bindet man an das Ende eines Rohrs eine Schnure mit einem beköderten Angelhaken: anderthalben oder zween Fuß von dem Haken wird an die Schnure ein Stein oder ein Bley angebunden. Dergleichen Röhre werden des Abends an dem Ufer salziger Landseen an einem Orte ausgestellt, wo nur drittehalben oder drey Fuß Wasser ist, so wie ohngefehr Kupfert. XV. Fig. 1. F. zu sehen ist. Den andern Tag früh gehet man dahin, sie aufzuheben.

Dieser Fischfang wird auch in den Canälen, welche in Landseen am Meere gehen, getrieben, wenn die Seehechte und Goldforellen ins große Wasser zurück kehren; und man fängt darinne zuweilen bis auf 200 Pfund Fische in einer Nacht. Aber die Fischer stellen auch dergleichen Schnuren zu Hunderten neben einander aus.

§. 10. Von dem Fischfange mit der Ruthe oder Stabe, an dem Ufer des Meers.

Man fischt mit der Ruthe oder Stabe auch an dem Ufer des Meeres zwischen den Klippen, beynahe auf eben die Art, wie wir eben gezeigt haben; ausgenommen daß die Ruthen und Schnuren länger und stärker als diejenigen sind, von welchen bisher ist geredet

, det worden. Aus der Ursache halten sie die Fischer gemeiniglich so, wie wir es Kupf.
XV. Fig. 2. vorgestellt haben; und die Anzeige auf diesem Kupferstiche kann uns
überheben, hier weitläuftiger davon zu reden. Wir wollen bloß anmerken, daß dieser
Fischfang mehr an dem Ufer des Mittelmeeres, wo keine Ebbe und Fluth ist, als an
dem Weltmeere vorgenommen wird.

§. 11. Vom Fischfange mit der Ruthe in Schiffen.

Um auf dem Meere mit dem Rohre oder mit einer kleinen Ruthe zu fischen, gegeben sich 3 oder 4 Matrosen in eine sehr kleine Yolle Kupfert. XIV. Fig. 3. und
machen, wenn sie eine Fischbank finden, einen vortheilhaften Fang. Ihre Ruthen
sind klein. Es werden auf solche Art in dem Canal viel Seerechte und Makrelen gefangen.

In der Gegend von St. Tropez und von Frejus fängt man Makrelen mit dünnen Schnuren, die aber von einem vortreflichen Faden gemacht und gemeiniglich 3 Klaftern lang sind. An das Ende dieser Schnuren werden drey Hakenschnuren von Haaren
gemacht, die nur einen Fuß in der länge haben. An einer jeden von diesen Schnuren
ist ein beköberter Haken befestigt, und an den Knoten, welcher die Haarschnuren mit der
Hauptschnure verbindet, wird ein kleines Stück Bley angehänget, damit die Haken ins
Wasser hinunter fallen. Das andere Ende der Hauptschnure ist an eine leichte Ruthe
gebunden, die ohngefehr 15 bis 18 Fuß lang ist. Man wirft die Schnuren ins Meer,
indem man die Ruthe mit der Hand hält; und beynahe allemal, so bald als die Angel
ins Meer fällt, wird sie von einer Makrele ergriffen. Der Fischer wird es durch eine
kleine Bewegung gewahr, die der Fisch der Ruthe mittheilet. Alsdenn hebt er die
Schnure vermittelst der Ruthe geschwind auf, und nimmt die Fische, die daran hängen, ab.

Es giebt so geschickte Fischer, die, indem sie in jeder Hand eine Ruthe halten, sie
oft alle beyde zugleich mit zwo oder drey Makrelen, die sich daran gefangen haben, heraus ziehen.

Zur Zeit des Makrelenfanges kommen 25 bis 30 Schiffe von aller Art in den
Meerbusen von Neapel, wo sie diesen Fisch sehr häufig fangen.

§. 12. Von dem Fischfange an der Küste von Guinea.

Die Reisenden berichten, daß an der Küste von Guinea Sardellen mit einer langen leine gefangen werden, an deren Ende ein kleines Stück Bley hängt, damit man sie
desto leichter auswerfen könne. Ueber dem Bleye ist diese leine mit verschiedenen Schnu-

T 2   ren,

ren, woran Angelhaken hängen, versehen. Wenn nun die Fischer, die sich in einem kleinen Schiffe befinden, Fische gewahr werden, so werfen sie die Leine ins Meer, und die Sardellen beissen sogleich an die Köder an. Denn diese Fische sind sehr gefräßig, und ziehen in großer Menge mit einander. Wenn diese Fischer eine Fischerbank suchen, so halten sie ihre Ruthen auf der Schulter, damit sie gleich breit sind, ihre Angeln auszuwerfen, wenn sie Fische gewahr werden.

Zweeter Artikel.
Von den verschiedenen Arten des Fischfanges, die mit einfachen Schnuren sitzend, sowohl in den Flüssen und Seen als auf dem Meere, vorgenommen werden.

Aus dem Angeführten wird man sich erinnern, daß der Fang mit der bloßen Leine, und der Fang mit der Ruthe nicht mit einander verwechselt werden müsse.

Die bloße Leine wird nicht an das Ende einer Ruthe, sondern an befestigte Körper, oder an solche, die die Wirkung derselben haben, angebunden. Man hält auch die Leine unmittelbar in der Hand, und es ist ungereimt, daß gewisse Fischer einige von diesen Arten mit der bloßen Leine zu fischen die Benennung von der Ruthe, Canattes oder Canettes geben.

Einige werden sitzende, (sedentaires) andere schwimmende, (flottantes) genennet; weil die Angelhaken an schwimmende Körper angebunden sind. Wir wollen von beyden handeln, und mit der Art, die die sitzende Fischerey genennet wird, den Anfang machen.

§. 1. Von den an den Ufern der Flüsse und Landseen ausgespannten Leinen (Bricoles).

Die Bricolen sind lange Leinen, die sich mit einem beköderten Angelhaken endigen, und die, an statt selbige an eine Ruthe zu binden, an einen Baumast oder an einen Pfahl am Ufer des Wassers gebunden werden, den man in der Gegend solcher Oerter, wo man glaubt, daß der Fisch hinkommen werde, in die Erde schlägt.

Wenn man die Bricolen Kupfert. XV. Fig. I. H. ausspannen will, so muß man zu vermeiden suchen, daß sie nicht zu nahe an solche Orte, wo viel Wassergewächse stehen, oder an Bäume kommen, deren Aeste ins Wasser hinein gehen. Denn der Fisch,

der

der ſich geſtochen fühlt, und ſich von einer Seite auf die andere wendet, könnte ſich darein ſo verwickeln, daß man eher die Leine und Angel zerreiſſen, als ihn heraus ziehen würde. Man würde alſo um die Leine und den Fiſch, zumal wenn es ein Aal wäre, zugleich kommen.

Die Angelhaken zu dieſem Fange werden, wie bey dem Fiſchfange mit der Ruthe geködert.

Wenn man den Ort, wo man ausſtellen will, geſuchet hat, ſo bindet man einen Kork an die Leine H, 3 oder 4 Fuß von dem Angelhaken, mehr oder weniger, wie es die Tiefe des Waſſers erfordert; und nachdem man die Leine auf die Art, wie Fig. 3. q. ausweiſet, um den Daumen und den kleinen Finger herum geſchlungen hat, ſo legt man ſie ſo, wie ſie zuſammen geſchlungen iſt, auf die flache rechte Hand, und eben darauf den Kork, und den mit der Lockſpeiſe verſehenen Angelhaken. Alsdenn hält man mit der linken Hand das Ende der Leine, welches dem Haken gegen über iſt, und wirft den Haken mit der Leine aus allen Kräften ins Waſſer, damit der Köder an den Ort komme, welchen man für den beſten hält. Darauf bindet man das Ende der Leine, welches man mit der linken Hand gehalten hat, an einen Baumaſt, oder an einen Pfahl q, an dem Ufer des Waſſers.

Ich habe bereits geſagt, daß bey vielen Gelegenheiten, anſtatt des Korkes, ein Stück recht trockenes Holz, oder ein kleines Bündel Schilfrohr, welches viel mal zuſammengebogen iſt, gebrauchet werden kann, Kupfert. XV. Fig. 3. r. und ökonomiſche Urſachen nöthigen oft die Fiſcher, dieſe gewöhnlichen Dinge anſtatt des Korks zu nehmen, welcher zu hoch zu ſtehen kommt, wenn ein häufiger Gebrauch davon gemachet wird.

Zuweilen ſtellt man der Länge nach an einem Fluſſe, oder an einer Landſee hin 20 bis 30 Bricolen, welche den nurgedachten ähnlich ſind; und man hält die Leinen in verſchiedener Länge, damit die Angeln nicht an einem und eben demſelben Orte zuſammen kommen.

Die bequemſte Stunde, dieſe Bricolen auszuſtellen, wechſelt nach den verſchiedenen Jahreszeiten ab. Im Sommer iſt es Nachmittage zwiſchen 3 oder 4 Uhr, und im Winter zwiſchen 2 oder 3 Uhr. Den andern Tag früh gegen 8 oder 9 Uhr zieht man ſie wieder heraus: denn viele Fiſche beiſſen ſowohl des Morgens als des Abends an.

Was wir hier geſagt haben, das beziehet ſich nur darauf, wenn die Bricolen in ſtillen Waſſern, oder in ſolchen, die nicht ſchnell laufen, ausgeſtellet werden; allein in

Flüſſen,

Flüssen, die nur ein wenig reissend sind, wird eine ganz andere Behutsamkeit erfordert, weil, wenn der Strohm die Angeln gegen das Ufer hintriebe, sich selbige an einem Orte befinden würden, wohin der Fisch zumal bey seichten Wasser nicht leicht kommt.   In diesem Falle bindet man an die seine 7 bis 8 Fuß vom Angelhaken einen Stein in der Größe eines welschen Hühnereyes so an, daß sich der Kork zwischen dem Haken und dem Steine befindet.   Man siehet leicht, daß dieser Stein, welcher auf den Grund des Wassers fällt, die seine verhindert, sich dem Ufer zu nähern, und daß der Kork, der sich erhebt, den Haken zwischen dem Wasser hält.

Uebrigens schafft es einen großen Vortheil, wenn man sich eines Schiffes zur Ausstellung der Bricolen in schnellen Wassern bedienet.   Denn es würde schwer fallen, wenn man die seine auswirft, der Lockspeise, dem Korke und dem Steine ihren rechten Ort zu geben.   Wenn an den Ufern eines Flusses tief Wasser ist, so können die Bricolen in der Gegend, wo es Höhlungen im Ufer giebt, oder wo sich Wassergewächse befinden, gar wohl ausgestellet werden, weil viele Fische solche Oerter suchen.   In diesem Falle hält man die seinen nicht sehr lang: damit aber die Fische, wenn sie sich gestochen fühlen, sich von den Wassergewächsen entfernen können, so muß man so viele kleine hölzerne Gabeln S, Fig. 3. Kupfert. XV. haben, als man Bricolen ausstellen will.   Es ist genug, wenn die Aerme dieser Gabeln 4 bis 5 Zoll lang sind, und der untere Theil 3 bis 4 Zoll hält.   Um die Aerme der Gabel wickelt man einen großen Theil der seine.   Nach der letzten Umwickelung steckt man die seine in eine Spalte, welche an dem Ende eines von den Aermen gemacht wird, und befestigt endlich diese Gabel an einen Pfahl.   Wenn nun ein Fisch, der sich gestochen fühlt, die Flucht nehmen will, so ziehet er an der seine, macht sie aus der Spalte loß, wickelt sie auf, und da er weit weggehen kann, so entfernet er sich gewöhnlich von den Höhlungen am Ufer und von den Wassergewächsen.   Dafern er sich in dem Rohre oder Schilfe und dergleichen Gewächsen, dergestalt verwickeln sollte, daß man ihn nicht ans Land ziehen zu können glaubte, so müßte man mittelst eines Kahnes die seine aufzuheben, oder indem man der Richtung der seine durch die Wassergewächse nachgehet, sich des Fisches mit einer Heugabel D E, Kupfert. X. Fig. 8. oder mit einem Hamen p, Fig. 3. Kupfert. XV. zu bemächtigen suchen.

Es muß aber die seine fest an die Gabel angemacht, und diese an einem am Ufer befindlicher Pfahl wohl befestiget werden; sonst würde man Gefahr laufen, den Fisch und die seine zu verlieren.

In dem Mittelmeere, wo es keine Ebbe und Fluth giebt, legen einige Fischer die Bricolen an das Ufer des Meeres.   Allein auf dem Weltmeere muß man, wegen der Ebbe und Fluth, andere Mittel gebrauchen, wovon wir unten Meldung thun werden.

§. 2.

§. 2. Von den einfachen und schlafenden Leinen, die, um einen Reifen herum angebunden werden.

In Ansehung der Art, schlaffende Angeln und Leinen auszustellen, giebt es viel Verschiedenheiten.

Die Fischer in süßen Wassern binden zuweilen um einen Reifen herum Fig. 6. Kupfert. XVII. eine Anzahl von Angelleinen mit beköderten Haken. An diese Leinen hängen sie in einer kleinen Entfernung von den Haken kleine Stücken Bley, damit sie ins Wasser sinken, und binden an den Reifen Korke b, damit er sich auf dem Wasser halte. Um den Reifen herum werden 3 Schnuren c, gebunden, die sich in d vereinigen, wie die Schnuren, die eine Wagschale halten. An diesem Vereinigungspunkte ist auch ein Kork. Endlich wird auf einer Seite des Umfangs des Reifens eine Schnure e, gebunden, und dieselbe an dem Ufer des Wassers an einer Stange g befestiget, damit der Reifen an dem Orte, wo man ihn hinlegt, nehmlich in der Gegend, wo Wassergewächse oder Höhlungen im Ufer sind, mit einem Worte, an demjenigen Orte bleibe, von dem bekannt ist, daß sich der Fisch daselbst gerne aufhält.

Des Abends legen die Fischer ihren Reifen aus, und sehen den folgenden Tag ein wenig nach der Sonnen Aufgang wieder darnach. Wenn sie einen Fisch, der sich gefangen hat, gewahr werden, so bringen sie den Reifen an das Ufer, indem sie die Schnure e welche an die Stange g gebunden ist, ziehen; und mit einem Schiffhaken f heben sie ihn bey den Schnuren d auf, um ihn ganz ans Land zu ziehen. Sie machen darauf den Fisch loß, und beobachten nach seiner Größe die Vorsicht, die wir oben, da wir von dem Fischfange mit der Ruthe handelten, angeführt haben. Endlich erneuern sie die Köder, welche fehlen, und thun den Reifen wieder ins Wasser, um ihren Fang fortzusetzen.

§. 3. Von den schlafenden (dormantes) Leinen, die an ein Bley gebunden sind.

Diese sogenannten sitzenden (sedentaires) Leinen sind, anstatt an einen schwimmenden Körper befestigt zu seyn, an einen schweren Körper, der auf den Grund des Wassers fällt, angebunden.

Die Fischer haben ein Bley Fig. 7. Kupfert. XVII. welches an seiner Spitze ein Loch, oder auch an eben diesem Orte einen Ring hat, woran eine Leine b angebunden wird, welche an dem andern Ende mit einem Kork c, oder einem kleinen Bündel trocknen Schilfrohr versehen ist. Dieses Zeichen dienet, die Leine, vermittelst welcher das Bley aus dem Wasser zurückgeholt wird, zu finden. Um dieses Bley herum sind Leinen von
Haaren,

Haaren, oder auch hänfene Leinen c, woran die Angelhaken d angeknüpfet werden; man bindet auch an jede Leine ein kleines Stück Kork, damit die Angelhaken nicht in dem Schlamm fallen. Die Leinen müssen von verschiedener Länge seyn.

Des Abends, zwo Stunden vor Untergang der Sonne, wird das Bley auf den Grund des Wassers gesenket, und den andern Tag zwo Stunden nach der Sonnen Aufgang wieder herausgezogen.

Man siehet also, daß das Bley einen festen Ruhepunct verschafft, der dem Strohme widersteht, und alle Leinen hält, die man nicht in so großer Anzahl auslegen muß, als sie Fig. 7. vorgestellt sind, hauptsächlich wenn man in einem reissenden Wasser die Angeln ausstellt; denn sonst würden sie sich in einander verwickeln.

§. 4. Von einem Fischfange mit schlafenden Leinen, der in Bretagne gebräuchlich ist, und von dem, welchen die Provencer den Fang mit der Gabel (à la Fourquette) nennen.

Es werden auf dem Meere Fischereyen vorgenommen, welche denen, wovon wir eben gehandelt haben, sehr ähnlich sind.

An den Küsten von Bretagne binden einige Fischer an das Ende einer Leine A B, Fig. 12. Kupfert. XVII. ein Stück Bley C, welches eine länglichte Gestalt und an jedem Ende ein Loch hat. Eines von diesen Löchern dienet, das Bley an das Ende der Leine A B zu binden, welche 20 bis 30 Klaftern, mehr oder weniger, lang ist, je nachdem es die Tiefe des Wassers erfordert. In D, ohngefehr eine Klafter über dem Bleye ist zuweilen eine Leine mit einem Angelhaken E angeknüpft, die ohngefehr eine Klafter lang ist; in dem Loche an dem andern Ende des Bleyes C bindet man 2 oder mehr dergleichen Leinen mit Haken F an, die eine verschiedene Länge haben. Mit diesem Bleye fischt man zwischen den Felsen; und die Thiere [i]), die am häufigsten gefangen werden, sind Meeraale, Krabben, Hummer und andere Klippfische.

Die Leine, die in dem mittelländischen Meere à Fourquette mit der Gabel, Fig. 9. Kupfert. XVII. r genennet wird, hat ein eisernes oder kupfernes Kreuz, welches man an das Ende einer langen Leine oder Schnure b bindet; an deren Ende ein Zeichen c angebunden ist. An dem Ende eines jeden Armes von dem Kreuze sind eine Anzahl

Leinen

---

[i]) Poissons sagt hier wieder der Herr Verfasser; aber Krabben und Hummer sind keine Fische. D. S.

leinen mit Angelhaken d angebunden. Dieses Kreuz läßt man auf den Grund des Meeres hinab. Das Zeichen c, welches an dem andern Ende der leine ist, dienet zur Kenntniß des Ortes, wo es liegt, wenn man es aus dem Wasser ziehen will, um die Fische, die an die lockspeisen angebissen haben, abzunehmen. Das sind gewöhnlich Plattfische.

§. 5. Von dem Fischfange, der von den vorigen nicht sehr verschieden ist, und den die Provencer den Palander Korb (Couffe de Palangre) nennen.

Mitten in der Provence auf der Seite von Nice giebt es Fischer, welche Angelleinen d an den Rand eines Korbes a binden, den sie Couffe nennen, Fig. 8. Kupfert. XVII. Sie hängen diesen Korb wie eine Wagschaale an 3 leinen b, die sich in eine einzige c vereinigen, welche 25 bis 30 Klaftern lang ist, und sich mit einem Zeichen endigt. Sie füllen diesen Korb mit Steinen an, und lassen ihn sehr weit ins Meer hinab. Von Zeit zu Zeit ziehen sie ihn herauf, um die Fische, die sich gefangen haben, abzunehmen, und welche von eben der Art sind, wie die, so mit der Gabel gefangen werden.

§. 6. Von dem Fischfange mit dem Bogen.

Zwischen den Klippen an den Küsten von Poitou treibt man einen Fischfang, der der Bogen (l'Archet) genennet wird, und der von den vorhergedachten ein wenig verschieden ist. Diese Fischer nehmen Fig. 13. Kupfert. XVII. Fischbein oder biegsames indianisches Rohr (Rotin,) das sie wie G I H biegen. Die leine M N geht über die Rundung weg, und hält an ihrem Ende ein Bley I, welches 2 bis 3 Pfund wiegt. An den beyden Enden des Bogens G H sind 1 oder 2 leinen mit Angelhaken K L angeschlagen.

An das Ende N der leine wird ein von einem Bündel Schilfrohr gemachtes Zeichen angebunden, welches die leine wieder zu finden, dienet, wenn man den Bogen aus dem Wasser ziehen will.

§. 7. Von dem Fischfange Potera genannt.

An der Küste von Valentia fischt man von dem Monat September bis in den Jenner die Calmars, mit einer linie, die eine besondere Einrichtung hat, und die Potera genennet wird. Zwey oder drey leute fahren auf einem Schiffe eine halbe

U   Viertel-

Viertelmeile ins Meer, an einen Ort, wo wenigstens 6 bis 7 Klaftern Wasser sind. Sie haben eine leine **Fig. 10. Kupfert. XVII.** von ungefähr zwanzig Klaftern in die länge, an deren Ende sich eine Ruthe von 8 bis 10 Zoll in der länge befindet. Diese Fischer stecken an die Ruthe einen kleinen Fisch, der Bogue [k]) genennet wird, oder eine von Zinn verfertigte falsche lockspeise. Unten ist ein Stück Bley, damit die leine zu Boden sinken kann. Ueber dem Fische binden sie an die Ruthe leinen von verschiedener länge an, die mit kleinen Angelhaken ohne Köder versehen sind. Die Calmars, welche nach der lockspeise eilen, verwickeln sich die Aerme in den Angeln; sobald nun der Fischer, der die leine hält, verspüret, daß sich etwas gefangen hat, ziehet er die leine zurück, macht den Calmar los, und thut die leine wieder ins Wasser. Dieser Fang geschieht bey der Nacht.

Dritter Artikel.

Von den Fischereyen, die an den Ufern des Meeres aus dem Sande mit sitzenden Leinen (Lignes sedentaires) vorgenommen werden.

Die nur gedachten Arten des Fischfanges sind nur an solchen Orten gebräuchlich, wo keine Ebbe und Fluth ist. Sie geschehen an den Ufern des Weltmeers nur zwischen den Klippen. Die Fischer dieser Küsten halten fürs Beste, die leinen auf dem Sande an solchen Oertern aufzuspannen, wo sie wissen, daß die Fluth hinkömmt. Anstatt also die leinen ins Wasser zu senken, legt man sie lieber trocken an das Ufer des Meers, und das Wasser selbst ist es, das sie suchet, und die Fische, die daran gefangen werden, mit herbey führet.

Ehe wir die verschiedenen Arten, auf dem Sande zu fischen, umständlich beschreiben, müssen wir anmerken, daß sich die Fischer an gewissen schlammichten Küsten der Dörner, statt metallener Angelhaken bedienen, indem sie vorgeben, daß die Schwere des Metalles sie in den Schlamm drücken würde, anstatt daß die leichtigkeit der Dör-

ner

---

k) Das *Dictionnaire d'histoire naturelle* beschreibt diesen Fisch als einen solchen, der wegen seines angenehmen Geschmackes in Italien gerne gespeiset würde, und zu einer Größe von einem Fuß anwächst. Ich bin ungewiß, ob er mit dem sogenannten Bocce, oder Meerpfassen einerley sey. D. S.

ner die Köder in den Augen der Fische lässet [1]). Wir haben bereits angemerkt, daß
ein kleines Stück Kork die metallnen Haken leicht genug machen würde, daß sie sich
über dem Schlamme halten können. Die rechte Zeit, die Dörner zu sammlen, ist
der Herbst, wenn es einige kleine Fröste gethan hat. Wenn man sie eher abnimmt,
so sind sie, weil das Holz noch nicht reif ist, zu weich: nach den großen Frösten aber
sind sie trocken und zerbrechlich. Da übrigens der Fang mit den Dörnern, den man
Dornfischeren (Epinelle) nennt, eben so, wie der Fang mit den metallnen Angelhaken geschiehet, so schreite ich zur Sache.

§. 1. Von dem Fischfange auf dem Sande und den sandigen Ufern, die kleine Cabliere genannt.

Wir fangen mit dem Fischfange an, welcher eine Ausspannung nach Art
der kleinen Cabliere, (Etente à la petite Cabliere) genennt wird, weil er einer
von den einfachsten ist.

Die Weiber und Kinder binden, nachdem sie sich mit Lockspeisen versehen, einen
Angelhaken an das Ende einer Leine, die ungefehr eine Klafter lang ist, und zuweilen
binden sie 6 Zoll von diesem Haken einen kleinen Kork, an dem andern Ende dieser
Leine aber einen Kieselstein in der Größe eines welschen Huhneyes an, wie die Leine,
welche Fig. I. Kupfert. XVII. von einer Frau in der Hand gehalten wird, zu erkennen giebt. Die Angeln ködern sie mit Seewürmern oder Steinbeißern, oder mit
Krabben, welche die Schalen abgelegt haben, (Crabes poltrons,) die sie
in viele Stücken zerreissen, um desto länger damit zu reichen. Die Väter, Mütter
und Kinder tragen auf den Sand am Ufer eine große Anzahl solcher Leinen, die kleine
Cablieren genennt werden; weil die Fischer die Steine, welche sie brauchen, ihre Leinen oder Netze auf den Boden zu senken, Cablieres nennen.

Wenn die Leinen an das Ufer des Meers gebracht werden, so binden die alten
und schwachen Weiber Fig. 5. Kieselsteine an die Angeln, die keine haben; und die
Männer Fig. I. so wie die starken Weiber, machen mit eisernen Grabscheiten kleine
Löcher in den Sand, um die Kieselsteine, die an das eine Ende der Leinen gebunden
sind, hinein zu legen. Derjenige, welcher das Grabscheit hält, macht sie mit Sande wieder zu, den er mit dem Fuße fest tritt, so daß die Leine und der Köder auf dem
Sande liegen bleiben.

U 2

Auf

---

[1] Wegen Mangel des Wiederhakens geben viele Fische darüber verloren, die sich davon los
die Dörner sehr schlechte Angeln, und es gehen machen und den Dorn im Leibe behalten. D. G.

Auf ſolche Art wird eine große Menge derſelben, ſo nahe als möglich, an den lee-
ren Ort des Meeres bey deſſen Abfluſſe (Ebbe) geleget.

So wie nun hernach die Fluth ſteigt, bedeckt das Waſſer den ganzen Sand,
und es folgt eine Menge Fiſche dem Strome deſſelben, indem ſie durch eine große
Menge kleiner Fiſche und Inſecten, die ſich an dieſen Orten befinden, angelockt werden. Die Fiſche, welche die Köder, die ihnen im Ueberfluſſe zubereitet worden, antreffen, fallen darüber her, fangen ſich an den Angelhaken, und wenn darauf das
Meer wieder zurück tritt, ſo findet man ſie auf dem Sande, **Fig. 4.**

Dieſer Fang geſchieht das ganze Jahr auf dem Sande, der von ſehr weitem Umfange iſt; auf welchem Schlamme aber läßt es ſich nicht thun.

Die ſchleichenden Waſſer ſind beſſer zu den Fiſchereyen auf dem Sande, als die
großen lebendigen Waſſer; weil ſolchergeſtalt das Waſſer der Fluth einen ſehr reiſ-
ſenden Strom hat, und der Fiſch, der mit auf die Küſte gekommen iſt, ſich daſelbſt
nicht halten kann; dagegen, wenn die Fluthen ſchwächer ſind, der Fiſch, welcher, wie
die Fiſcher ſagen, angelandet, oder mit der Fluth herauf gekommen iſt, ſich einige
Zeit auf dem Sande aufhält, und nicht eher als mit dem Ende der Ebbe ins hohe
Meer zurück kehrt, welches ihm Zeit läſſet, an die Köder anzubeiſſen.

§. 2. Von den ſchlafenden und ſitzenden Seilen, die mit Angelleinen verſehen ſind, und an dem Ufer des Meeres auf den Sand gelegt werden.

Wir haben Bedenken getragen, ob wir dieſer Art des Fiſchfanges hier gedenken
ſollten, weil es, und da ſie mit einem Hauptſeile, das mit Angelleinen verſehen iſt, vorgenommen wird, das Anſehen hat, daß es beſſer geweſen wäre, wenn wir ſie dem
Orte, wo wir von den großen Fiſchereyen auf dem Meere reden werden, vorbehalten
hätten. Allein, da dieſer Fang an den Ufern des Meeres auf dem Sande und ohne
Schiffe geſchiehet, ſo haben wir beſchloſſen, hier davon zu handeln; um ſo mehr, da
er von der kleinen Cabliere ſehr wenig unterſchieden iſt. Denn bloß, um die Angeln
zu vervielfältigen, und die Zeit, ſie auf den Sand zu legen, zu verkürzen, iſt man
auf den Einfall gekommen, die Seile von einer Entfernung zur andern an Leinen zu
binden, die nach der Gattung des Fiſches, den man fangen will, mehr oder weniger
dick, und mehr oder weniger lang ſind.

Das

Das Hauptseil A B, **Fig. II. Kupfert. XVII.** wird auf dem Weltmeere Maitresse Corde, und auf dem Mittelmeere le Mestre de Palangre genennet. Auf dem Weltmeere werden die Seitenleinen Leinen, Lignes oder Lanes, und zuweilen Piles oder Empiles genennt, wenn die Angelhaken, wie in E, unmittelbar daran gebunden sind. Denn die Ausdrücke Piles oder Empiles gehören besonders der Leine zu, woran der Angelhaken hängt, und die, wie E, von der Leine, welche an dem Hauptseile hängt, verschieden ist. Allein, die Angelhaken werden oft unmittelbar an die Seitenleinen C gebunden, welche alsdann die Stelle der Empiles vertreten, und oft so genennet werden. Die Empiles sind doppelt oder oval, und zuweilen einfach. Die Seitenleinen werden im Mittelmeere Bresseaux genennet. Ein mit Seitenleinen versehenes Hauptseil wird an einigen Orten Bauffe, sonst auch Appelet, in der Provence Palangre genennet.

Bey gewissen Fischereyen beschweret man das Hauptseil mit Kieselsteinen F, **Fig. II. Kupfert. XVII.** die man von einer Entfernung zur andern darauf legt. Bey andern Fischereyen macht man an dieses Hauptseil Korke b. Endlich bindet man zuweilen an das Ende des Hauptseils A B große durchlöcherte Steine H, die Cablieres genennet werden. Wir führen diese verschiedenen Namen, die wir bereits an einem andern Orte erklärt haben, wieder an, damit sie keine Verwirrung verursachen. Nun will ich Gebrauch davon machen.

§ 3. Von denen Fischereyen, die auf dem Sande mit Bauffes, welche in den Sand gegraben werden, vorgenommen wird.

Der gegenwärtige Fischfang ist von dem, welcher der Fang mit der kleinen Cabliere genennet wird, wenig unterschieden. Anstatt an das Ende jeder Leine einen Kieselstein zu binden, welcher in den Sand gegraben wird, binden die Fischer ungefähr eine Klafter von einander Leinen an ein Hauptseil, wie **Fig. 2. Kupfert. XVII.** zu erkennen giebt. Diese Hauptseile mit den geköderten Angeln tragen sie an das Ufer des Meeres. Darauf machen sie mit einem eisernen Grabscheite in den Sand eine Furche, die nur 3 oder 4 Zoll tief ist, worein sie das Hauptseil legen und ausbreiten, die Furche aber mit dem aufgegrabenen Sande wieder zufüllen, so daß nur die Leinen mit den geköderten Angeln auf dem Sande liegen bleiben.

Bey dieser Art zu fischen geht das Hauptseil gemeiniglich drauf, es taugt aber auch gemeiniglich nicht viel. Allein, die Ausspannung der Leinen (Tente) geschiehet geschwinder, und das ist der einzige Vortheil, den sie vor der kleinen Cabliere hat.

§ 4. Von dem Fischfange mit dem sitzenden Hauptseile, (Busse) das mit großen Cablieren ans Ufer des Meeres ausgelegt wird.

Einige Fischer legen ihre mit Seitenleinen versehenen Seile noch geschwinder in Schnuren aus, als wenn sie der in den vorigen Paragraphen gedachten Methode folgen. Anstatt das Hauptseil in den Sand einzugraben, binden sie an jedes Ende dieses Seils einen großen Stein oder Cabliere, wie H. Fig. 11. Kupfert. XVII. zu erkennen giebt, und breiten dieses mit Leinen versehene Seil auf den Sand, wie man Fig. 7. Kupfert. XVII. siehet. Die Steine H sind hinreichend, zu verhindern, daß der Strom der Fluth das Seil nicht mit fortnimmt, hauptsächlich wenn der Strand ein wenig schräg ab geht.

§. 5. Vom Fischfange, der Arondelle oder Haronelle genennet wird, und in der Gegend von S. Brieuc gebräuchlich ist.

Dieser Fang geschieht mit einem Seile, das nicht ganz so dick, wie der kleine Finger, und ungefehr 24 Klaftern lang ist; woran man von zwo zu zwo Klaftern einen Segeldrat oder dicken gedrehten Faden knüpfet, welcher, da er über das Hauptseil auf beyden Seiten gleich herausgeht, eine Art von Kreuze machet, dessen Aerme, welche durch die Leinen gemacht werden, ungefehr eine Klafter in der Länge haben. An jedem Ende dieser feinen Leinen sind kleine Angelhaken angebunden.

Die Fischer legen diese Seile auf den Sand, und anstatt sie mit Steinen zu befestigen, binden sie die beyden Enden des Hauptseils an zwo Stangen, die sie in den Sand stecken.

Alle diese Arten zu fischen laufen auf eins hinaus. Wenn das Meer zurück getreten ist, so findet man auf dem Sande die Fische, die an die Lockspeisen angebissen haben, Fig. 4.

§. 6. Von dem Fischfange, der die Ausspannung an Pfählen (Tente sur Palots ou Piquets) genennet wird, und an dem Ufer des Meeres auf dem Sande geschiehet.

Durch alle die Arten vom Fischfange, wovon wir in den vorhergehenden Paragraphen gehandelt haben, so wie durch alle diejenigen, da die Angeln auf den Grund

des

des Meeres gesenket werden, fängt man nicht leicht andere, als platte Fische und mit Schaalen versehene Thiere, die den Grund beynahe gar nicht verlassen. Wenn die Fischer die runden Fische, die zwischen dem Wasser schwimmen, fangen wollen, so spannen sie ihr Seil, anstatt dasselbe auf den Grund des Wassers zu senken, an Stangen oder Pfähle aus. Daher tragen die Fischer Kupfert. XVII. entweder nach und nach auf ihren Rücken, Fig. 8. oder mit Pferden, Fig. 9. lange mit Seitenleinen und Angeln versehene Seile, nebst Stangen von 3, 4 bis 5 Fuß in der Länge, Fig. 1 und 2. an das Ufer des Meeres. Die Seile sind Fig. 3. vorgestellt. Mit dem Schlägel Fig. 5. oder mit dem Hammer, Fig. 4. schlagen sie Fig. 10. die Stangen in den Sand, oder selbst in den Tufstein zwischen den kleinen Klippen, und zwar nur so tief, als es nothwendig ist, daß sie recht fest stecken. Denn sie müssen 18 bis 20 Zoll über den Sand heraus stehen, und zuweilen 3 bis 4 Fuß, so wie es die Höhe des Wassers, das die Fluth zurück bringt, erfordert.

Wenn der Grund hart ist, so macht man die Löcher mit einer spitzigen eisernen Stange, Fig. 6. die Pince genennet wird. Um die Stangen desto besser zu befestigen, werden zuweilen an ihrem Fuße Zapfen Fig. 7. eingeschlagen; oder wenn der Sand locker ist, so versiehet man die Spitze der Stangen mit kleinen Wischen von Stroh oder von trocknem Grase, die um den spitzigen Theil herum gewickelt, und mit einer Schnure befestigt werden. Das Loch muß alsdann mit einem Grabscheite in den Sand gemacht werden, und wenn man den Sand an dem Fuße der Pfähle fest angetreten hat, so sind sie hinlänglich befestigt.

Wenn die Stangen oder Pfähle in dem Erdreiche recht befestigt sind, so stellen die Fischer ihre Seile aus, indem sie an dem Kopfe der Pfähle einen halben Schlüssel machen, so daß die Angeln herunter hängen, Fig. 11. bis das Meer so weit gestiegen ist, daß sie schwimmen können.

Diese Ausstellung wird bey niedrigem Meere gemacht, und wenn sich das Meer wieder entfernet, der Fisch, der sich gefangen hat, abgenommen. Man geht daher bis an die Kniee ins Wasser, damit die Krabben, die Seekrebse und andere Raubthiere, die gefangenen Fische nicht wegrauben. Diese Vorsicht ist hauptsächlich bey den Fischereyen, die man im Sommer vornimmt, nöthig, weil alsdenn die Schaalthiere näher ans Land kommen.

In felsichten oder Tufstein-Gründen werden die Stangen stärker gemacht, mit einem Hammer eingeschlagen und mit Keilen befestiget. Vermittelst dieser Vorsicht kann der Besitzer viele Jahre von seinen Pfählen Gebrauch machen, wenn sie ihm nicht
gestoh-

gestohlen werden. Wenn die Seile an hohen Pfählen ausgespannt werden, so hat man desto weniger den Raub der Schaalthiere zu befürchten.

An den Küsten von Valentia müssen die Fischer ihre Seile an sehr lange Stangen binden, 1. weil sie selbige auf dem Schlamme nicht auslegen können; 2. weil die Fische, die auf dem Schlamme bleiben, von den Krabben, Seespinnen und andern Seethieren, gar bald würden verzehret werden.

Der Sommer ist die bequemste Zeit, an dem Ufer des Meeres zu fischen, weil im Winter, wenn das Wasser kalt wird, die Fische sich ins große Wasser begeben. Allein, im Sommer haben die Fischer auch am meisten die Raubthiere zu befürchten.

§. 7.   Seile, die in Boulonois de pied genennet werden.

Das sind mit kleinen versehene Hauptseile, (Bausses) wie die, wovon wir gehandelt haben. Sie werden an dem Fusse der abschüssigen Ufer auf den Sand gelegt. Jedes Stück hat 5 bis 6 Klaftern in der Länge, und die Seitenleinen sind eine Klafter von einander entfernt. Man gräbt das Hauptseil 3 bis 4 Zoll tief in den Sand. Da an den Seitenleinen gemeiniglich ein kleiner Kork angebunden ist, so hebt sie das Wasser der Fluth auf, und macht, daß sie von einer Seite zur andern schwimmen. Ob man gleich vermuthen möchte, daß bey diesem Fange in warmer Witterung mehr Fische gefangen würden, als in kalter, so ist er doch im Sommer nicht üblich, weil alle Fische, die sich fiengen, von den Krabben, Seespinnen, u. s. f. die zu der Zeit häufig an die Küste kommen, würden verzehrt werden. Uebrigens siehet man wohl, daß dieser Fang von dem, wovon wir im andern Paragraph gehandelt haben, sehr wenig verschieden ist.

Vierter Artikel.

Von denen Fischereyen, die mit einfachen Leinen, welche nicht sitzend sind, vorgenommen werden.

Die in dem vorigen Artikel gedachten Fischereyen gehen nur auf dem Sande am Ufer an, und man kann nur in den Häfen am Weltmeere, wo die Ebbe und Fluth ist, Gebrauch davon machen. Auf dem Mittelmeere und in denen Seen, die in selbiges gehen, muß man sich der Schiffe bedienen, um die Leinen in dem Wasser auszuspannen.

spannen. Von diesen verschiedenen Arten des Fischfanges wollen wir gegenwärtig handeln.

Die Fischereyen mit dem **Palanderkorbe,** (à la Cousse de Palangre,) **mit dem Bogen,** (à l'Archet,) **mit der Gabel,** (à la Fourquette,) **mit der besonders eingerichteten Leine,** (la Potera) u. s. f. wovon wir im vorhergehenden gehandelt haben, sind beynahe von gleicher Beschaffenheit mit diesen. Man kann also dasjenige, was wir in dem andern Artikel davon gesagt haben, zu Rathe ziehen.

§. 1. Von dem Fischfange, der an einigen Orten au Doigt, **d. i. der Fischfang mit dem Finger, genennet wird, und mit einer einfachen Leine und ohne Rohr geschiehet.**

Wir müssen hier anmerken, daß der Hauptunterschied zwischen dieser und derjenigen Art des Fischfanges, die mit der Angelruthe in einem kleinen Schiffe vorgenommen wird, darinne bestehet, daß, wenn die Leine an eine Ruthe gebunden ist, sie nur eine mittelmäßige Länge haben darf; dagegen die Leine, die man in der Hand hält, 12, 15 bis 20 Klastern lang seyn kann.

Es giebt Seehäfen, und besonders an der Küste von Valentia, wo man mit einer einfachen Leine ohne Ruthe oder Rohr fischet. Zwey Leute treten zur Nachtzeit bey Mondenscheine in ein kleines Schiff, und ein jeder hält eine Leine in der Hand, an deren Ende beköderte Angelhaken sind. Sie ziehen die Leine an Bord, wenn sie verspüren, daß sich etwas gefangen hat. Dieser Fischfang geschieht vom Monat April bis in den September, wenn das Meer ruhig ist. Sie fangen besonders Obladen. Diese Schiffe entfernen sich nicht weit von der Küste.

An der Küste von Guinea macht man beynahe einen ähnlichen Fang. Der vornehmste Unterschied besteht darinne, daß die Fischer, anstatt die Leine in der Hand zu halten, sie um ihre Stirne herumwickeln, auf welche Art sie bald gewahr werden, ob sich ein Fisch gefangen hat, ihre beyden Hände aber behalten sie frey, damit sie ihre Schiffe regieren können.

§. 2. Von dem Fischfange an der Küste von Valentia, der Bolantin **genennet wird.**

Drey oder vier Männer steigen in ein kleines Schiff, und fahren 4 Meilen auf hohe Meer, wo sie 40 Klastern Wasser suchen. Ein jeder hält in der Hand eine Leine

X

von

von 50 Klaftern in der Länge, an deren Ende Seitenleinen, und daran drey oder vier mit Garnen bedeckte Angeln, nebst einem Bleye, damit die Leine zu Boden sinken kann, angebunden sind. Sie treiben diesen Fischfang das ganze Jahr zu allen Zeiten, wenn sie sich auf dem Meere halten können. Er geschiehet bey Tage, und die Fische, die sie am gewöhnlichsten fangen, sind die Pajets [m]). Dieser Fang ist von dem Libouret, wovon wir in der Folge reden werden, wenig unterschieden.

§. 3. Von dem Fange des Germon [n]), mit einer bloßen Leine.

Zu Isle-dieu wird der Germon mit einfachen Leinen von 25 bis 30 Klaftern in der Länge, und von 6 Linien im Umfange, die von guten feinen Zwirne gemacht sind, gefangen. An das Ende dieser Leine bindet man mit einer Seitenleine einen Angelhaken von verzinnten Eisen, und beynahe von eben der Dicke, wie die Leine.

Auf diesen Fang geht man mit Schiffen aus.

§. 4. Vom Kabeljau oder Stockfischfange mit Leinen.

Der Kabeljau oder Stockfischfang [o]) ist einer der größten und einträglichsten, die auf dem Meere geschehen. Daher werden wir ihn in einem besondern Artikel sehr umständlich abhandeln. Da er aber mit Angeln und bloßen Leinen geschieht, **Fig. 1. Kupfert. XX.** so haben wir geglaubt, daß wir hier ein Wort davon sagen müssen.

Wenn ein Schiff an den Ort gekommen ist, wo sich der Capitän wegen des Fanges des Kabeljau, der getrocknet werden soll, niederlassen will; so geht man in einer Buche, welche so viel als möglich, eine gute Sicherheit giebt, vor Anker. Auf dem Lande wird ein Gerüste zur Zubereitung des Fisches erbauet [p]). Darauf bewaffnet man die Chalouppen, deren Anzahl der Stärke der Equipage gemäß ist. Alle fahren

früh

---

m) Diesen Namen eines Fisches finde ich in keinem Buche, die ich tküffold habe zu Rathe ziehen können; daher ich ihn auch nicht anders habe charakterisiren können, als von dem Herrn Verfasser, dem es hier um die natürliche Geschichte nicht zu thun gewesen, geschehen ist. Vielleicht ist das Wort auch hier nicht richtig geschrieben, und sollte Pager heißen; das ist Sparus Erythrinus LINN. wozu sich kein teutscher Name findet. D. S.

n) Germon ist eine Art von der Bonite oder Bonet, auch Benncit. D. S.

o) Eigentlich ist Kabeljau der Name des Fisches, wenn er lebendig, und Stockfisch, wenn er an der Sonne getrocknet ist. D. S.

p) Das Hauptgerüste dienet zum Einsalzen und Trocknen der gefangenen Fische, und wird von Tannen oder Fichten 50 bis 60 Schritte lang und 16 bis 20 Schritte breit gemacht. Sie machen aber auch noch kleinere Gerüste, worauf die zu salzenen Fische zum Ausdecken ausgebreitet werden. D. S.

früh auf ihren Fang aus, der mit einer bloßen Leine, die in der Hand gehalten wird, geſchiehet. Dieſe Leine iſt mit einem Bleye beſchwert, und hat am Ende einen beköderten Angelhaken.

Einige mit 4 oder 5 Mann beſetzte Chaloupen fiſchen nicht mit, ſondern ſind beſtimmt die Batelage zu machen; das iſt, die gefangenen Fiſche aus den Fiſcherrhaloupen zu nehmen, um ſie auf das Gerüſte zu tragen, und den Fiſchern die Angeln und Köder, die ihnen fehlen, zuzureichen.

Der Fang des Stockfiſches, der grüner genennet wird [q]), geſchieht auch mit einfachen Leinen, aber allezeit außer dem Geſichte des Landes; und die Fiſcher ſind in ihrem Schiffe, aus welchem ſie alles, was ſich darinn befindet, herausnehmen, und nur einen kleinen Maſt und ein einziges Segel behalten, um ſich gegen die überfallenden Wellen zu halten. Wir haben bereits geſagt, daß wir an einem andern Orte von allen dieſen Dingen umſtändlich handeln werden.

§. 5. Von dem Thunfiſchfange mit der bloßen Leine.

Die Fiſcher von Biarritz und Bidor zwiſchen Bayonne und Andaye fahren zehn Meilen weit ins Meer mit Angelhaken von beſonderer Geſtalt, und mit metallenen Hakenſchnuren, Kupfert. II. Fig. 2. Uebrigens ſind ihre Leinen einfach, und ungefehr ſo eingerichtet, wie diejenigen, die man zum Stockfiſchfange braucht.

§. 6. Von dem Fange mit der einfachen Leine in ſehr kleinen Schiffen.

Auf den Salzteichen (Marais ſalés) von Cette in Languedoc, tritt ein Mann in ein kleines Schiff, das ſie Barquette nennen, und ſein Gefährte, oder ſeine Gefährten, wenn mehrere da ſind, halten eine mit vielen Angeln verſehene Leine in der Hand, und ziehen ſie heraus, wenn ſie merken, daß ein Fiſch angebiſſen hat.

Zu Guadaloupe ſteigen gleichfalls 3 Leute in einen kleinen ſehr kurzen Kahn; zwene ſchwimmen, und der dritte regiert und hält zu gleicher Zeit eine Leine, welche 40 bis 50

Klaftern

---

q) Unter dem grünen oder weißen verſteht man die größere Art dieſes Fiſches. Der kleinere heißt der getrocknete oder gedörrte (Morue ſeche oder parce) weil er ſich beſſer trocknen läßt, als der große oder dicke, und daher auch länger und bequemer aufgehalten werden kann. D. S.

Klaftern lang iſt, an deren Ende viele Angelhaken an Dratſchnuren angemacht ſind. Dieſer Fang geſchieht vor Anbruche des Tages bis gegen zehn Uhr des Morgens. Sie fangen gemeiniglich Tazars, und Bonitos oder Bonets, und andere Fiſche.

Eben dieſer Fang geſchieht auch in der Bay von Kola. Zween oder drey Ruſſen gehen in einem kleinen Schiffe auf den Cabillot-Fang aus, und haben einfache Leinen von der Dicke einer Schreibfeder bey ſich, wovon eine jede an ihrem Ende einen beföderten Angelhaken hat.

Da dieſe Art zu fiſchen ſehr einfach iſt, ſo darf man ſich nicht wundern, daß ſie an verſchiedenen Orten gebräuchlich iſt.

§. 7. Vom Fiſchfange mit einfachen Leinen auf kleinen Flößen.

Die Reiſenden erzählen, daß die Bauern auf der Inſel Cypern, die in der Nachbarſchaft des Meeres wohnen, recht trockne Hälmer von Fenchel von 5 bis 6 Fuß an einander binden, und davon Arten von kleinen Flößen machen, womit ein einziger Mann an der Küſte hinfährt, und um eine ſolche Flöße herum Leinen angebunden hat. Auf ſolche Art fangen ſie eine große Menge Fiſche.

§. 8. Von dem Fange mit einfachen Leinen, welcher Catimaran genennet wird.

Wir leſen in den Reiſebeſchreibungen, daß von Maſulipatan bis nach Madras die Fiſcher Rochen, Meerbarben und andere Fiſche mit einfachen Leinen fangen, die ſie an ein Catimaran binden, welches eine Art von Floſſe iſt, der von 3 Stücken leichten Holze gemacht wird, die als ein Triangel zuſammen gefügt werden. Zween nakende Menſchen lenken ſie mit Rudern. Wenn das Meer nicht ſtürmiſch iſt, ſind dieſe Fiſcher beynahe immer im Waſſer.

Unſere Meere ſind zu unruhig, und die Luft zu kalt, als daß man ſich dergleichen Flöſſe auf ſelbigen bedienen könnte. Man nimmt dafür ſehr kleine Schiffe.

§. 9. Vom Fiſchfange auf ſtehenden Seen mit ſchwimmenden Körpern.

Wenn man auf einem ſtehenden See, wo viele Fiſche und hauptſächlich Hechte ſind, fiſchet, ſo kann man, wenn es windig iſt, an eine mit Luft angefüllte Blaſe,

oder

oder an ein Bündel von trocknen Schilfrohr, oder an ein Stücke Kork eine mit beförderten Angeln versehene Leine anbinden. Man bindet auch noch überdieß an diese schwimmenden Körper eine dünne Schnure, und legt sie aufs Wasser. Der Wind führt sie nebst den daran gebundnen Angelleinen ins Weite, und man läßt die Schnure nachziehen. Wenn man nun merkt, daß sich Fische gefangen haben, welches an den Bewegungen der Blase, oder der andern obgenannten leichten Körper zu sehen ist, so ziehet man die Schnure, und bringt die Fische ans Land.

§. 10. Von dem Fischfange von eben der Art, den man zum Vergnügen vornimmt.

Man bindet beköderte Angelhaken an die Füße einer Ente oder einer Gans, welche, indem sie auf der See schwimmt, selbige den Fischen ins Gesichte bringet. Wenn nun ein großer Hecht an die Lockspeise anbeist, so siehet man einen lustigen Kampf zwischen dem Vogel und dem Fische. Um aber nicht beyde zu verlieren, muß unter den Flügeln der Ente eine Schnure durchgesteckt werden, deren Ente man auf dem Lande behält.

Drit-

Drittes Kapitel.

Von den großen Fischereyen mit Seilen, die mit Leinen und Angelhaken versehen sind, und in den Flüssen, Seen und auf dem Meere vorgenommen werden.

Wir haben bereits im andern Kapitel von den mit Angelleinen versehenen großen Seilen bey Gelegenheit der Fischereyen geredet, die am Ufer des Meeres auf dem Strande vorgenommen werden, und diese Seile sind Kupfert. XVII. Fig. 11. vorgestellt.

Unsere Leser werden sich erinnern, daß man, um auf einmal eine große Menge Angeln auszulegen, auf die Gedanken gerathen ist, an ein langes Hauptseil eine Anzahl Leinen, wovon jede einen Angelhaken hat, zu binden. Allein bisher hat man von dergleichen Seilen nur bey kleinen Fischereyen, die beynahe ohne Schiffe auf dem Sande am Ufer des Meeres vorgenommen werden, Gebrauch machen sehen. Nunmehro wollen wir erklären, wie man darzu gelanget ist, mit diesen Hauptseilen beträchtlichere Fischereyen, und zwar sowohl in süßen Wassern, als auf der See anzustellen. Um den Leser in den Stand zu setzen, die Beschreibungen, die wir in den folgenden Artikeln machen werden, desto besser zu verstehen, wollen wir vorläufig sagen, daß es überhaupt 3 Arten giebt, diese Seile auszustellen; indem sie nehmlich entweder auf den Grund des Meeres gelegt werden, welches man auf dem Grunde ausstellen nennet; oder indem man diese großen Seile zwischen dem Wasser mehr oder weniger nahe an der Oberfläche des Meeres schwimmen lässet; oder endlich indem man sie so ausstellt, daß sie von dem Grunde des Meeres bis an die Oberfläche eine schiefe Linie beschreiben.

Was die erste Methode Kupfert. XX. Fig. 2. die auf dem Grunde fischen genennet wird, anbetrifft, so legt man auf das Seil eine hinlängliche Menge Steine, damit es zu Boden sinket. Es werden auf diese Art besonders platte Fische, und verschiedene Arten von Schaalthieren, die von dem Grunde des Meeres nicht wegkommen, gefangen.

Was die runden Fische anbetrifft, die zwischen dem Wasser schwimmen, so bedient man sich der zwoten Art, die in einigen Provinzen la Bellée genennet wird, Kupfert. XX. Fig. 3. Das Seil zwischen dem Wasser zu erhalten, befestigt man von einer Entfernung zu der andern an das Hauptseil Korke; und in diesem Falle gehen die Angeln

geln nur ſo weit ins Waſſer, als ſie von der länge der leinen, woran ſie angebunden ſind, herab hängen. Wenn man will, daß die leinen weiter ins Waſſer hinein gehen, ſo bindet man die Korke an leinen, die mit dem andern Ende an das Hauptſeil angebunden ſind, und hält dieſe leinen mehr oder weniger lang, ſo wie man will, daß das Seil mehr oder weniger ins Waſſer gehen ſolle.

Zuweilen bindet man auch, damit die leinen wohl geſpannt ſeyn mögen, einige kleine Kieſelſteine an das Hauptſeil, welche deſſen Gewicht ein wenig vermehren, aber nicht ſo ſehr, daß die Korke ins Waſſer kommen.

Die Erfindungen, wovon wir reden, ſind wichtig. Denn, wie wir ſchon geſagt haben, ſo giebt es nicht allein Arten von Fiſchen, die ſich mehr oder weniger tief als andere im Waſſer aufhalten; ſondern eben dieſe Fiſche halten ſich auch nach verſchiedenen Umſtänden bald näher bald entfernter von der Oberfläche auf: z. E. wenn es kalt iſt, gehen ſie in die Tiefe, um daſelbſt eine gelindere Temperatur zu ſuchen, und wenn es warm iſt, ſo nähern ſie ſich gerne der Oberfläche, um daſelbſt die Inſecten und kleinen Fiſche, die ſich alsdenn in großem Ueberfluſſe in der Oberfläche aufhalten, wegzuſchnappen.

Die erfahrenſten Fiſcher ſind zuweilen in Verlegenheit zu wiſſen, in welcher Tiefe ſie ihre Leute zu ſuchen haben. Das iſt der Fall, wo man die Ausſpannung der Seile ſchief ſtellen muß, damit ſie von der Oberfläche des Waſſers bis auf den Grund reichen. Auf ſolche Art fallen die Köder den Fiſchen, die ſich in dieſer großen Dicke des Waſſers aufhalten, in die Augen; und wenn man ſo glücklich iſt, eine Fiſchbank anzutreffen, ſo thut man einen ſehr reichlichen Fang. Das iſt einer von den vornehmſten Vortheilen von der Art des Fiſchfanges, die man die Kugel ziehen (Trainer la Balle) nennet, Kupfert. XXI. Fig. 1.

Wir werden dieſe verſchiedenen Arten zu fiſchen in den folgenden Artikeln ſehr umſtändlich beſchreiben.

Erſter Artikel.
Von dem Fiſchfange mit den Seilen, der in ſüßen Waſſern und im Meere in einer kleinen Entfernung von der Küſte geſchiehet.

Bey den Fiſchereyen, wovon wir itzt handeln wollen, kann man die Schiffe nicht entbehren. Um aber die Ordnung, der wir bisher gefolgt ſind, nicht zu unterbrechen, müſſen wir, nachdem wir von den Fiſchereyen, die auf dem Sande vorgenommen werden,

werden, geredet haben, von denen handeln, die in den süßen Wassern und auf dem Meere sehr nahe am Ufer geschehen.

§. 1. Von den mit Angelleinen versehenen Seilen, die in den Flüssen oder stehenden Seen ausgelegt und schlafende Leinen genennet werden.

An ein Hauptseil, das mehr oder weniger lang gehalten wird, so wie es der Umfang des Wasserbettes, wo man fischen will, erfordert, werden Leinen von ungefehr 2 oder 3 Fuß in der Länge, und die im ganzen Umfange des Seils von 3 zu 3 Fuß vertheilet sind, angebunden. Diese Leinen halten Angelhaken, welche wie die Haken der sogenannten Bricolen r) geködert werden. Zur Lockspeise werden Regenwürmer, und Chatouilles gebrauchet, welche, wie wir an einem andern Orte gesagt haben, Arten von kleinen Lampreten sind.

Dieses mit Leinen und geköderten Angeln versehene Seil nimmt man in ein kleines Schiff, und bindet ein Ende davon an einen Pfahl, der an einem Orte, wo man glaubt, daß die Fische häufig hinkommen, sowohl in Flüssen, als in stehenden Seen im Grunde eingeschlagen wird.

Nach und nach entfernt man sich von dem Pfahle, indem man allmählig die ganze Länge des Seils ins Wasser wirft. Wenn man ans Ende kommt, so wird ein Stein von 5 bis 6 Pfunden daran gebunden, und ins Wasser gesenket.

Diese Seile Kupfert. XIX. Fig. 4. werden des Abends zwo Stunden vor Untergang der Sonnen ausgelegt, den andern Tag früh zwo Stunden nach der Sonnen Aufgang wieder aufgehoben. Allein diese sogenannten schlafenden Leinen müssen an Oertern ausgeleget werden, wo keine Steine, Bäume, oder starke Sträucher sind, damit man den Fisch desto leichter aufheben und fangen kann.

Man siehet, daß diese Art zu fischen von den Bricolen, wovon wir oben Seite .˙. geredet haben, nur darinne verschieden ist, daß eine Anzahl von Angelleinen und Haken an der Länge des Seils vertheilt ist; an statt daß die Bricolen nur einen oder aufs höchste zwo Angelhaken an dem Ende des Seils halten.

Es

r) Das sind die in Flüssen gebräuchlichen Leinen, die an einen Pfahl gebunden werden, und am Ende einen oder zween beköderte Angelhaken halten. D. S.

Es werden damit Barben, Barsche und andere Fische gefangen. Wenn man diese Seile an einem Orte, wo es viele Aale giebt, auslegen wollte, so müssen die Angeln kleinen von Haaren, und wenn man Hechte fangen wollte, von Meßing gemachet werden, Kupfert. XVI. Fig. 9.

Bey Plousac in Bretagne werden auf solche Art in dem Flusse Treguier Flans, Wilhelme *) (Guilleaumes) und andere, und an andern Orten die verschiednen Gattungen, die daselbst anzutreffen sind, gefangen.

§. 2. Von den Fischereyen auf dem Grunde, die in einer kleinen Entfernung von den Küsten vorgenommen werden.

In einer kleinen Entfernung von den Küsten, sowohl auf dem Mittel- als auf dem Weltmeere, macht man Fischereyen, die derjenigen beynahe ähnlich sind, wovon wie eben gehandelt haben. Man nimmt ein Seil, das dem Kupfer XVII. Fig. 11. ähnlich ist, von 25 bis 30 Klaftern mehr oder weniger in der Länge, und das mit keinen versehen ist, die 4 bis 5 Fuß lang, und an dem Hauptseile mit beynahe ähnlichen Zwischenräumen vertheilt sind.

Von einer Entfernung zur andern, und in ihrer ganzen Länge werden an dieses Hauptseil Kieselsteine F, Fig. 11. Kupfert. XVII. und an 'eines von diesen Enden ein großer Stein H, angebunden.

Die Fischer, welche sich auf einem kleinen Schiffe A, Kupfert. XX. Fig. 2. befinden, machen damit den Anfang, daß sie den großen Stein ins Meer werfen. Darauf schiffen sie langsam fort, und so wie sie sich von diesem Steine entfernen, werfen sie nach und nach das Seil aus, bis sie ans Ende kommen. Alsdenn befestigen sie einen kleinen Stein B mit einer Schnure daran, die nach der Tiefe des Wassers mehr oder weniger lang ist. Diese Schnure endigt sich mit einem Zeichen C, wobey man das Seil, wenn man es zurück ziehen will, wieder finden kann. Wenn dieses Seil einige Stunden im Meere geblieben ist, so sucht man das Zeichen, und indem man die Schnure, die daran hängt, ergreift, ziehet man sie an Bord, sodann nach und nach die ganze Länge des Seils, und endlich den großen Stein, macht die anhängenden Fische, so wie sie vorkommen,

*) Von diesen Fischen finde ich in keinem Buche eine nähere Nachricht. Vielleicht geben ihnen nun die Fischer zu Plousac diese Namen. Die von dem Herrn Verfasser noch zu erwartende Geschichte der Fische wird vermuthlich die Sache klar machen, was unter diesen Benennungen für Fische zu verstehen seyn? D. S.

kommen, loß, thut wieder Köder daran, wo welche fehlen, fängt den Fischfang vom neuen an.

Es werden damit verschiedene Arten von Fischen, nach der Größe der Angeln nach der Art des dazu gebrauchten Köders, und nach der Beschaffenheit des Grundes, worauf das Seil niedergelassen worden, gefangen. Allein die gewöhnlichsten sind bey jedem Fischfange auf dem Grunde Plattfische und Schaalthiere.

§. 3. Von dem Fischfange mit Seilen auf dem Grunde zwischen den Klippen.

Wenn der Fischfang, wovon im vorigen §. die Rede gewesen ist, zwischen den Felsen getrieben wird, so begeben sich die Fischer, die mit einem Seile versehen sind, welches dem eben gedachten ähnlich, und gemeiniglich nicht sehr lang ist, damit es sich desto besser nach den Krümmungen, welche die Felsen machen, fügen könne, in sehr kleine Schiffe, und suchen einen Weg zwischen den Felsen. Sie werfen einen großen Stein ins Meer, und indem sie darauf auf diesem Wege zurück kommen, lassen sie ihr Seil ins Wasser, und binden zuletzt an das Ende desselben eine dünne Leine, wovon sie das Ende in ihrem Schiffe behalten. Sie bedienen sich derselben, das Seil aus dem Wasser, und den Fisch an Bord zu ziehen.

§. 4. Verschiedene Arten, wie die Fischereyen, wovon wir eben Meldung gethan haben, in verschiedenen Ländern ausgeübt werden.

Zu Lissebon binden die Fischer an ein Hauptseil sehr nahe zusammen eine Menge kleinere Leinen, die nur 1 Fuß lang sind, so daß in einer Länge von 16 bis 18 Klaftern 50 bis 60 Leinen und eben so viel kleine Angelhaken sind. Ein großer Stein, den sie an das eine Ende binden, und Kieselsteine, die sie in der Länge vertheilen, senken dieses Seil auf den Grund. Wenn es einige Zeit im Wasser geblieben ist, so zieht man es mit vielen an den Haken hängenden Aalen herauf.

Dieser Fischfang wird den ganzen Sommer in dem Flusse St. Brieuc bey der Insel Brehat getrieben. Die Einwohner von Brehat entfernen sich nur einen Flintenschuß von der Küste, und fangen bloß Schellfische und sogenannte alte Weiber [1]) (Vielles).

Ja

---

[1]) Mit diesen Namen sind zweyerley Fische belegt worden: 1) *Labrus* Tinca LINN und 2) *Balistes* Vetula LINN, beyde nennen auch die Engländer Old-Wife. Dieser ist eine Art von Stockfischen, die aber an der Größe alle andere Arten übertrifft, wie es denn solche alte Weiber

In der Gegend von Pampol werden auſſer den alten Weibern und Schellfiſchen, auch Meeraale, Meerbarben und andere Fiſche gefangen.

Bey der Inſel Noirmoutier fiſcht man mit Seilen von 30 Klaftern in der Länge die mit groſſen und kleinen Steinen beſchweret und mit Leinen von einer Klafter in der Länge verſehen ſind, welche von Klafter zu Klafter in der ganzen Länge des Hauptſeils vertheilt werden. Es werden damit Rochen, Meeraale und andere Fiſche gefangen. Man nimmt daher dickere Leinen und ſtärkere Angelhaken, als wenn man kleine Fiſche fangen will.

Es werden auch mit Seilen die mit Leinen von Bleyſäden und Haken verſehen ſind, zu Guadaloupe Rouges u), Capitäns x), (Capitaines) und andere Fiſche, gefangen, allein die Fiſcher werden daſelbſt oft in dem Augenblicke, da ſie ihre Beute in die Chaloupe ziehen wollen, von groſſen Seehunden darum gebracht.

Um eines beynahe ähnlichen Fiſchfanges willen begeben ſich die Italiener in einer Anzahl von dreyen Fiſchern auf eine kleine Piroque mit einem Seile oder Palander von 100 bis 200 Klaftern in der Länge, ſo mit 2 bis 300 Angelhaken verſehen iſt. Ein Ende derſelben binden ſie an einen Pfahl, und indem ſie langſam ins Weite fahren, werfen ſie nach und nach ihr Seile ins Meer. Von Zeit zu Zeit heben ſie es wieder auf, um den Fiſch, der angebiſſen hat, abzunehmen, und fangen ſogleich ihre Arbeit wieder an. Man kann ſich von dieſem Fiſchfange einen Begriff machen, wenn man Kupfert. XIX. Fig. 4. zu Rathe ziehet.

Zweeter Artikel.

Von den groſſen Fiſchereyen, die mit Seilen oder Palandern, auf dem hohen Meere vorgenommen werden.

Da die Fiſchereyen, wovon im vorigen Artikel gehandelt wurde, keine groſſen Koſten erfordern, und mit wenig Leuten geſchehen können, ſo treibt man ſie an unzähligen Orten, bloß mit einigen Unterſchiede in Anſehung der Dicke der Seile und der Leinen,

H 2 oder

Weiber giebt, die über 200 Pfund wiegen. Sie werden inſonderheit an der Küſte von Guinea gefangen und haben ein zartes, weiſſes, und fettes Fleiſch, das grün und geſalzen gerne gekauft wird. D. S.

u) Unter dieſen Namen iſt kein Fiſch bekannt.
Rouget iſt Trigla Lyra linn. Nach dem Dictionaire d'Hiſtoire nat. wird dieſer Fiſch zu

Marſeille Galline genannt: und wer weiß was er für andere franzöſiſche Namen hat? D. S.

x) Das ſoll ein americaniſcher Fiſch ſeyn, der einige Reihen Schuppen, wie ein Halsband um den Hals hat. Mehr iſt mir auch von dieſem Fiſche, dem man den Namen eines Hauptmanns gegeben hat, nicht bekannt worden. D. S.

oder der Stärke der Angelhaken. Diejenigen, wovon wir handeln wollen, sind nicht wesentlich davon verschieden. Man braucht bloß längere Seile dazu. Um sie in größern Schiffen zu treiben, wird eine zahlreichere Equipage (Schiffsvolk) dazu erfordert. Auf solche Art treiben sie sehr große und weitläuftige Fischereyen, welches aus der Ursache nur von gewissen geschlossenen Zünften der Fischer geschehen kann.

Sie werden vernehmlich im Winter, wenn das Wasser kalt ist, nothwendig, weil alsdenn die Fische sich von den Küsten entfernen, um das große Wasser und die Tiefen zu suchen. Es wird mit diesen großen Seilen entweder auf dem Grunde, oder auf dem halben Grunde gefischet, wie man aus der gleich folgenden Beschreibung ersehen wird.

§. 1. Von dem großen Fischfange auf dem Grunde.

Diejenigen, die diesen Fang treiben, haben ein Hauptseil von 6 bis 9 Linien im Umfange, und jedes Stück hat ungefehr 70 Klaftern in der Länge. Es ist mit 5 bis 6 Steinen, die 1 Pfund am Gewichte haben, und mit 70 Leinen versehen, die von Klafter zu Klafter angebunden sind, und 1 Klafter in der Länge haben.

Um diese Stücken, die in E und F. **Kupfert. XIV. Fig. 1.** zusammen gelegt sind, ins Meer zu bringen, rollt oder legt man sie in einen Korb G, **Fig. 1.** wie die Frau B. **Fig. 2.** thut, die eine sogenannte **Erwerberinn** (Aquerelle) vorstellt, und ein Stück H, aufwindet, um es in den Korb c, den sie neben sich stehen hat, zu legen. Man siehet auch einen Theil der Leinen um den Korb herum hängen.

In Provence ist dieser Korb, den sie Canesteau nennen, oben mit einer Leiste von Korke eingefaßt, der sie den Namen Garlande gegeben haben, und in welche sie die Spitze der Angelhaken stecken, die an den Leinen hängen.

Es begeben sich 7 bis 8 Fischer in ein Schiff, **Kupfert. XIX. Fig. 2. und 3.** Ein jeder giebt 2 oder eine größere Anzahl von Körben oder Stücken Seile, die mit Rudern versehen sind. Sie segeln oder rudern an den Ort des Fanges, und so wie sie ein Stück ins Meer gethan haben, fügen sie ein anderes daran. Wenn 14 oder 16 Stücke also mit den Enden an einander gebunden sind, so ist die Aufspannung vollständig.

Da die Seile nicht alle gleich neu sind, so thut man die zuerst ins Wasser, die am meisten abgenutzt sind; nicht allein, weil sie in dieser Lage nicht so viel ausstehen dörfen als die andern, sondern auch, weil, wenn sie zerreissen sollten, nicht ein so großer Theil von der ganzen Ausspannung verlohren gehet.

Die

Die Stücken, die verlohren gehen, müſſen zwar von der Equipage gemeinſchaftlich bezahlet werden; das geſchiehet aber nach der Schätzung der Fiſcher, und da leidet der Eigenthümer allezeit einen größern Verluſt, als die andern.

Um das ganze Seil auszuſpannen, macht man, wie wir ſchon bey der Abhandlung von den kleinen Fiſchereyen geſagt haben, die in einer kleinen Entfernung von den Küſten vorgenommen werden, damit den Anfang, daß ein großer Stein, oder Baude (dieſer Ausdruck iſt in Provence gebräuchlich) an das Ende desjenigen Stückes gebunden wird, welches zuerſt ins Waſſer gethan werden ſoll.

Man bedienet ſich auf dem Weltmeere der Fluthzeit, das Seil gegen den Wind ins Waſſer zu werfen, damit, wenn das Schiff langſam ſegelt oder rudert, es leichter ausgeſpannet werden könne, wie man Kupfert. XIX. Fig. 1. ſiehet, und damit man es auch deſto leichter wieder heraufhohlen könne.

Wenn das Seil mit einem großen Steine, und mit Kieſelſteinen beſchweret iſt, ſo fällt es auf den Grund des Waſſers.   Indem man das erſte Stück ins Waſſer läſſet, ſo bindet man das zweyte daran, das in einem andern Korbe iſt.   Dieſes läßt man, wie das erſte, ins Waſſer, bindet darauf ein drittes, und ferner ein viertes daran, welches ſo fort gehet, bis alle Stücke ins Meer gebracht worden ſind; endlich aber bindet man an das Ende des letzen Stückes einen kleinen Stein B, Kupfert. XX. Fig. 2. und ein Seil mit einem Zeichen C, welches gemeiniglich eine Tonne mit einer Flagge iſt, damit man es deſto leichter gewahr werden könne.

Wenn wir geſagt haben, daß man die 16 Stücke der ganzen Ausſpannung ins Meer würfe, ſo haben wir dabey voraus geſetzt, daß 8 Mann im Schiffe ſind, und daß ein jeder 2 Stücke hergiebt.   Wir haben auch voraus geſetzt, daß jedes Stück 60 Klaftern lang iſt, ſo daß die ganze Ausſpannung 960 Klaftern ausmachet.   Sie iſt zuweilen noch größer, weil entweder die Stücken länger ſind, oder die Matroſen dreye oder viere an ſtatt zweyer liefern, oder weil die Equipage zahlreicher iſt; woraus folget, daß gewiſſe Ausſpannungen über eine Meile lang ſind.

Die günſtigſte Zeit zu dieſem Fange iſt eine halbe Stille.

Die meiſten Fiſcher auf dem Weltmeere binden an jedes Stück ein Zeichen, um dieſe Stücke, wenn eines zerreißt, wieder finden zu können.   Dieß iſt eine ſehr gute Vorſicht.   Diejenigen, die ſie nicht brauchen, verlieren zuweilen viel Zeit, ihre Ausſpannung auf dem Grunde des Meeres mit einer mit Haken verſehenen großen Kette (Cateniere), Kupfert. X. Fig. 9, oder mit einem Haken, Fig. 11. zu ſuchen.   Wir haben dieſes Verfahren bereits oben beſchrieben.

Die

Die Fischer, die mit dem großen Seile auf dem Grunde fischen, suchen zuweilen den Grund des Meeres in einer Tiefe von 100 Klaftern.

Man siehet wohl, daß viel Vorsicht erfordert wird, eine so grofe länge von Seilen, die mit Leinen und Angelhaken versehen sind, so ins Meer zu laffen, daß sich nichts in einander verwickele. Um dieses zu begreifen, darf man sich nur erinnern, daß eine Ausspannung von einer großen Anzahl Stücken gemacht wird, die mit den Enden an einander gefügt sind. Die Leinen Kupfert. XX. Fig. 2. vertheilen sich auf beyden Seiten auf dem Grunde B D, und man siehet in E Fische, die gefangen sind. Denn A C und B D stellen die Tiefe des Meerwassers, oder einen Abschnitt dieses Wassers vor, worinne Fische schwimmen.

Da man auf dem XX. Kupferstiche nicht die ganze länge der Ausspannung hat vorstellen können, und da sie in D abgeschnitten ist, so siehet man nicht den großen Stein, der anfänglich ins Meer geworfen worden; er ist aber H, Fig. 11. Kupfert. XVII. vorgestellet worden.

Wenn alle Stücke, die eine Ausspannung ausmachen, im Wasser sind, so wird an das Ende, wie wir schon gesagt haben, ein kleiner Stein B, Kupfert. XX. Fig. 2. und ein Seil, B C, so mehr oder weniger lang gehalten werden muß, nachdem das Meer mehr oder weniger tief ist, angebunden. An das Ende dieses Seils ist ein Zeichen C angebunden, wobey man das Ende der Ausspannung finden kann.

Es ist gewiß, daß nicht alle Fischer so wohl in Ansehung der Dicke ihres Hauptseils, als auch in Ansehung seiner länge, der Anzahl der Seitenleinen, womit sie versehen sind, und anderer Dinge einerley Regeln beobachten. Um aber von dieser Art des Fischfanges einen genauen Begriff zu machen, wollen wir sagen, daß in der Gegend von Havre die Seile gemeiniglich mit 500 Seitenleinen versehen sind, die in einer Entfernung von 2 Klaftern von einander angebunden werden, und man richtet die Dicke des Hauptseils, so wie die Dicke der Seitenleinen und der Angelhaken nach der Art des Fisches, den man fangen will, ein, so daß es zuweilen sehr kleine Haken, und zu andern Fischereyen beynahe so große als zum Stockfischfange giebt.

Wir wollen umständlicher, als wir oben gethan haben, zu erklären suchen, wie man zu Werke geht, wenn man die Stücken der Seile einschiffet, wie man sie ins Meer wirft, und wie man sie heraus ziehet, ohne daß solche große Seile, und so viele Leinen, womit sie versehen sind, in Verwirrung gerathen. Wir wollen, wenn wir auch einige Wiederhohlungen machen sollten, bey diesem Punkte gerne stehen bleiben, weil die Erläuterungen, die wir bey Gelegenheit der großen Seile geben werden, bey den andern Arten von Ausspannungen, wovon wir in der Folge zu handeln haben, ihren Gebrauch äuffern werden.

Wie

Wir haben schon gezeiget, daß die Weiber, oder sogenannte Erwerberinnen, *Kupfert. XIV.* jedes Stück, das sie zubereitet haben, in Körbe so zusammen legen, daß das Hauptseil in dem Korbe zirkelförmig liegt. Die Seitenleinen nebst den Angelhaken und ihren Ködern werden so neben einander gelegt, daß die Spitze der Haken oben, und die Rücken derselben an die innern Wände des Korbes zu liegen kommen. Endlich werden die Seitenleinen in der Mitte zusammen gelegt. In der Provence hängen die meisten Seitenleinen heraus, und die Haken werden in die Korkleiste, womit der Rand des Korbes eingefasset ist, hinein gesteckt.

Jeder Korb hat ein Zeichen, woran zu erkennen ist, wem er gehört, und jeder Matrose bemerket seine Stücken durch eine gewisse Anzahl von Knoten, welches nothwendig ist, um allen Streit, hauptsächlich bey Havereyen, zu vermeiden.

Die also zubereiteten Stücke werden in das Schiff getragen, und wenn man an den Ort des Fischfanges gekommen ist, so wird an das Ende des Hauptseils der obgemeldte große Stein, welcher 40 bis 50 Pfund wieget, gebunden. Es wird auch alsdann das Seil daran gebunden, welches an einem Zeichen hängt, nehmlich an einer Tonne, so gewöhnlich eine kleine Flagge trägt.

Der Meister oder Herr des Schiffes a, *Kupfert. XIX. Fig. 2.* stellt sich hinten hin, und hat einen Korb und einen Matrosen b bey sich.

Der Meister (a) wirft den großen Stein, das Seil und das Zeichen ins Meer, als wenn er den Anker werfen wollte. Sein Gehülfe (b) ziehet aus dem Korbe das Hauptseil und die Seitenleinen mit Behutsamkeit heraus, und giebt es dem Meister, der es langsam ins Meer läßet. Unter der Zeit schiffet die Equipage langsam fort. So wie also das erste Stück ins Meer geworfen wird, werden auch von Zeit zu Zeit einige Kieselsteine daran gebunden. Nachdem hierauf ein anderer Korb herbey gebracht worden, so wird das Ende des darinne befindlichen Seils, an das Ende desjenigen, so eben ins Meer geworfen worden, angebunden. Dann wird ein drittes, ein viertes Stück u. s. f. damit vereiniget, bis die ganze Ausspannung im Wasser ist; und wenn man an das Ende des letzten Stückes kommt, so wird ein kleiner Stein und ein Seil daran gebunden, welches ein Zeichen trägt. Alsdenn ruhet die Equipage, indem sie ein paar Stunden bey diesem Zeichen bleibt; darauf fängt sie an die Ausspannung aufzuheben, indem sie anfänglich das Seil mit dem Zeichen, und dann das Hauptseil herauszieht. Der Meister ist es, der diese Arbeit übernimmt; sein Gehülfe macht die Fische und die Kieselsteine los, so wie sie vorkommen. Zuweilen thut ein dritter Matrose jedes Stück wieder in den Korb, woraus man es genommen hat, und diese Arbeit geschieht beynahe in einer umgekehrten Ordnung in Betracht derjenigen die man beobachtet, als die Ausspannung

nung ins Meer gelaſſen worden; das iſt, die Equipage ſchifft langſam, und folgt ungefehr der Richtung, die die Ausſpannung auf dem Grunde des Meeres genommen hat.

Wenn die ganze Ausſpannung an Bord gebracht worden, ſo fährt man mit den er-
beuteten Fiſchen in den Hafen zurück.   Dieß ſind gemeiniglich Rochen, Grondins y),
Seehunde, und andere.   Wenn unterdeſſen die großen Fiſcher von einem kleinen Schiffe
begleitet werden, ſo geben ſie ſelbigem die Stücke, die ſie gebraucht haben, um ſie den
Weibern, die Erwerberinn heißen, zu geben, die ſie ſogleich waſchen, ausbreiten, trocken
machen, und hernach wieder mit keinen und Angelhaken, wo dergleichen fehlen, und mit
friſchen Ködern verſehen.   Alles dieſes kann man auf der XIV. Kupfertafel erſehen.

Das kleine Schiff überliefert den Fiſchern eine neue Ausſpannung, damit ſie ihre
Arbeit, wenn es die Zeit verſtattet, fortſetzen können.   Endlich nimmt dieſes kleine
Schiff die Fiſche um ſie zum Verkaufe zu führen, wenn ſie an die Küſte, oder in den
Hafen gebracht ſind.

Aus dem, was wir itzt geſagt haben, folget, daß, um dieſen Fang wohl zu bewerkſtelligen, jeder Matroſe drey beſondere Sortiments von Stücken zur ganzen Ausſpannung
haben müſſe, damit, wenn eines auf dem Meere iſt, das andere in Bereitſchaft ſey, den
Fiſchern überliefert zu werden, und das dritte ſich in den Händen der Weiber, die Erwerberinn heißen, befinde.

In gewiſſen Gegenden bindet man an die Angelleinen Korke GG, Kupfert. V.
Fig. 1. damit die Haken von dem Grunde des Meeres leicht abgehen.   Und dieſes iſt
hauptſächlich nöthig, wenn man auf etwas ſchlammigten Gründen fiſchet; alsdenn fängt
man auſſer den Plattfiſchen auch einige runde Fiſche.

§. 2. Von einem beynahe ähnlichem Fiſchfange, der an den Küſten des
Kirchenſtaates üblich iſt, und Pielago genennet wird.

An dem Mittelmeere, und beſonders an den Küſten Italiens wird mit Tartanen
ein beträchtlicher Fiſchfang gemacht, der von dem, welchen wir eben beſchrieben haben,
wenig unterſchieden iſt.   Er wird daſelbſt Pielago genennet.

Die Ausſpannung wird von einem langen Seile, Paraſina genannt, gemacht.
Dieß iſt ein Palander oder ein mit Seitenleinen und Angelhaken verſehenes Seil. Man
wirft es erſt aus, wenn man wenigſtens 30 Klaftern von der Küſte entfernet iſt.   Es
breitet ſich bis auf 20 Meilen im Meere aus, und hält 10 bis 12000 Angelhaken.   An
das Ende des Seils wird ein Stein gebunden, und dieſes Stück zuerſt ins Meer geworfen.

---

y) Das iſt wiederum ein unbekannter Name eines Fiſches, oder andern Seethiers. D. S.

fen. Von einer Entfernung zur andern werden Korkzeichen angemacht, welche an keinen hängen, die von der länge sind, daß das Seil dadurch nicht aufgehalten wird, auf den Grund zu kommen.

Während daß man sie auslegt, entfernt sich die Tartane langsam nach dem Winde oder nach den Eftröhmen von dem Ufer. Man läßt die Paralina einige Stunden im Meere, und hebt sie alsdenn auf. Die große länge dieser Ausspannung ist Ursache, daß wenigstens 24 Stunden erfordert werden, sie herauszubringen und wieder aufzuheben.

Sie fangen mit der Paralina eine Menge von Rochen, Seehunden und andern Fischen, wovon einige über 1000 Pfund wiegen. Um diese an Bord zu ziehen, muß man sie mit einem eisernen Haken, der an dem Ende einer Stange ist, harpuniren; man tödtet sie, so wie sie aus dem Wasser kommen, wie man es beym Störfange vorgestellt sehen wird.

Dritter Artikel.

Von dem Fischfange mit schwimmenden Seilen, die bey der Fluth von dem Ufer abgehen, der an einigen Orten Belléo genennet wird.

Mit den großen auf dem Grunde ausgelegten Seilen werden keine andern als Platfische gefangen. Die zwischen dem Wasser schwimmenden, oder der Oberfläche sich nähernden Fische zu fangen, bedient man sich schwimmender Seile, Kupfert. XIX und XX. Diese Seile sind nicht so dicke, als diejenigen, die zum Fischfange auf dem Grunde gebrauche werden, und sie sind hauptsächlich darinne von einander unterschieden, daß man, anstatt an die großen Seile einen großen Stein und mehrere Kieselsteine zu binden, an die Seile der Belléo, womit in der Mitte des Wassers gefischt wird, von zwo zu zwo Klaftern Korke bindet, die sie zuweilen ganz an der Oberfläche des Wassers halten, Kupfert. XIX. Fig. 1; und alsdenn kommen nur die Angelleinen mit den Haken ins Wasser. Zuweilen, wenn die Fischer vermuthen, daß der Fisch zwo oder drey Klaftern unter dem Wasser ist, legen sie das Seil in dieser Tiefe aus. Daher binden sie, anstatt die Korke unmittelbar an das Hauptseil anzulegen, selbige an leinen, welche mit diesem Seile übereinstimmen, Kupfert. XX. Fig. 3. und sie halten sie mehr oder weniger lang, so wie sie es für gut befinden, die Angeln tiefer oder seichter im Wasser zu haben. Zuweilen binden sie hier und da kleine Kieselsteine an, damit die leinen, welche den Korken gleich sind, mehr gespannet werden mögen. Aber diese

3 Kiesel

Kieselsteine müssen sehr leicht seyn, damit die Korke nicht ins Wasser kommen. Denn sey wie ihm wolle, so muß doch an die beyden Enden eines jeden Stückes des Seils, womit in der Mitte gefischet wird, ein großer Kork mit einem Zeichen von trocknem Schilfe an die beyden Enden der Ausspannung angemacht werden. Endlich wird an das Ende der Ausspannung ein Seil angebunden, woran die Fischer das eine Ende im Schiffe behalten.

Diese Ausspannung, so wie diejenigen, womit auf dem Grunde gefischet wird, besteht aus einer Anzahl von Stücken, die mit den Enden an einander gebunden werden, und alle zusammen haben eine Länge von 5 bis 600 Klaftern, und darüber.

Um die Ausspannung ins Meer zu bringen, segeln oder rudern die Fischer ein wenig; wenn sie selbige aber ausgebracht haben, ziehen sie die Segel ein, und stechen weiter hinaus, indem sie die Ausspannung eine oder zwo Stunden lang fortziehen. Wenn sie sie aufheben wollen, so brauchen sie einige Ruder, um das Schiff gegen die Gewalt zu halten, welche die Matrosen anwenden müssen, die Ausspannung an Bord zu ziehen. Uebrigens arbeitet man so, als wenn auf dem Grunde gefischet wird.

Es werden auf solche Art Kabeljau, Makrelen und andere Rundfische, selten aber Plattfische gefangen.

§. 1. Von dem Fischfange zwischen den Felsen mit schwimmenden Seilen.

Diese Art zu fischen ist von der eben beschriebenen nur in soferne unterschieden, daß die Seile viel kürzer sind. Uebrigens haben wir schon an einem andern Orte gesagt, wie die Seile auf dem Grunde zwischen den Klippen aufgelegt werden, und man siehet Kupfert. XX. Fg. 3. wie die Fischer die schwimmenden Seile A B in eben dieselben Tiefen ausbringen. C sind die Korke, D die Leinen, welche mit diesen Korken gleich sind, E kleine Bleystücke, die man zuweilen an die Seile bindet, damit die Leinen, die den Angeln gleich sind, hinunter fallen, G das Schiff, worauf die Fischer sind. Nach dem, was wir von den Seilen, womit in der Mitte des Wassers gefischt wird, gesagt haben, wäre es unnütze, wenn wir diese Art des Fischfanges weitläuftiger abhandeln wollten, weil sie nur eine kleinere Art desselben ist.

Man braucht zu diesem Fange weder einen großen Stein, noch ein Zeichen. Die Fischer behalten in ihrem Schiffe ein Seil, das mit dem Ende der Ausspannung übereinstimmt, und schiffen langsam, damit der Fisch dem Köder nachschwimme, und damit sie die Leinen aus den Klippen losmachen können, ohne etwas zu zerreissen.

§. 2.

§. 2. Von dem Fischfange, den die Neapolitaner Paranchuso nennen.

Dieser Fang ist der Bellée, in der Mitte des Wassers so ähnlich, als der Pielago den Fischereyen auf dem Grunde.

. Die Neapolitaner rudern in kleinen Felouqven auf diesen Fang aus. Sie nennen selbige Tartanellen, und sie sind mit 6 Mann besetzt.

Der Umfang des Hauptseils beträgt ohngefehr einen Viertelzoll. Dieses Seil ist sehr lang, und mit einer Menge von sehr feinen Leinen, und einer Anzahl von Korken, damit sie schwimmen, versehen. Die Fischer lassen sie dem Strohme nach abgehen, und heben sie von Zeit zu Zeit auf, um die Fische, die an den Köder angebissen haben, abzunehmen. Dieser Fischfang ist also von der Bellée wenig unterschieden.

Vierter Artikel.

Von dem Fischfange, wo die Seile von der Oberfläche des Wassers bis auf den Grund des Meeres reichen, indem sie in dem Fluido eine Diagonallinie beschreiben.

Bey den eben gedachten Arten des Fischfanges sind die Seile sehr lang, um die Anzahl der Angeln zu vervielfältigen. Denn es wird nur ein Seil auf einmal ins Meer geworfen, und zwischen den Leinen so viel Zwischenraum gelassen, als sie lang sind. Dieser Umstand ist nothwendig, damit sich die Angeln nicht in einander verwickeln. Was die Fischereyen anbetrifft, wovon wir eben geredet haben, so sind die Leinen nicht einmal an ein Hauptseil angebunden. Sie sind von einander entfernt, bald durch kleine Ruthen, die Baluettes genennet werden, bald durch ein Stück Holz, welches Avalette heißt, und zuweilen hängen sie an dem Ende eines eisernen Drates.

Einer von den Vortheilen einiger dieser Gattungen des Fischfanges besteht darinn, daß man die Angeln in der ganzen Dicke des Wassers vertheilen, und sie so auslegen kann, daß sie von verschiedenen Arten von Fischen, in was für einer Entfernung von der Oberfläche sie sich auch aufhalten, entdeckt werden können. Eine Art von diesen Fischereyen wird die Kugel ziehen genennet, eine andere das Libouret, und eine dritte die große Koppel. Wir wollen in den folgenden Paragraphen davon handeln.

3 §. I.

§. I. Von dem Fischfange, der die Kugelziehen genen̄net wird.

Bey diesem Fischfange darf das Hauptseil a b, Kupfert. V. Fig. 2. nicht gar so lang seyn, als das Wasser, wo man fischen will, tief ist. Man bindet an das Ende b eine Kugel, oder ein anderes Gewichte, welches von dem Grunde ungefehr 1 Klafter entfernt seyn muß. An die ganze seine dieses Seils a b werden in einer Entfernung von einer Klafter Ruthen von Mäußdorn (Houx- frelon, Ruscus,) der in der Normandie Vergandier heißt, angebunden. Diese Ruthen d c, welche Baluettes genennt werden, haben nur 4 bis 5 Zoll in der Länge, und an ihrem Ende bindet man sehr seine Leinen f an, welche ungefehr 2 Klaftern lang sind.

Man siehet leicht, daß, da die Leinen von dem Seile durch die Ruthen, Baluettes, woran sie gebunden sind, entfernt gehalten werden, die Angeln sich nicht so leicht in einander verwickeln können.

Einer von den Vortheilen dieser Art zu fischen ist, daß man, anstatt die Hauptseile von einer großen Länge zu machen, viele von diesen Seilen ins Meer thut, welche den Fischen eine große Anzahl Angeln vorhalten, obgleich keine nicht sehr lang ist.

Wenn man die Augen auf Fig. 2. Kupfert. V. richtet, so wird man sehen, daß das Gewicht oder die Kugel, die sich an dem Ende des Hauptseils befindet, zur Absicht hat, sie in einer verticalen Stellung zu halten; und sie hat sie wirklich, wenn das Schiff unbeweglich, und kein Strohm vorhanden ist. Allein, sie bekömmt eine schiefe Stellung, wenn das Schiff fortgeht, und diese Stellung vermehrt sich nach der Geschwindigkeit des Laufes des Schiffes. Uebrigens schwimmen alle Angeln zwischen dem Wasser ohne Verwirrung, wie man Kupfert. XXI. Fig. 10. siehet, wo A B C 3 von dergleichen Seilen, und D die an ihr Ende befestigten Kugeln sind. Es ist wahr, diese Seile halten eben keine große Menge Angeln; allein, dieses wird dadurch ersetzt, daß man gewöhnlich 3 Seile von einem einzigen Schiffe auswirft. Unterdessen ist dieser Fang niemals weder so ermüdend, noch so weitläuftig, als die Fischereyen mit dem großen Seile, oder mit der Bellée; und aus der Ursache erfordert er auch nicht so viele Leute. Er kann überdieß von Fischern, welche zu großen Fischereyen nicht reich genug sind, vorgenommen werden. Unterdessen fängt man damit viele Stockfische, Makrelen, und andere Fische, sowohl von denen, die sich nicht weit von dem Grunde des Meeres entfernen, als von denen, die sich der Oberfläche des Wassers nähern, weil in alle diese Tiefen Angeln kommen.

Aus

Aus dem, was wir gegenwärtig gesagt haben, folget, daß, wenn das Schiff stille steht, die Angeln von der Oberfläche des Wassers bis auf den Grund vertheilet sind, und wenn es fährt, das Seil eine Diagonallinie beschreibt, welche zwar nicht so beträchtlich ist, als sie die Figur vorstellt, die aber doch die Angeln in der ganzen Dicke des Wassers vertheilet.

Wenn man sich der Kugel und eines mit Ruthen versehenen Seils bedient, so wird gemeiniglich unter Segel gefischet. Man sieht nur darauf, daß die Größe des Gewichts mit der Geschwindigkeit des Schiffes ein Verhältniß habe. Es wird vermehrt, wenn ein kühler Wind wehet, und vermindert, wenn der Wind schwach ist. Aus der Ursache nennt man diesen Fischfang die Kugel ziehen. (traîner la Balle.)

Die Kugeln ins Meer zu werfen, stehen 3 Fischer Kupfert. XXI. Fig. 1. auf dem Bord ihres Schiffes, und jeder hat eine Chalouppenbank neben sich, die sie Tire nennen. Auf diese Bank legen sie das Seil, welches mit Ruthen versehen ist in die Runde zusammen. Der Matrose, welcher zu hinterst steht, wirft zuerst seine Kugel ins Meer, so weit als er kann, und allezeit gegen den Hintertheil des Schiffes zu. Es giebt einige, die so stark sind, daß sie selbige 5 bis 6 Klaftern weit von sich werfen. Das Seil und die Seitenleinen, die mit Angeln und Ködern versehen sind, läßt der Matrose so, wie es der Strom mit fortnimmt, ins Wasser gehen.

Der andere Fischer, der in der Mitte des Schiffes steht, wirft die Kugel vor sich und nicht so weit, läßt auch nicht eine so große Länge von dem Seile aus, damit die Angeln sich nicht unter die von der ersten Kugel vermengen.

Der dritte Fischer läßt sein Bley gerade hinunterfallen; er läßt auch noch viel weniger Seil, als der andere ins Wasser gehen.

Das ist aber noch nicht alles; man muß auch darauf sehen, daß das Gewichte des ersten Matrosen nicht so schwer ist, als das Gewichte des mittlern, und daß das Gewichte des vordersten am schwersten unter allen ist; welches allezeit zu dem Ende geschiehet, zu vermeiden, damit sich die Angeln nicht in einander verwirren.

Wenn man das Hauptseil in der Hand hält, so verspürt man, ungeachtet des Gewichtes der Kugel, die Erschütterungen, welche die Fische an den Seitenleinen machen, wenn sich einige gefangen haben. Alsdenn ziehet jeder Matrose sein Seil nach und nach heraus, legt es auf die Bank, die neben ihm steht, und so wie sich Angeln zeigen, macht er den daran hängenden Fisch ab, den er in einen Korb wirft. Wenn die Kugel an Bord ist, so macht man wieder Köder daran, wo dergleichen fehlet, und fängt den Fang wieder an, wie wir gezeiget haben.

Z 3   §. 2.

§. 2.　Von dem Fischfange mit dem wahren Libouret.

Die Kugel, wovon wir eben geredet haben, ist eine Art einer Angelleine, (Libouret;) allein, das sogenannte Appelet, welches besonders diesen Nahmen führet, besteht in einem Hauptseile n m o, Fig. 3. Kupfert. V. welches fünftehalbe Linie oder 5 Linien in. Umfange hat. An das Ende dieses Seils wird ein Bley q von einem Gewichte von ungefehr 2 Pfunden gebunden. Vier oder 5 Zoll darüber bindet man an das Seil ein Stück Holz, von 6 bis 7 Zoll in der Länge, das Avalette genennet wird. Eins von seinen Enden m hat ein Loch, in welches das Seil n o frey geht, und die beyden Knoten p halten die Avalette in einer gehörigen Entfernung von dem Bleye q, ohne jedoch zu verhindern, daß es sich nicht um das Seil herum drehet, welches in diesem Falle eine Axe vorstellet. An dem andern Ende l der Avalette ist eine kleine K angebunden, die nur 2 Linien im Umfange hat. Sie ist ungefehr 1 Klafter lang, und hält die Seitenleinen i, welche sehr fein, und woran die Angeln h angebunden sind. Die Einrichtung dieser Seitenleinen wechselt nach dem Geschmacke der Fischer ab; denn einige machen die Leine k so lang, daß sie 8 bis 9 Seitenleinen, 3 Fuß von einander entfernt, daran binden können. Sie mögen aber eingerichtet werden, auf was für eine Art man will, so dürfen doch die Angeln von dem Ende l der Avalette nicht gleich weit entfernt seyn.

Was die Angelhaken anbetrifft, so sind sie niemals sehr groß; aber sie sind es mehr oder weniger nach der Art des Fisches, den man fangen will, als Kabeljau, Schollen, Limanden, kleine Grondins rc. Diejenigen, welche wir in der dritten Figur h bezeichnet haben, würden für die Schollen von einer guten Größe seyn, und gemeiniglich nimmt man etwas stärkere zu dem Makrelenfange.

Wenn das Hauptseil n o durch das Bley q gespannt wird, so hat die Avalette l m die Freyheit, sich frey um dieses Seil herum zu drehen; und die Seitenleinen i, woran die Angelhaken h sind, richten sich ohne Verwirrung nach dem Laufe des Wassers. Es können also so viele Fische gefangen werden, als Angelhaken sind, weil da die Seitenleinen eine verschiedene Länge haben, die Haken sich nicht einander gegen über befinden.

Mit dieser Art von Libouret wird der Fischfang vor Anker vorgenommen. Kupfert. XXI. Fig. 2. E ist das ledig gemachte Schiff; F das Ankerseil, G das Seil des Libouret: das Gewichte muß auf den Grund fallen. Das ist also ein sitzender Fischfang. Am gewöhnlichsten werden Plattfische damit gefangen.

Um dieses Angelseil ins Meer zu werfen, stellen sich die 3 Fischer auf einen Bord, wie wir gesagt haben, als wir von der Kugel redeten. Ein Theil des Hauptseils ist neben den Fiſchern auf eine Bank geleget, wo ſie um eine Art von Rahmen gewickelt iſt, die die Fiſcher Truilles nennen.

Sie werfen das Bley nicht ins Meer, wie diejenigen thun, welche mit der Kugel fiſchen. Sie bringen anfänglich die Seitenleinen ins Meer aus, indem ſie ſelbige langſam mit den Händen hinein laſſen; eben ſo thut man das Bley und die Avalette hinein, und läßt das Seil ſo lange ins Waſſer fallen, bis man verſpürt, daß das Bley auf dem Grunde ruhe.

Wenn man dieſen Fiſchfang an Bord eines Schiffes, welcher ſehr weit über das Waſſer gienge, vornehmen wollte, ſo würde man Gefahr laufen, daß, indem ſich das Hauptſeil aufreht, die Angeln ſich mit einander verwickeln würden, und man würde auf ſolche Art einen ſehr ſchlechten Fang thun.

Indem man die Angelhaken an der Angelſchnure beködert, ſo muß man darauf ſehen, daß ſie im Waſſer ſich bewegen; wodurch der Fiſch recht angelockt wird, hauptſächlich wenn man einen ſitzenden Fang, dergleichen dieſer iſt, vornimmt.

Das Angelſeil aufzuheben, ziehet jeder Matroſe ſein Hauptſeil in kleinen Theilen nach und nach auf; und wenn die Avalette dem Waſſer gleich iſt, ſo ziehet der Matroſe, der dabey ſteht, ſo geſchwind als er kann, die Leine, die Seitenleinen und den Fiſch heraus, während daß der andere fortfähre, das Hauptſeil aufzuziehen; wenn ſie die gefangenen Fiſche in den Korb gethan haben, ſo macht jeder Matroſe friſche Köder an ſeine Avalette, und legt vom neuen mit der obgemeldeten Vorſicht aus.

§. 3. Von dem Fiſchfange mit der großen Koppel (grand Couple.)

Man hat noch eine andere Art vom Fiſchfange, die dem Fange mit dem Angelſeile, der Libouret heißt, ähnlich iſt, wovon die Biſcajer vielen Gebrauch machen, und dem ſie den Namen (le grand Couple) gegeben haben, Kupfert. XXV. Fig. 7. Was die Art das Angelſeil zu verfertigen anbetrifft, ſo wird an das Ende einer feinen Leine ein Stück Drat gebunden, welcher 1 Linie im Durchmeſſer, und 2 oder dritthalb Fuß in der Länge haben kann. Dieſer Drat iſt ein wenig, wie ein Bogen gekrümmt. Seine Mitte wird durch ein Paar kleine Hölzer befeſtiget, die man mit einem gedrehten Faden daran umwickelt. In der Mitte der innern Krümmung macht man von einer Leine eine kleine runde Handhabe, woran ein Gewicht von einem halben Pfunde gebunden, an eben den Punkt aber in dem convexen Theile eine andere ovale Handhabe gemacht wird, damit die Leine, die die Koppel hält, daran gebunden werden könne.

Die

Die beyden Enden dieses Drates sind plait, wie das Ende des Körpers der Angelhaken, und es werden viele Seitenleinen von verschiedener Länge daran gebunden, wovon die kürzesten eine Klafter lang sind.

An der Küste der Normandie begeben sich die Fischer, die sich dieses Angelseils bedienen, in eine Chaloupe. Allein, die Biscajer, die den jetzt gedachten Fischfang mehr im Großen treiben, begeben sich in einer Zahl von 8 bis 9 Mann auf ein Schiff. Jeder wirft seine Koppel ins Meer, und zieht sie wieder heraus, wenn er glaubt, daß sich etwas daran gefangen hat.

Da man die Leinen, welche den Koppeln gleich sind, von ungleicher Länge hat, so nehmen die Angeln einen großen Umfang im Meere ein, wo sich diese Leinen wie ein Fächer aufthun, so, daß sich allezeit den Fischen, die in verschiedener Tiefe im Wasser sind, Angeln zeigen. **Kupfert. XXI. Fig. 2.**

Dieser Fang geschieht bald vor Anker, bald indem man ein wenig segelt.

Wenn Seedrachen damit gefangen werden sollen, begeben sich 12 bis 16 Mann auf ein großes Schiff, und senken ihre Koppel sehr nahe an den Grund.

Man sehe übrigens **Kupfert. V. Fig. 4.** und erinnere sich an das, was wir in dem 1 Kapitel von diesem Angelseile gesagt haben.

Wiederholung desjenigen, was in diesem ersten Abschnitte, der die Angelfischerey zum Gegenstande hat, abgehandelt worden ist.

Nachdem wir von dem Gegenstande der allgemeinen Abhandlung der Fischereyen einen kurzen Begriff gemacht haben, so zeigen wir nun die abgehandelten Materien an:

Das erste Kapitel Seite 197. ist bestimmt, von dem Fischfange mit den Angeln einen allgemeinen Begriff zu geben, welchem Muthmaßungen von dem Ursprunge dieses Fischfanges beygefügt sind.

Es ist bekannt, daß er darinne besteht, daß den Fischen eine Lockspeise vorgehalten wird, worinne ein sehr spitziger eiserner Haken, der an einer Linie oder Schnure hängt, verborgen ist. Wenn der Fisch die Lockspeise ergriffen hat, dringt die Spitze des Hakens in sein Maul, und der Fischer, der die Leine zu sich zieht, bemächtigt sich desselben.

Nachdem

Nachdem wir einen allgemeinen Begriff von diesem Fischfange gemacht haben, zeigen wir in dem ersten Artikel Seite 199. die Vortheile, die selbigem eigen sind *). Die vornehmsten bestehen darinne, daß der Fisch, den man auf diese Art fängt, nicht abgemattet wird. Er ist einigermaßen ganz lebendig, und kann lange Zeit erhalten werden *). Ein anderer eben so schätzbarer Vortheil ist, daß dieser Fischfang nicht so viele Fische zu Grunde richtet, als die meisten andern Arten des Fischfanges. Diejenigen, die auf diese Art gefangen werden, sind zum Verkaufe gut, anstatt daß durch viele andere Arten vom Fischfange die Wassergewächse, woran die Fische ihren Laich anlegen, umwühlet, und eine ungeheure Menge kleine Fische, die zu nichts taugen, gefangen werden b). Die Fischer ziehen keinen Nutzen daraus, und es entsteht daher eine ungeheure Zerstöhrung von Fischen, die das Meer bevölkern würden.

Jn

---

*) So viel die Angelfischerey, wie sie auf dem Meere getrieben wird, für der Netzfischerey voraus hat, so viel Bedenklichkeiten finden sich bey der Angelfischerey auf und an Flüssen, und daher wird sie auch nur unter gewissen Einschränkungen den Fischern verstattet. Daß aber Leute, die nicht von dem Handwerke der Fischer sind, mit der Ruthe nach Belieben angeln mögen, das ist eben so wenig, als das Schießen und Jagen des Wildes unberechtigter Personen in Gehegen zu gestatten. Es geschiehet nicht nur zum Nachtheil der Fischereyberechtigten, sondern auch der Fischerey selbst. Große Fische, die an die Angel angebissen haben, werden von den ungeübten Anglern mit der Ruthe selten herausgebracht; sie machen sich los, und behalten den Haken im Leibe, oder werden doch so verwundet, daß sie davon sterben müssen. Kleine Fische mit der Ruthe herauszuangeln ist der Mühe nicht werth, und wo soll der Zuwachs herkommen, wenn alles so ausgeangelt wird? Ueberdies wird von den unberufenen Ruthenanglern viel Zeit verderbet, die nützlicher angewendet werden sollte. Es sind daher in ältern und neuern Verordnungen diese Eingriffe in das Recht zu fischen ernstlich, und sogar in einer gewissen Verordnung bey Strafe des Prangers, verbothen worden. Ich will hiervon nur zwo solche Verordnungen am Ende dieses ersten Abschnitts sub I. und II. anführen. Die erste ist ein Befehl d. d. Merseburg den 23 August 1770. in welchem das

Wort Lattenfischerey nichts anders bedeutet, als die Fischerey mit Angelruthen oder Stäben. Die zwote ist eine Verordnung vom hiesigen Rath d. d. den 30 Jul. 1740. und es wird darüber nach den Gründen einer guten Policey auch rühmlich gehalten. D. S.

a) Ja, es kann ein Fisch vor dem andern sich ziemlich lange erhalten, wenn er gleich durch den Angelhaken verwundet worden, und sogar, wenn er auch den Angelhaken im Maule behält, wie ich oben bereits angeführet habe: allein weil es ihm schwer wird, Nahrung zu sich zu nehmen, so wird der verwundete Fisch am Fleische geringe, und läßt sich daher nicht lange aufbehalten, und derjenige, der den Haken im Maule behält, muß doch davon crepiren. Von denen Fischen, die den Anglern mit dem Haken entwischen, kommt wohl nicht ein einziger davon, und deren Anzahl ist gewiß nicht geringe. D. S.

b) Das geschiehet auch auf andere Art in Flüssen öfters zum großen Schaden der Fische. Es geschiehet insonderheit, wenn die Müller zwischen Ostern und Johannis, binnen welcher Zeit die meisten Flußfische laichen, die Wasser abschlagen, und das sogenannte Hechtkraut, welches in Flüssen und Mühlgräben wächset, austreißen, oder mit Sensen aushauen. Unter dem Hechtkraute ist Potamogeton undulatum zu verstehen; wiewohl auch andere schmalblätterichte

X 2

richte

In dem zweeten Artikel Seite 201. geben wir die Erklärung einiger Ausdrücke, die diesem Fischfange eigen sind, und bestimmen, was unter dem Worte Leine, Haken und Angel, zu verstehen sey, welche Ausdrücke sehr oft gemißbraucht werden. Wir fangen an diesem Orte auch an, von vielen Einrichtungen mit den Angelleinen und Haken bey verschiedenen Arten vom Fischfange einen allgemeinen Begriff zu geben.

Indem wir darauf umständlicher von diesen Sachen handeln, so legen wir im dritten Artikel Seite 205. alle die verschiedenen Arten von Leinen, Seilen und Seitenleinen vor Augen. Denn es giebt welche von Seide, von Haaren, von Hanfe, andere von Baumrinde, und sogar von Metall, und man macht von einem oder dem andern Gebrauch, so wie es die Umstände erfordern.

In dem vierten Artikel Seite 208. erklären wir, wie die Seile, Leinen und Seitenleinen zum Fischfange gemacht werden.

Wir handeln im fünften Artikel Seite 212. von den verschiedenen Arten, die Haken an die Leinen oder Schnuren anzumachen.

Im sechsten Artikel Seite 214. beschreiben wir die Haken sehr umständlich. Es ist leicht einzusehen, daß es nach den Arten der Fische, die man fangen will, verschiedene Arten von Haken geben müsse, und daß sie auf verschiedene Arten angeknüpft werden müssen.

Im siebenten Artikel Seite 224. handeln wir von der Verfertigung der Haken, von den kleinsten bis zu den größten, und von der Art, sie zu verzinnen. Wir haben dieses dem Herrn FOURCROIS, Oberingenieur zu Calais, zu verdanken.

Im

---

richte Arten von Potamogeton, die beyden Myriop ill &c. den Namen Hechtkraut führen. An diese Gewächse legen die Fische ihren Leich an, und die männlichen Fische, oder die Milchner, lassen die Milch auf die Eyerchen, die dadurch befruchtet werden. Wenn nun diese Wassergewächse zu der Zeit ausgerissen werden, so gehen viel tausend junge Fische zu Grunde. Das ist nicht zu halten, und es muß in dergleichen Fällen, wenn sich ein Müller dießfalls etwas zu Schulden kommen läßt, ohne processualische Weitläuftigkeiten, gleich durchgefahren werden; wie vermuthlich in einer vor den hiesigen Stadt-gerichten ohnlängst von der Fischerinnung allhier wider den Müller zu Connewitz angebrachten Klage, ehe geschehen wird. Aus eben dieser Ursache soll, nach der Chursächsischen Fischerordnung vom Jahre 1711. während der Leiche kein Ausleiten der Bäche zur Wässerung und Aufhaltung der Wässer vorgenommen werden, bey zween Gulden Strafe, welche aber sehr unzulänglich ist, dieses zu verbüten, indem derjenige, der das Wasser dem ohnerachtet ableitet, leicht zehnmal so viel an Fischen gewinnen kann, als er zur Strafe bezahlet. D. E.

Im achten Artikel Seite 237. machen wir von den verſchiedenen Geräthſchaften, deren ſich die Seilenfiſcher bedienen, eine Vorſtellung. Ihre Anzahl iſt, wenn man die Leinen und Haken ausnimmt, eben nicht groß; es iſt aber doch gut, daß man ſie kenne.

Ein ſehr wichtiger Gegenſtand ſind die Lockſpeiſen, und hiervon wird im neunten Artikel Seite 240. gehandelt. Dieſe Lockſpeiſen machen den Fiſchern große Unkoſten, und verzehren viele Fiſche. Das iſt auch die einzige Sache, weshalb man dem Fiſch-fange mit der Angel einen rechtmäßigen Vorwurf machen kann. Denn in der That, die Fiſcher brauchen zu dieſem Behuf beynahe den ſechſten Theil derer Fiſche, die ſie verkaufen können. Das iſt gleichwohl nicht der größte Schade. Dieſer beſteht darinne, daß überdies eine ungeheure Menge von kleinen Fiſchen umkommt, die in den Schiffs-magazinen (Parcs) aufbehalten werden, welche die Fiſcher fangen, und ſie den An-gelfiſchern verkaufen. Sonſt giebt es Köder, wovon einige beſſer ſind als die andern, und wir haben dieſen Unterſchied ſorgfältig angezeiget.

Hierbey dienet zu wiſſen, daß dasjenige, was wir im zehnten Artikel Seite 254. von der Witterung und den bequemſten Zeiten zum Fiſchfange ſagen, ſo wie dasje-nige, was in dem ganzen erſten Kapitel angeführet worden iſt, nur als eine allge-meine Vorſtellung angeſehen werden müſſe, welche an denen Orten, wo wir von den Fiſchereyen, die verſchiedenen Fiſchen beſonders eigen ſind, handeln werden, weiter ausgeführet, mit beſondern Umſtänden erläutert, und zuweilen ſogar eingeſchränkt werden ſoll.

In dem eilften Artikel Seite 259. ſagen wir voraus, daß wir nicht von allen Schiffen, die zum Fiſchfange dienen, ein genaues Verzeichniß zu geben geſonnen ſind, ſondern wir haben für gut befunden, eine gewiſſe Anzahl derſelben vorzuſtellen; beſonders diejenigen, die von den Angelfiſchern am gewöhnlichſten gebraucht werden. Ohnerachtet deſſen nun, was von uns hier mit Fleiß übergangen worden, iſt dieſer Artikel doch beträchtlich.

Wir müſſen hier auch geſtehen, daß wir oft genöthigt geweſen ſind, uns im An-fange der Ausmeſſung der Schiffe, Barken und Fahrzeuge, die zum Fiſchfange die-nen, nach dem zu richten, was wir von den Schiffszimmerleuten, und ſogar von Fi-ſchern gehöret hatten. So viele Mühe wir uns alſo gegeben haben, nur die genaue-ſten Nachrichten anzuführen, ſo können wir doch einige Irrthümer begangen haben; wir können aber auch verſichern, daß ſie nicht wichtige Dinge betreffen werden.

Im zwölften Artikel Seite 278. wird von den Verträgen, die die Fiſcher unter ſich machen, gehandelt. Es giebt kleine Fiſchereyen, wo ein jeder für ſeine Rech-

Aa 2 nung

nung arbeitet. Wenn aber von großen Fischereyen die Rede ist, so sind solche zu verstehen, da sich viele Fischer zusammen verbinden, und ein jeder einen Theil der Geräthe, so wie die Schiffe hergeben muß. Beynahe allezeit stehen diese Fischer auf einen gewissen Antheil, (sont à la part) das ist, wenn sie die Unkosten mit übernehmen, so theilen sie auch den Nutzen nach gewissen Verträgen. Wir haben in diesem Artikel die gewöhnlichsten davon angeführt.

Dies ist es, was wir im ersten Kapitel zu sagen hatten, wo wir von der Angelfischerey überhaupt einen Begriff machen wollten, welche auf viele verschiedene Arten vorgenommen wird. Unsere Absicht ist gewesen, sie im zweyten Kapitel, welches sich Seite 282. anfängt, umständlich zu betrachten.

Die natürlichste Ordnung, der wir hierbey folgen konnten, war, mit den gewöhnlichsten Arten zu fischen den Anfang zu machen. Daher haben wir im ersten Artikel Seite 282. von dem Fischfange mit der fliegenden Leine (à la Ligne volante) gehandelt, der auch der Fischfang mit dem Rohre (à la Canne) genannt wird, weil man die Leine oder Schnure an das Ende eines Rohrs oder einer Ruthe bindet, welche oft von Schilfe gemacht wird, das auf lateinisch Canna heißet, und weil man zuweilen das Rohr so einrichtet, daß man sich desselben wie eines Stabes zum Spatzierengehen bedienen kann.

Wir haben sehr umständlich erklärt, wie dieser Fischfang in denen stehenden Seen, Flüssen, am Ufer des Meeres, und so gar im Meere auf kleinen Schiffen vorgenommen wird. Wir haben auch gezeigt, wie man am Ufer des Wassers diese Arten von Rohre ausstellet, indem das Ende des Stabes, anstatt es in der Hand zu halten, in die Erde gesteckt wird.

Im 1. §. Seite 283. erklären wir sehr umständlich, wie die Stäbe und Ruthen, die zu diesem Fischfange bestimmt sind, verfertiget worden sind. Ob wir gleich im ersten Kapitel schon viel von den Leinen gesagt haben, so findet man doch im 2. §. Seite 287. interessante Dinge von den Leinen, die zur Fischerey mit der Ruthe gebraucht werden.

Nach dem, was wir im ersten Kapitel von den Ködern und von der Art, die Angelhaken zu beködern, gesagt haben, sollte die Materie erschöpft zu seyn scheinen; unterdessen wird man im 3. §. Seite 294. viele Dinge finden, die einen genauen Zusammenhang mit dem Fischfange mit der Angelruthe haben, und unter andern die gemachten Insecten, die die Engländer stark brauchen, betreffen.

Wenn

Wenn alles auf ſolche Art zum Fiſchfange eingerichtet iſt, ſo muß man einen bequemen Ort wählen, oder ſich ſelbigen verſchaffen, und hiervon wird §. 4. Seite 311. gehandelt. Es iſt gut, wenn durch Köder, die **Grundköder** heißen, die Fiſche angelocket werden, die Oerter, wo man fiſchen will, zu ſuchen. Hiervon wird §. 5. Seite 311. gehandelt.

Im 6. §. Seite 313. werden die Arten von Vorſicht angezeigt, welche die Fiſcher brauchen können, die Fiſche zu bewegen, daß ſie an die Angeln anbeißen, und wenn ſie angebiſſen haben, ſie ans Land zu ziehen.

Im 7. §. Seite 316. geben wir eine Beſchreibung, wie man im Spatzierengehen fiſchen könne.

Im 8. und 9. §. Seite 317. zeigen wir die Art an, wie mit dem Rohre mit **ſchlaffenden Leinen**, (Lignes dormantes) die am Ufer des Waſſers angelegt werden, gefiſchet wird.

Man bedient ſich auch des Fiſchfanges mit der Angelruthe am Ufer des Meeres, wie wir §. 10. Seite 318. beſchreiben. Und im 11. §. Seite 319. wird von dem Fiſchfange mit der Ruthe in Schiffen gehandelt.

Im zweeten Artikel haben wir die verſchiedenen Arten mit einfachen, ſitzenden oder ſchlaffenden Leinen, ſowohl in den Flüſſen und ſtehenden Seen, als im Meere zu ſuchen, angezeige, und dieſes hat zu ſieben Paragraphen Gelegenheit gegeben.

In dem 1. §. Seite 320. wird von den Bricolen gehandelt. Dieſes ſind einfache, mehr oder weniger lange Leinen, wovon das eine Ende an einen Pfahl gebunden wird, das andere aber einen mit ſeinem Köder verſehenen Angelhaken hält.

Im 2. §. Seite 323. ſagen wir, wie eine Anzahl von kleinen Leinen um einen Reifen herum angebunden wird.

Nach dem 3. §. Seite 323. ſind dieſe Leinen an ein Bley gebunden, welches auf dem Grunde des Waſſers feſt liegt.

Nach dem 4. §. Seite 324. ſind dieſe Leinen an die Arme eines eiſernen Kreuzes angebunden, welches auf den Grund des Meeres hinabgelaſſen wird. Die Provencer nennen dieſen Fang **die Gabel.**

Nach dem 5. §. Seite 325. ſind eben dieſe Leinen an den Rand eines Korbes angebunden, der mit Steinen angefüllt, und ſehr tief ins Meer hinabgelaſſen wird.

Im 6. §. haben wir den Fischfang mit dem Bogen, und im 7. §. Seite 325. einen besondern Fischfang beschrieben, der an den Küsten von Valentia Poters genennet wird. Er dient, Calmars mit Angelhaken zu fangen, die um eine Lockspeise herum angemacht sind. Die Fische, welche an selbige anbeißen wollen, fangen sich an dem Haken, daran ein Köder angemacht ist.

In Provence werden auf gleiche Art, jedoch mit einigem Unterschiede, die Blakfische gefangen. Der untere Theil eines bleyernen Cylinders A, Kupf. VIII. Fig. 21. ist mit Angelhaken B in einer oder zwo Reihen umgeben, und oben an dem Cylinder befindet sich eine Linie C. Wenn er recht helle gemacht ist, so beschmiert man ihn mit Fette, und wirft ihn an dem Orte, wo man glaubt, daß es häufig Blakfische giebt, ins Meer. Da sie durch das Fett, und vielleicht auch durch die künstliche Lockspeise, die wie ein Fisch glänzet, angelockt werden, so wollen sie an diese Lockspeise anbeißen; und da die Fischer die Leine beständig in die Höhe ziehen, und in etwas erschüttern, so gehen die Angelhaken in die Aerme oder in den Körper der Blakfische ein, und man kann sich auf solche Art ihrer leicht bemächtigen.

Bey allen diesen Arten zu fischen, die eine große Aehnlichkeit mit einander haben, lässet man die Angelhaken vermittelst eines Gewichts hinunter, und legt sie auf den Grund. Der Fischfang, wovon im dritten Artikel Seite 326. die Rede ist, hat das Besondere, daß man die Angeln zu Lande auf dem Sande auslegt, und wartet, bis sie von dem Wasser der Fluth, welches die Fische mit dahin bringt, bedecket werden. Es sind in diesem Artikel sieben Paragraphen.

In dem ersten wird die Art, mit der kleinen Cabliere zu fischen, erkläret, welche in einer einfachen Linie besteht, wovon das eine Ende eine beköderte Angel, und das andere einen Kieselstein hält, den man in den Sand gräbt.

In 2. §. Seite 328. wird von den schlafenden und sitzenden Seilen gehandelt, die mit Angelleinen versehen, und auf dem Rande ausgelegt sind.

Nach dem §. 3. Seite 329. ist das Hauptseil bey niedrigem Meere in den Sand gegraben, und es sind bloß die Seitenleinen zu sehen. Diese Art zu fischen hat also gleiche Wirkung mit der kleinen Cabliere.

Nach dem 4. §. wird das Hauptseil nicht in den Sand gegraben, sondern es werden an seinen beyden Enden zween große Steine befestiget. Daher bekommt es die Benennung: der Fischfang mit dem großen Steine.

Im 5. §. wird von einem Fischfange gehandelt, welcher von dem vorhergehenden darinne verschieden ist, daß das Hauptseil mit kleinen Stangen,

die

die eben die Wirkung thun, wie die großen Steine, auf dem Sande befestigt wird.

Bey allen diesen Fischereyen werden die Angeln auf den Grund gelegt, und man fängt besonders Plattfische damit. Um Kunkfische, die im Wasser höher herauf kommen, zu fangen, spannt man die Seile an Stangen, wie wir im 6. §. Seite 330. erklären. Die Fischer nennen diese Art zu fischen die Spannung der Pfähle. (la Tente sur Palots).

Im 7. §. Seite 331. reden wir von einem in Boulonois üblichen Fischfange, der das Fußseil (Corde de pied) genennet wird. Er ist von den vorhergehenden wenig unterschieden.

Bisher haben wir nur von sitzenden Leinen geredet, die aufs Ufer gelegt, oder vermittelst Bleystücken oder großer Steine auf dem Grunde des Wassers befestigt werden. Im vierten Artikel Seite 332. wird von Fischereyen gehandelt, die man mit Leinen vornimmt, welche mit einem Bleye beschweret sind, damit sie ins Wasser hineingehen, welche aber nicht immer an einem Orte bleiben. Dergleichen Fischereyen können sowohl im Mittel- als auf dem Weltmeere vorgenommen werden. Dieser Artikel ist in zehn Paragraphen getheilt.

In dem ersten wird von dem Fischfange gehandelt, der mit einer einfachen Linie, die man unmittelbar in der Hand hält, vorgenommen, und aus der Ursache an einigen Orten der Fischfang mit dem Finger (Peche au Doigt) genennet wird.

Wir beschreiben in dem 2. §. Seite 333. den Fang, den man an der Küste von Valentia Bolantin nennte. Er ist von dem vorhergehenden nicht viel verschieden.

Im 3. §. wird von dem Fange der Boniten, die Germons heißen, bey Isle Dieu gehandelt. Dieser Fischfang ist von dem Stockfischfange, davon wir im 4. §. etwas sagen, wenig unterschieden.

Im 5. §. reden wir von einer beynahe ähnlichen Fischerey, die an vielen Orten, und besonders bey Bayonne getrieben wird, Thunfische zu fangen.

Wir führen im 6. §. wenig verschiedene Fischereyen an, welche zu Cette in Languedoc, zu Guadaloupe und in Rußland üblich sind.

Der Gegenstand des 7. §. ist ein Fischfang, den die am Meere wohnenden Bauern in Cypern mit kleinen Flößen vernehmen, die von trocknen Fenchelstengeln gemacht werden, und um welche herum sie einfache Leinen mit Angeln anbinden.

Wir

Wie beschreiben im 8. §. Seite 338. einen Fischfang, der gar wenig davon verschieden ist, und von Masulipatan bis nach Madras mit gewissen Arten von **Flößen,**
die man daselbst **Catimarans** nennet, getrieben wird.

Im 9. §. wird von verschiedenen kleinen Fischereyen gehandelt, die in den stehenden Seen von Cette in Languedoc mit schwimmenden Körpern, die der Wind oder
der Strohm ins Weite treibet, vorgenommen werden.

An Orten, wo es viele Hechte giebt, binden gewisse Fischer eine Angel an das
Ende einer feine K. **Kupfert. XVII. Fig. 22.** und an das andere Ende ein Stück
Holz B, welches auf dem Wasser schwimmet, und welches sie **Kegel** (Quille) nennen, weil es in der That wie ein Kegel aussieht. Man wirft in den See von Joux
in Franche-Comtee an den Gränzen der Schweiz, der sehr groß ist, zuweilen 50 von
dergleichen Angeln, die man nach Gefallen des Windes und des Strohmes schwimmen lässet. Hierauf fährt man mit einem kleinen Fahrzeuge aus, sucht die Kegel, die
alsdenn zum Zeichen dienen, auf, und ziehet diejenigen an Bord, deren Lage, wenn
sie mehr oder weniger perpendicular ist, anzeigt, daß sich ein Fisch an dem Köder gefangen hat, dagegen die andern Kegel, an deren Angel kein Fisch ist, horizontal
schwimmen.

Endlich sagen wir im 10. §. ein Wort von einem Fischfange, der zuweilen zum
Vergnügen vorgenommen wird, indem man eine Art von Kampfe zwischen Enten und
Hechten veranlasset.

Im dritten Kapitel Seite 338. ist von großen Fischereyen die Rede, die in Flüssen, Seen und auf dem Meere mit Seilen, die mit Leinen und Angeln versehen sind,
getrieben werden.

Anfänglich geben wir einen Begriff von der Verschiedenheit, die in Ansehung
der Tiefe, wo die Angeln hingelegt werden, zwischen diesen Fischereyen statt findet.
Denn einige sind bestimmt, die Fische zu fangen, die sich auf dem Grunde des Meeres aufhalten; andere sind beständig an der Oberfläche, und noch andere schwimmen
in verschiedenen Graden der Tiefe. Es ist ein Theil unserer Kunst, den Fischfang
nach den Umständen, die wir hier vor Augen legen, einzurichten.

Dieweil man sich nun entweder an den Küsten, oder auf dem hohen Meere, und
eben so auf Flüssen, als auf dem Meere darnach achtet, so theilen wir diese Materie
in viele Artikel.

Der erste Artikel Seite 339. betrifft den Fischfang mit Seilen sowohl in süßen
Wassern, als im Meere, in einer kleinen Entfernung von den Ufern oder Flüssen.
Wir

und Geschichte der Fische. 189

Wir theilen ihn in 4 Paragraphen ab, wovon der erste, Seite 340. von diesem Fange handelt, wie er mit schlafenden Leinen in stehenden Seen oder in Flüssen getrieben wird.

Die §. §. 2. und 3. Seite 341. handeln von eben diesen Fischereyen auf dem Meere,
entweder in einer kleinen Entfernung von den Küsten, oder zwischen den Klippen.

Der 4te §. giebt die Art zu erkennen, die in einigen besondern Gegenden üblich ist.

Im 2ten Artikel S. 343. werden die großen Fischereyen betrachtet, die in die
Weite auf dem Wasser mit Seilen getrieben werden, welche die Fischer entweder auf dem
Grunde, oder zwischen dem Wasser auslegen. Daher ist der Gegenstand des 1. §.
derjenige Fischfang, da die Seile auf den Grund des Meeres geleget werden. Außer,
denen Umständen, die die Vertheilung der großen Steine und der Zeichen betreffen, findet
man daselbst die Art, die Seile in Körbe zu legen, um sie ans Meer zu tragen, und die
Behutsamkeit, mit welcher die Matrosen ihre Seile auslegen und wieder aufheben, beschrieben.

Im 2ten §. Seite 348. beschreiben wir einen großen Fischfang, der an den Küsten des Kirchenstaates gewöhnlich ist, und der daselbst Pielago genennet wird. Er ist
von der Art, die man in Provence die Fischerey mit Palandern, auf dem Weltmeere aber die Fischerey mit Seilen, und hauptsächlich von der, die man die Fischerey mit kleinen Seilen nennet, wenig unterschieden.

Bey allen nur gedachten Fischereyen wird das Hauptseil mit Kieselsteinen beschweret, damit es sich auf den Grund senkt. Wenn man aber die Fische, die den Grund
verlassen, und sich zuweilen der Oberfläche des Wassers nähern, fangen will, so läßt
man die Seile schwimmen, indem man anstatt der Kieselsteine und der großen Steine
Korke daran bindet. Dieser Fang wird auf dem Weltmeere la Bellée genennet. Wir
haben ihn im 3ten Artikel Seite 349. beschrieben.

Wenn man zwischen den Felsen auf solche Art fischet, so muß es mit gewisser Vorsicht geschehen. Hiervon haben wir Seite 350. §. 1. ausführlich gehandelt.

Der Gegenstand des andern Paragraphen ist ein neapolitanischer Fischfang,
Paranchuso genannt, welcher mit der Bellée, ohngefehr so, wie der Pielago mit den
Fischereyen auf dem Grunde, eine Aehnlichkeit hat.

Der 4te Artikel Seite 351. betrifft die Fischereyen, wobey man sich der Seile
bedient, die von der Oberfläche des Meeres bis auf den Grund eine Diagonallinie beschreiben. Anstatt daß die Seitenleinen an dem Hauptseile hängen, so haben sie mit demselben nur vermittelst Stücker Holz, oder Zirkel von Drate, woran sie gebunden sind, eine

B b Verbin-

Verbindung. Dieses erklären wir in 3 Paragraphen. Der erste hat den Fischfang, der die Kugel ziehen genennet wird, zum Gegenstande. Man siehet dabey Stücken Holz, die Baluettes heißen, und in verschiedenen Entfernungen an einem Hauptseile vertheilt sind. An dem Ende eines jeden ist eine Seitenleine, ganz unten an dem Hauptseile aber ein schwerer Körper, als z. E. eine Kugel, die bestimmt ist, sie allezeit gespannt zu halten. Dieser Fang geschieht unter Segel, daher hat man ihm den Namen gegeben, die Kugel ziehen.

Das Angelseil, Libouret, wird im 2.§. Seite 354. beschrieben. Bey diesem Fischfange endigt sich das Seil mit einem Blye, welches auf den Grund fällt. Es ist nur ein Stück Holz dabey, welches Avalette genennet wird, und 4 bis 5 Zoll über dem Bleye seinen Ort hat. An das Ende werden viele Seitenleinen gebunden. Dieser Fang geschieht vor Anker.

Im 3ten §. S. 355. reden wir von einem Fischfange, den die Biscaier die große Koppel nennen. Sie binden an das Ende ihres Seils ein Stück von einem als ein Bogen gekrümmten Eisendrat, welcher ein Bley hält; an den beyden Enden dieses Eisendrates aber binden sie viele mit Angeln versehene feine Leinen an. Da viele dergleichen Leinen, die von verschiedener Länge sind, ins Meer gelassen werden, so folgt daraus, daß sich den Fischen eben so, wie bey der Fischerey mit der Kugel, Köder anbieten, sie mögen sich befinden, in welcher Tiefe des Wassers sie wollen.

Dieß ist ein kurzer Begriff von dem, was in dem ersten Kapitel abgehandelt wird, wo wir uns den Fischfang mit den Angeln zu unserm Gegenstande gewählt hatten. Man wird sich erinnern, daß wir uns bis dahin, wenn wir die besondere Geschichte der Fische beschreiben werden, eine große Anzahl von Dingen, die zu den verschiedenen Arten, wie sie gefangen werden, gehören, vorbehalten haben.

Erklärung der Figuren

des ersten Abschnittes der allgemeinen Abhandlung von
den Fischereyen.

Da wir uns auf alle Art befliffen haben, in dem Werke felbft die Figuren zu erklären, fo werden wir hier bloße Anzeigen machen, um nicht in unnütze Wiederho-
lungen zu verfallen.

Erfter Kupferftich.

Diefer Kupferftich ftellt Angelhaken von verfchiedener Größe vor. Die von
Fig. 1. bis zu Fig. 8. find zu dem Fange verfchiedener Gottungen von Flußfifchen beftimmt. Die 9te Figur ftellt einen Angelhaken vor, womit große Hechte gefangen
werden: er hat eine Schaure von Meßing. Fig. 10. ift ein Stück Eifendrat, welcher,
da er gebogen ift, zween Haken formiret. Die 11te Figur ftellet zween mit dem Rücken an einander gelegte Angelhaken vor, deren Verbindung eine Geftalt macht, die der
von Num. 10. ähnlich fiehet. Fig. 12. ift ein großer Angelhaken, deffen man fich
auf der großen Bank bedienet, Stockfifche zu fangen. Er ift mit der Angelleine umwickelt, und ein Theil des Seils beygefüget worden. Fig. 13. und 14. find 2 Angelhaken, die man auf der Infel Terre-Neuve zum Stockfifchfange braucht. Sie find
nicht fo groß, als die vorhergehende; ihre Befeftigungen an die Leinen find nach franzöfifcher Art gemacht.

Anderer Kupferftich.

Die 1fte Figur ftellt einen Theil der Bauffe oder des Seils vor, das mit einem
Kiefelfteine, der es zu Boden drückt, verfehen ift. Es wird zum Fange der großen
Rochen gebraucht. Die 2te Figur ift eine Angel mit 2 Haken, mit einer Schnure
von Kupfer, und einer Lockfpeife, die zum Fange des Thunfifches beftimmt ift, wenn man
dergleichen auf der Ueberfarth nach Terre-Neuve antrifft.

Dritter Kupferftich.

Die Angelhaken Fig. 2. und 3. dienen zum Stockfifchfange in der Nordfee. Die
3te Figur ift nach franzöfifcher Art, die 2te Figur aber nach engländifcher Art an
die Seitenleine geknüpft. Wenn die Stockfifche felten find, und fehr tief im Waffer fte-
cken, fo bedient man fich zuweilen der kleinen Haken, Fig. 5.

Die 1fte Figur ftellt eine Bauffe oder ein Seil zum Fange der Rochen und anderer großen Fifche vor.

Die

Die 4te Figur zeigt im Großen einen Knoten, womit die Kieselsteine an das Hauptseil gebunden werden.

Vierter Kupferstich.

Die 1ste Figur stellt ein mit Kieselsteinen versehenes dünnes Angelseil (Appelet) vor. Sein Gebrauch ist, Schollen, platte und andere Fische zu fangen. Die 2te Figur ist ein Angelhaken an einer Schnure von Meßing; so wie man sie bey sich führet, um auf der Ueberfarth nach America Boniten damit zu fangen.

Fünfter Kupferstich.

Die 1ste Figur zeigt einen Theil des Appelet, dessen Seitenleinen mit Korken versehen sind. Man bedient sich desselben auf schlammigten Boden, um Kabeljau Plattfische, Itmanden, Seedrachen und andere Fische zu fangen.

Die 2te Figur stellt im Kleinen die Einrichtung eines Appelet zum Fischen mit der Kugel vor, und die 3te Figur das wahre Angelseil, welches, wie die Kugel, zum Fange der Makreelen, des Kabeljau und anderer Fische dienet. Die 4te Figur zeigt im Kleinen die Einrichtung desjenigen, was die große Koppel genennet wird, wo die Leinen an die Enden eines krummen Eisendrates gebunden sind.

Sechster Kupferstich.

Die 1ste und 2te Figur sind Angeln mit Schnuren von Haaren, womit die Aale gefangen werden. Die 3te Figur ist eine Angel, die mit einer Art von Strohnen Zwirn an die Seitenleine gebunden ist, und zum Rochenfange gebraucht wird.

Die Schiffer, welche große Reisen thun, fangen Pilotenfische und andere mit den Angeln Fig. 2. und 5. Die Angeln Fig. 6. und 7. dienen, Boniten und Tasards zu fangen. Die 4te Figur ist ein Theil eines Appelet, das dem auf der V. Kupfertafel Fig. 1. sehr ähnlich siehet, ausgenommen, daß es keine Korke hat. Die 5te Figur ist eine Angel mit ihrer Leine, an deren Ende ein Kieselstein ist. Man bedient sich derselben auf dem Strande zu dem Fischfange, der die kleine Cabliere genennet wird.

Siebenter Kupferstich.

Auf diesem Kupferstiche siehet man die großen Angeln, welche zum Stockfischfange dienen, nebst den bleyernen Ködern, welche die Stelle der Lockspeisen vertreten.

Achter

Achter Kupferſtich.

Hier wird das ſogenannte Viereck (Quarré) vorgeſtellt, deſſen man ſich bedienet, feine Leinen, oder Piles, womit die kleinen Angelhaken an die Seitenleinen gebunden werden, zu verfertigen.

Neunter Kupferſtich.

Auf dieſem Kupferſtiche ſiehet man alles, was zur Verfertigung und Verzinnung
der Angelhaken gehöret.

Zehnter Kupferſtich.

Die 1. 2. und 3. Figuren ſind Stücken von Seilen, oder Appelets, von verſchiedener Größe, die mit Seitenleinen, Angelleinen, Angelhaken, Kieſelſteinen und Korken verſehen ſind.

Fig. 4. iſt ein Anker.

Fig. 5. Kieſelſteine, die an die Seile gebunden werden.

Fig. 6. Zeichen von Kork, in Geſtalt kleiner Tonnen, mit ihrem Seile.

Fig. 7. Ein großer Stein, (Cabliere) und ein Senkbley.   Fig. 8. A, B,
C, D, E, ſind verſchiedene Haken und Harpunen, womit die Fiſche gefangen werden.
Fig. 9. ſtellt eine Kette, (Cateniere) vor, die gebraucht wird, auf dem Grunde
des Waſſers ein Seil mit Angelleinen, (Appelet) das daſelbſt geblieben iſt, auf-
zuſuchen und herauszuhohlen.   Fig. 11. iſt ein Schiffehaken zu eben dieſem Gebrauche.
Fig. 12. Ein Korkfloß (Flotte de Liége).   Fig. 13. Ein Korb, worinne man
die Seile mit den Angelleinen, (Appelets) ins Meer trägt.   Fig. 14. Ein ſo-
genannter halber Mond (Croiſſant), oder ein Inſtrument, womit die langen Waſſergewächſe, die bey der Fiſcherey hinderlich fallen können, abgeſchnitten werden. Fig. 15.
Ein Schnittmeſſer, womit die Baumzweige an den Teichen und Flüſſen abgeſchnitten und
die Pfähle ſpitzig gemacht werden.   Fig. 16. Ein picardiſches Schiff, welches hierher
geſetzt worden iſt, um die Namen der verſchiedenen Theile dieſer kleinen Schiffe bekannt
zu machen.

Eilfter Kupferſtich.

Fig. 1. Iſt ein Fiſcherſchiff von Pollet, einer Vorſtadt von Dieppe.   Fig. 2.
ein ſogenanntes Baſtardſchiff (Batard) von Pollet.   Fig. 3. Eine kleine Quenouille
von Pollet.   Fig. 4. Ein Schiff das Warneteur heißt, von Petit Beulſe, einer an-
Bb 3   dern

dern Gegend von Dieppe. **Fig. 5.** Ein Clinquart von St. Walery. **Fig. 6.** Eine Yolle, oder Biscayenne. **Fig. 7.** Ein Schiff in der Ferne, welches seinen Mast herunter gelassen hat. **Fig. 8.** ein canadisches Fahrzeug von Baumrinde. **Fig. 9.** ein mit Leder überzogenes Fahrzeug, (Pirogue), das bey den Grönländern gebräuchlich ist.

Zwölfter Kupferstich.

Fig. 1. Fischerfahrzeuge von Cayeux. **Fig. 2.** ein kleines Fischerschiff. **Fig. 3.** kleine Schiffe auf der Somme. **Fig. 4.** Provencer Fischerschiffe.

Dreyzehnter Kupferstich.

Fig. 1. Provencisches Schiff, welches, da es vom Sturme überfallen wird, ein viereckiges Segel aufziehet. **Fig. 2.** Eine Gondel mit einem großen Segel, und vorne mit einem Focksegel. **Fig. 3.** eine sogenannte Toralliere.

Vierzehnter Kupferstich.

Fig. 1. Seile mit Angelleinen (Appelets), die zum Abtrocknen ausgelegt sind; andere, welche aufgerollt, und andere, die in einem Korbe zusammen gelegt sind. **Fig. 2.** Weiber, die Erwerberin, (Acquerelles) genennet werden; und hier Angeln beködern, und Seile mit Angelleinen ausbessern. **Fig. 3.** ein kleines Schiff mit Leuten, die mit der Angelruthe Makreelen fangen.

Funfzehnter Kupferstich.

Fig. 1. E. Fischer mit der Angelruthe, der Fischer G läßt die Angelschnure auf der Oberfläche des Wassers hüpfen; der andere F hat eine Anzahl von Angelruthen am Ufer des Wassers ausgelegt, und untersucht, ob sich was gefangen habe. H sind Fische, die mit einfachen Leinen gefangen worden sind.

Fig. 2. Stellt Fischer mit der Angelruthe zwischen den Klippen am Ufer des Meeres vor. **Fig. 3.** sieht man Stücke, die zum Fischfange mit der Ruthe gehören.

Sechzehnter Kupferstich.

Auf diesem Kupfer sind engländische Leinen mit gemachten Ködern vorgestellet worden. Man siehet unten auf dem Kupfer einen Fischer, welcher einen großen Fisch gefangen hat, und einen Knaben, der im Begriffe ist, ihn, wenn er aus dem Wasser kommt, in ein kleines Netz aufzufangen; welches eine Vorsicht ist, ohne welche dieser große Fisch in einem Augenblicke entwischen könnte.

Siebzehn

Siebzehnter Kupferstich.

In der Vignette oben auf dem Kupfer siehet man Fischer, die bey niedrigem Meere auf dem Sande kleine Cablieren und mit Angeln versehene Seile auslegen. Unten auf dem Kupfer sind verschiedene Arten vorgestellet worden, die Angeln in einem Zirkel herum an ein Bley, an einen Korb, an ein Creuz an eine seine u. s. s. anzuknüpfen.

Die 21ste Figur ist ein blenerner Cylinder, ein einfacher Köder, dessen Haken mit den Angeln Fig. 10. gleiche Wirkung thun.

Fig. 22. siehet man einen hölzernen Kegel, der bestimmt ist, auf dem Wasser zu schwimmen, auf welchem er die seine mehr oder weniger weit fortziehet. Dieser Fisch-fang wird Seite . . . erklärt.

Achtzehenter Kupferstich.

In der Vignette sieht man Fischer, die beschäfftigt sind, mit Angeln versehene Seile an Stangen oder Pfähle aufzuspannen. Unten auf dem Kupferstiche sind die verschiede-nen Geräthe, die zu diesem Fischfange gebraucht werden.

Neunzehnter Kupferstich.

Fig. 1. stellt einen Durchschnitt des Meeres vor, um zu zeigen, wie die Angeln in dem Wasser vertheilt werden, wenn man mit schwimmenden Seile, welches la Bellée ge-nennet wird, fischet. Fig. 2. sind Fischer, die ihre Seile mit den Angelleinen ins Was-ser thun. Fig. 3. ziehen die Fischer ihre Seile wieder aus dem Meere, und legen sie in Körbe. Fig. 4. sind Fischer, welche ein mit Kieselsteinen beschwertes Seil ins Wasser lassen, um auf dem Grunde zu fischen.

Zwanzigster Kupferstich.

Fig. 1. ist ein Durchschnitt des Meeres, wo die Stockfische mit den Ködern, die man ihnen vorlegt, gefangen werden. Fig. 2. ist gleichfalls ein Durchschnitt des Mee-res, worinne ein Seil oder Bauffe zu sehen ist, das auf den Grund, wo Fische gefangen werden geleget ist. Fig. 3. sind Fischer, die ihre Handthierung zwischen den Klippen mit einem schwimmenden Seile treiben.

Ein und zwanzigster Kupferstich.

Fig. 1. sind Fischer, die die Kugel ziehen, oder die mit der Kugel fischen. Fig. 2. stellt den Fang mit der großen Koppel (grand Couple) vor, und man siehet in der Dicke des Wassers, wie sich die Seile mit den Angelleinen darinne vertheilen.

Ende des ersten Abschnittes.

Anhang.

Anhang.

I.

Wir Friedrich August von Gottes Gnaden, Herzog zu Sachsen ꝛc. ꝛc. Churfürst ꝛc.

Entbiethen Einem Domcapitul, denen von der Ritterschaft sowohl Beamten, als sämmtlichen unsern Unterthanen ꝛc. ꝛc. und fügen denenselben hiermit zu wissen, was maßen Wir für nöthig befunden die von den Amtsmühlpachtern im Stifte Merseburg angelegten schädlichen Lattenfischereyen gänzlich zu untersagen.

Befehlen demnach den sämmtlichen Stiftlichen Merseburgischen Gerichts-Obrigkeiten diese Lattenfischerey zu untersagen, sowohl insbesondere dem allzusehr eingerissenen öffentlichen Angeln und Fischen, so durch müßige Leute, die dessen ohnehin nicht befugt sind, exerciret wird, bey der in der Anno 1689 publicirten Fischerdnung enthaltenen Strafe, nachdrücklich Einhalt zu thun und solches in keinerley Wege zu gestatten. In Uhrkund dessen haben wir gegenwärtige Verordnung ausfertigen und mit Unseren Stift Merseburgischen Canzley Secret bedrucken lassen. So geschehen und geben zu Merseburg den 23sten August 1770.

Johann George von Beulwitz.

Christian Friedrich Geißler.

II. Demnach

II.

Demnach E. E. Hochweisen Rathe dieser Stadt, Ober- und andere Meister des Fischer-Handwerks allhier, zu vernehmen gegeben, daß viele, so wohl inn- als ausserhalb der Stadt sich aufhaltende müßige Leute, sich auf verbothenes Fischen und Krebsen legten, zu dem Ende die Wiesen und Hölzer täglich durchstelchen, die Fische zu gewissen Stunden mit Regenwürmern körnten und fürterten, und mit der Angel fiengen, dadurch aber ihnen in ihrer Nahrung großer Eintrag gethan, auch den Wiesen und Hölzern vieler Schaden zgezogen würde, dahero sie ihnen diesfalls obrigkeitliche Hülfe angedeihen zu lassen, geziemend gebeten; und dann solches den diesfalls ins Land ergangenen allergnädigsten Verordnungen allerdings zuwider läuft; als verordnet wohlgedachter Rath hiermit, daß hinführo alle und jede, welche nicht bey dem Fischer Handwerke das Meister Recht erlanget, sich des Fischfahrens und Krebsens gänzlich enthalten, widrigenfalls aber gewärtig seyn sollen, daß sie nicht allein alsobald gepfändet, sondern auch mit nachdrücklicher Strafe werde beleget werden. Es bleibet aber den hiesigen Nachbarschaften und Bürgern desjenigen, was ihnen vermöge vorhandener Vergleiche und Receß hierunter nachgelassen worden, sich noch ferner zu gebrauchen unbenommen; jedoch, daß selbige das Fischen selbst, und nicht durch ihre Kinder, Gesinde oder andere Personen verrichten lassen. Urkundlich mit dem gewöhnlichen Stadt-Secret bedruckt. Signat. Leipzig, den 30sten Julii, 1740.

(L. S.)

Ee   III. Nach

III.
Nachricht
wie die Forellen und Aeschen in dem Wissent-Flusse in Fran-
ken geangelt werden.

Zum bessern Verstande dieser Fischerey ist zu bemerken, daß die Forellen [a] und Aeschen [b] zu ihrer Nahrung, nebst allerley kleinen Fischen rc. verschiedene Insecten
aus dem Geschlechte der Hafte [c] und Afterfalter [d], die man in obgedachter Gegend
Schnaken zu nennen pflegt, lieben, welche theils stet, theils hüpfend auf dem Wasser herumflattern, auch oft (zumal wenn sie durch den Wind oder den Regen geworfen
werden,) hineinfallen, und sich sodann nicht wieder heraus helfen können.   Diese Insecten fängt der Fisch allemal mit einem Sprunge, den er oft über eine halbe Elle hoch
über das Wasser heraus macht.   Wenn man nun dem Fische einen Körper von ähnlicher Gestalt und Farbe vorhält, so erschnappt er ihn ebenmäßig mit einem Sprunge.
Und dieses ist der Grund der Fischerey, wovon hier die Rede ist, und die man deswegen auch die Sprungfischerey nennet.   Die Angel, dem die Mundart des Landvolkes
auch den Namen Sprang oder Sprung beygelegt, wird an dem Eisen mit Fäden
von der Farbe bewickelt, daß eine Aehnlichkeit des Leibes, und mit Federn von der
Farbe maskiret, daß eine Gleichheit mit den Flügeln der Schnaken, welche den Forellen und Aeschen zur angenehmsten Nahrung dienen, herauskömmt.   Diese Gleichheit
zu treffen, ist das Geheimniß, worauf das Glück bey dem Fange hauptsächlich beru-
het.   Der nicht nur mit vielen Annehmlichkeiten, sondern auch mit geringem Zeitver-
luste verbunden ist.   Wer die rechte Farbe der Fäden, (wozu auch schon die zu rechnen ist, welche die Pferdehaare haben müssen, und die von der Beschaffenheit seyn muß,
daß der Fisch sie im Wasser wenig oder nicht gewahr wird,) und der Federn trifft, oder
die letztern zu dick anlegt, oder endlich der ganzen Bekleidung des Angeleisens nicht die
rechte Proportion zu geben geschickt ist, dem gehet es, der vielfältigen Erfahrung zu
Folge, wie Petronius sagt: sine spe prædæ moratur in scopulo.

Es geschiehet dieses Fischen 1) mit dem kleinen Sprunge, oder 2) mit dem grossen Sprunge.

I. Mit dem kleinen Sprunge wird, außer im Winter, das ganze Jahr durch
gefischet.   Vom Anfange des Frühjahrs an bis in den Herbst, fliegen allerley Arten
von

---

a) *Salmo Fario* L.   c) *Ephemera* L.
b) *Salmo Thymallus* L.   d) *Phryganea* L.

von Schnacken, davon einige Arten die Flügel in die Höhe halten ᵉ), andere aber auf dem Rücken liegen lassen ᶠ), welche die Forellen und Aeschen häufig als ihre Nahrung auffangen. Unter denselben ist die im Monat April und May fliegende Aesch=Schnacke ᵍ), so am Leibe schwarzbraun, und ihre schwärzlichten Flügel auf den Rücken leget, die vorzüglichste. Nebst dem findet man eine rothbraune Sorte, und eine mit dergleichen Extremitäten an den Flügeln, welche ihnen fast eben so angenehm sind. Diese Schnaken sucht man mit dem kleinen Sprunge nachzumachen. Außer denselben zeigen sich auch noch allerley kleine Schnaken von verschiedener Farbe, so aber nur von Aeschen und Weisfischen in Ermangelung der erstern aufgefangen werden.

II. Das große Sprungfischen dauert nur etliche Wochen, meistens vom Anfang des Monats Junius bis in die Mitte. Zu dieser Zeit ist eine doppelte Art größerer Schnaken sehr häufig auf dem Wasser schwimmend anzutreffen.

Die erste ʰ) hat einen gelben Körper, ohngefehr so groß als ein mittlerer Mehlwurm, und weißgraue Flügel mit schwarzen Pünktchen und Adern, die er auf dem Rücken empor trägt. Wenn dieser beym Aufsitzen auf das Wasser es versieht, und einen Flügel oder wohl beyde ins Wasser bringet, so kann sie sich nicht mehr heraus helfen, es sey denn, daß sie etwas festes finde, da sie sich mit den Füßen helfen kann. Wenn eine Forelle fehl springt, und die Schnacke das erstemal nicht erreichet, so wirft sie sie doch um, daß sie nicht mehr in die Höhe kann, und erwischt sie beym zweeten Sprunge desto sicherer. Auch vom Regen werden die Schnacken häufig in das Wasser geschlagen, mithin auch während dem Regen häufiger von den Fischen aufgefangen. Uebrigens fliegen sie, wenn sie ohne diese Hinderung auf dem Wasser fort schwimmen können, zum öftern auf, und gehen weit, bis sie sich wieder auf das Wasser setzen.

Die zwote ⁱ) Art ist jener in der Größe und Gestalt ziemlich gleich, nur ist der Leib etwas bleicher und ihre Flügel haben, statt der schwarzen Adern, rothe. Diese

Cc 2   schwimme

e) *Ephemera* L.
f) *Phryganea* L.
g) Der Wasserwurm mit 14 Seitenspitzen. Rösels Insectenbelust. Th. II. Wasserinf. Cl. II. p. 61. tab. 13. Schäfers Regensb. Ins. tab. 27. fig. 10. *Hemerobius lutarius* LINN, welcher aber billig nicht zu dem Geschlechte Hemerobius gerechnet werden sollte. Die dem itzt gedachten Insect sehr ähnliche Gattung, (Schäfers Regensb. Ins. tab. XXXVII. f. 4. 5. *Phryganea bicaudata* L.) wird von den Forellen

ebenfalls gesucht, ich habe sie aber in der Gegend der Wissent nicht so häufig gefunden, als an andern Flüssen.

h) Hr. D. Schäfers Regensb. Ins. tab. CLXXV. f. 1. 2. Vielleicht die zwote Art des Userases. Rösel. 2 Th. Wasserinf. 2 Cl p. 57. tab. 1a. fig 6. obgleich der Leib etwas zu dunkel gemahlt ist.

i) Schäfers Regensb. Ins. tab. IX f. 5. 6. EPHEMERA *vulgata* L.

schwimmt nicht stets auf dem Waſſer, ſondern hüpft auf und nieder, und kann von keinem Fiſche erwiſcht werden, als bis ſie ſehl ſpringe und liegen bleibt.

Hierzu kömmt noch eine dritte [k] Art, die die größte unter dieſen dreyen iſt; wobey zugleich anzumerken nicht überflüßig ſeyn wird, daß, da die zwo vorigen faſt durchgehends einerley Größe haben, dieſe letztere hingegen der Größe nach recht viel unterſchieden gefunden wird, ſo nämlich, daß einige groß, andere um die Hälfte kleiner ſind.

Der Leib iſt nicht ſo lang, als bey den vorigen, aber viel dicker, ſie hat auch einen dickern Kopf; die rothen Flügel bedecken nicht nur den Leib, ſondern ragen noch drüber weg.

Man ſiehet dieſe Schnaken ſehr wenig fliegen, aber deſto häufiger findet man ſie an den Weidenſträuchern nächſt an Bächen ſitzen; daher ich öfters, ehe ich einen Diſtrict mit der Angel überfiſchet, die Weiden abgeklopft und dadurch viele ins Waſſer geworfen haben, welches verurſacht, daß die in dieſen Diſtrict befindlichen Forellen, ſolche begierig aufgefreſſen, und hernach die Angel um ſo lieber aufgenommen haben.

Dieſe Schnake liebt die Forelle unter allen am meiſten.

Beſchreibung der Angel.

Die zu dieſer Fiſcherey gehörige Angel beſtehet, wie gewöhnlich, aus einer Ruthe und Schnure, welche letztere man halb von Zwirne und halb von Pferdehaaren macht; doch ſo, daß die untere Hälfte zwey Enden bekömmt, wovon das obere kürzere der Hüpfer, das untere längere aber der Schleifer genennet wird.

1) Die Fiſchangel zum kleinen Sprunge: Man nimmt weiße Pferdehaare, (kann man etwas graulichte haben, ſo ſind ſolche viel beſſer,) von einem Wallachen oder Hengſt-Pferde, bindet 8 Haare von gleicher Länge mit einem Knoten zuſammen, theilt ſolche, daß vier und vier Fäden beyſammen kommen, und drehet ſie ſodann durch die Finger zuſammen. Dergleichen Stücke Schnure macht man zwey, und wann ſie fertig, wird das eine Stück Schnure ah das andere unter der Spitze deſſelben ſo gebunden, daß, wie gedacht, das lange Ende dieſes unterſten Stücks den Schleifer, und das kurze den Hüpfer ausmachet.

An dieſe zwo Enden des unterſten Stücks der pferdehärnen Schnure, werden die kleinen Eiſen alſo befeſtiget: Man nimmt die Schnure, ſteckt einmal durch, als wenn

man

---

k) Hr. D. Schäfers Regensb. Inſ. tab. CLX f. 2. 3.

man einen einfachen Knoten machen wollte, ehe man aber ganz zuziehet, ſo wird das
Angeleiſen hineingeſteckt; jedoch ſo, daß die Schnure an der einen Seite des Eiſens
hervor geht. Wenn dieſes geſchehen, nimmt man ein Haar von gebrechtem Hanf oder
Flachs, ſo noch ungeſponnen, (gelblichter iſt beſſer als der graue,) macht ſolches etwas
naß, daß ſichs nicht faſet, und umwickelt das Eiſen und die pferdehärene Schnure mit
dem Knoten, vom Ende des Eiſens an bis in die Mitte oder bis zur halben Krümme,
dann von da wieder zurück bis an das Ende, wo es gebunden wird. Die Umwickelung geſchiehet bey jeder Angel, theils das Eiſen feſt zu binden, theils der Schnake
Bauch oder Körper zu bilden, daher wenn die Schnake dick, auch die Umwickelung
darnach eingerichtet wird. Dabey iſt aber allemal genau zu merken, daß es lieber zu
dünne als zu dicke geſchehe, weil im Waſſer ohnehin, ſowohl der Hanf als die Seide quillt.

Da nun verſchiedene Schnaken am Leibe die Farbe des Hanfes haben, ſo umwickelt man ſolche, wenn man dieſe vorſtellen will, nicht weiter; da hingegen andere
Schnaken am Leibe gelb oder braun ſind, ſo gebraucht man hierzu dergleichen Seide,
nämlich gelbe und braune, und umwickelt das Eiſen ſo damit, daß jedemal ein Ring-
lein vom Hanfe durchſiehet: iſt ſolches geſchehen, ſo wird dieſe Seide wieder am Ende
gebunden. Endlich wird die den Schnakenflügeln ähnliche Feder angemacht.

Zum kleinen Sprunge ſind die gebräuchlichſten und beſten das ganze Fiſchjahr
hindurch, die Federn von einem rothen Hahne, ſo vorne am Kropfe und hinten auf
beyden Hüften befindlich iſt. Dieſe werden von unten gegen die Spitze ſo weit abgeſtrüpft,
als nöthig iſt; alsdenn wird die Spitze auf das Eiſen gehalten, und die Federn herum gewickelt, daß der Buſch in die Höhe ſteht, und ſodann gebunden; das übrige
aber, was gegen die Schnure überflußig, oder unnöthig iſt, abgeſchnitten.

Zu dem ſo genannten Aeſch-Schnaken inſonderheit, wird die Feder vom Feld-
oder Rebhahne, ſo ebenfalls vorne am Kropfe und hinten auf den Hüften ſteht, gebraucht, das Eiſen aber wird auf vorbeſchriebene Art, dieſen Schnaken ähnlich, mit
brauner Seide umwickelt, und auch mit brauner Seide die beyden Enden der Federn
gebunden, da andere nur mit Hanf alleine umwickelt und gebunden werden.

Bey dieſer Angel zum kleinen Sprunge iſt hauptſächlich zu beobachten, daß der
Hüpfer rothe, und der Schleifer die Feldhuhn-Federn haben muß.

Bey der zwoten Angel zum kleinen Sprunge iſt, ſo wie die Schnaken einander
ablöſen, ſowohl das Eiſen als auch die Feder zu verändern, und hier thut die Schuhu-
Feder vollkommene Dienſte, bey deren Gebrauch die Feldhuhn-Feder weggelaſſen wird.

2) Zum großen Sprunge werden, weil die Schnaken größer sind, auch größere Eisen erfordert, auch die Schnure um vier Pferdehaare verdicket, weil die Fische zu der Zeit, wenn man diese gebrauchet, am begierigsten sind, und die größten Forellen anbeißen. Die Umwickelung aber geschiehet auf obbeschriebene Art, nach Verhältniß der Schnaken.

Zur erstern Art der zum großen Sprung gehörigen Schnaken, werden die Federn eines wilden, auch allenfalls eines zahmen dem wilden ähnlichen Ent-Vogels, oder Antrache, erfordert, die auf dem Kropfe und unten am Leibe wachsen. Diese werden, wenn das Eisen auf die angezeigte Art mit bleichgelber Seide umwickelt ist, angemacht. Doch ehe solches geschiehet, wird eine grünlichte Feder von einem Grünspecht oder Finken, um das Eisen und die Entenfeder hernach gewickelt, und mit gleicher Seide gebunden.

Zur großen rothen Forellen-Schnake, werden ganz alleine die Schuhufedern, so an dessen Körper fast überall, doch auf der Brust am meisten wachsen, genommen. Die Umwickelung des Eisens geschiehet von einigen nur mit Hanf alleine, von einigen zugleich mit Seide.

Ich habe Seide genommen, wenn ich rechte bleichgelbe gehabt, in deren Ermangelung aber auch mit Hanf die schönsten Forellen gefangen.

Bey dieser wird meistens die Schuhufeder zum Hüpfer und die Entenfeder zum Schleifer gebraucht.

Noch ist zu bemerken, wie solche an die Angelruthe angemacht werden.

Die Angelruthe wird entweder von Haseln, oder von einer schlanken Birke geschnitten, beym Abschneiden bis ohngefehr anderthalb Schuh lang abgeschält, an der Spitze, so weit als solche zu haben, und wann sie auch nur die Dicke eines starken Strohhalms hätte, angebunden, und in die Sonne oder an die Luft gehängt, damit sie trocknet und leicht wird, so daß man solche mit einer Hand leicht regieren könne. Je länger man sie haben kann, desto besser ist sie bey großen Bächen, weil man desto weiter, der Breite nach, reichen kann. Kann man sie aber nicht aus einem Stücke groß genug erhalten, so wird sie gepelzt, das ist, aus zweyen in der Mitte genau zusammen gebundenen Stücken zusammengesetzt.

Die untere Hälfte der Angelschnure ist obbeschriebener Maßen von Pferdehaaren; die obere Hälfte wird von gutem Zwirne, jedoch nicht zu dicke, gemacht. Die Länge der ganzen Schnure, beyde Hälften zusammen gerechnet, muß so eingerichtet werden, daß der Schleifer an der Angel mit der Ruthe gleich kömmt, und Ruthe und Schnure

gleiche

gleiche Länge erhält. Die obere Hälfte der Schnure wird an der äußersten Spitze angemacht, und Schlangenweise die Ruthe von oben herab bis zum dritten Theile umwickelt, alsdenn festgebunden, damit, wenn ohngefehr beym Anfange des Fisches vergessen würde, die Ruthe ins Wasser zu tauchen, und solche an der Spitze brechen möchte, die Angel nicht mit dem gefangenen Fische verloren gehe.

Beym Fischen ist anzumerken, daß man mit dem kleinen Sprunge nur an solchen
Orten des Wassers fische, wo es schnell, ja am schnellsten fließet; außerdem aber man
nur an schattichten Orten, oder wo das Wasser etwas trübe ist, oder auch wo es kleine
Wellen wirft, die die Oberfläche in etwas verdunkeln, sein Glück machen kann; dagegen man mit dem großen Sprunge keinen Ort vorbey zu gehen Ursache hat.

Eben so ist, in Ansehung der zum Fischen bequemsten Tageszeit, anzumerken, daß
der kleine Sprung hauptsächlich des Abends und Morgens, der große aber den ganzen
Tag über zu gebrauchen sey.

Das Fischen geschiehet also, daß man am Ufer in die Mitte des Bachs mit der
Angel gegen den Fluß fährt, und die Angel so sanft als möglich auf das Wasser fallen
lässet, hernach selbige herabwärts gegen das Ufer dergestalt ziehet, daß der Hüpfer,
gleich einer Schnake halb in, und halb aus dem Wasser gehet.

Wenn nun ein Fisch anbeißet, oder öfters zum Erschrecken des Fischenden mit
dem größten Ungestüm an die Angel kömmt, so muß man zwar sogleich anziehen, aber
nicht aus allen Kräften schnellen; in welchem Falle sonst, zumal bey der Forelle, das
Eisen zurück bleibt, und nebst dem Fische verlohren, oder Hauses hoch in die Höhe geworfen wird.

Beißt aber eine Forelle an, die stark und anderthalb bis 2 Pfund schwer ist, so ist
solche erst im Wasser mit stetem anziehen und herumführen abzumatten, und hernach am
Ufer herauszuschleifen.

Geschiehet es aber, daß der Fisch nach der Angel fehl springe, und man gleichwohl
glaubt, daß er gefangen sey, so wirft man nur die Angel gegen den nämlichen Flecken
wieder hin, und ziehet sie alsdenn wieder herwärts nach sich zu. So lange der Fisch nicht
verletzt ist, kömmt er gewiß wieder. Wird er aber verletzet, wie es sehr oft geschiehet,
so glaube man dem Ovidius:

Qui semel est laesus fallaci piscis ab hamo
Omnibus unca cibis aera subesse putat.

Noch

Noch ist folgendes hierbey zu gedenken:

1) Die Angelruthe wird gemeiniglich 16 bis 18 Schuh lang genommen; welches sich aber nach der Breite der Flüsse, wo man angeln will, richtet. Je spitziger und zähiger sie ist, desto besser ist sie.

2) Der Hüpfer und Schleifer zusammengenommen, heißen die Zwiesel. Das längere Theil der Zwiesel ist der Schleifer, das kürzere der Hüpfer.

3) Wenn in die Zeit des Fischens mit dem großen Sprunge rauhes Wetter einfällt, so lassen sich die zu solcher Zeit fliegenden Schnaken nicht sehen, und es ist alsdenn auch mit der Fischerey kein großes Glück zu machen.

Erklärung der Figuren auf der XXIsten Kupfertafel.

Fig. 1. Ein Angeleisen zum kleinen Sprunge, bloß von der Seite.

2. Ein dergleichen, woran zu sehen, wie die pferdehärneSchnure gemacht wird.

3. Ein dergleichen von vorn.

4. Ein dergleichen mit den darum gewickelten Federn.

5. Ein Angeleisen zum großen Sprunge.

6. Dasselbe mit den Federn.

7. Das untere Stück der Angelschnure nebst den Eisen.

a, b, c die untere Hälfte, an deren beyden Enden die Angeleisen befestigt sind.

b, d die obere Hälfte, (so nicht ganz auf das Blatt gegangen, welche bey b an die untere angeknüpfet ist, und mit d an die zwirnene Schnure angebunden wird.

Die mir zugleich überschickten Originalstücke von Angeln, Schnuren, Federn und angemachten künstlichen Insecten, geben die Sache aufs allerdeutlichste zu erkennen. Die Insecten sind den natürlichen so gut nachgemacht, als die engländischen, ohne diese Kunst von den Engländern erlernet zu haben. D. S.

Fig. 2

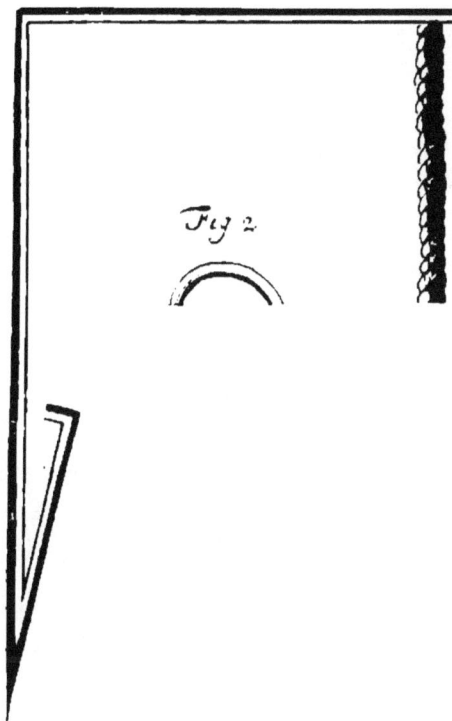

Fig 2

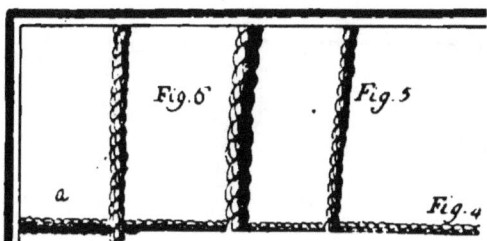

Fig. 6   Fig. 5

a   Fig. 4

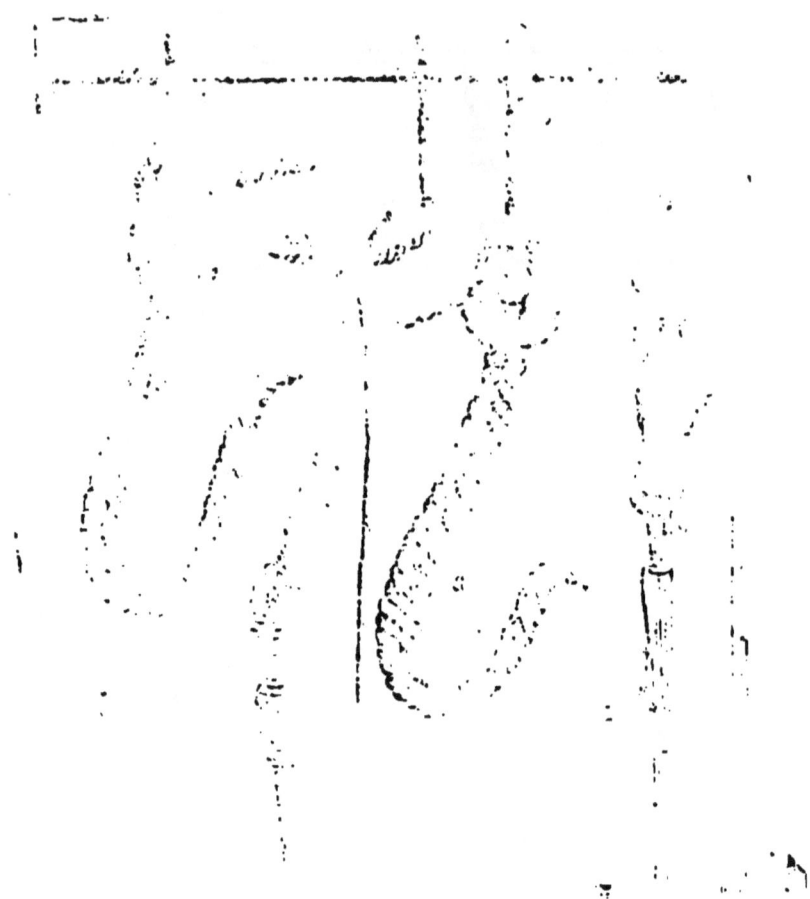

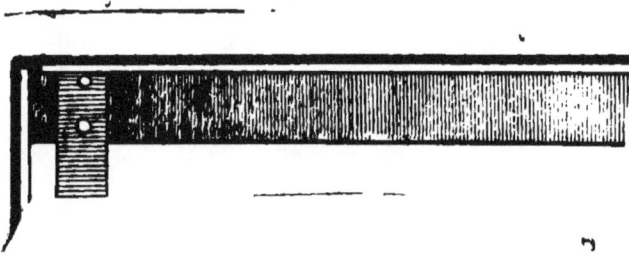

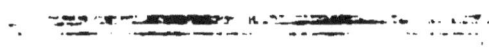

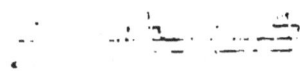

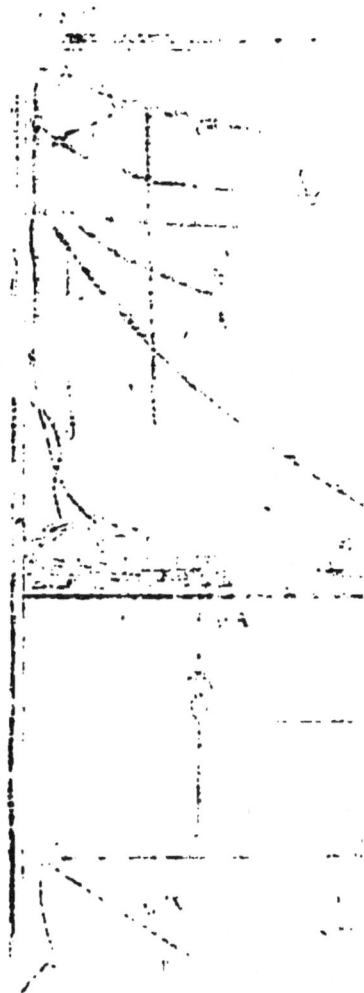

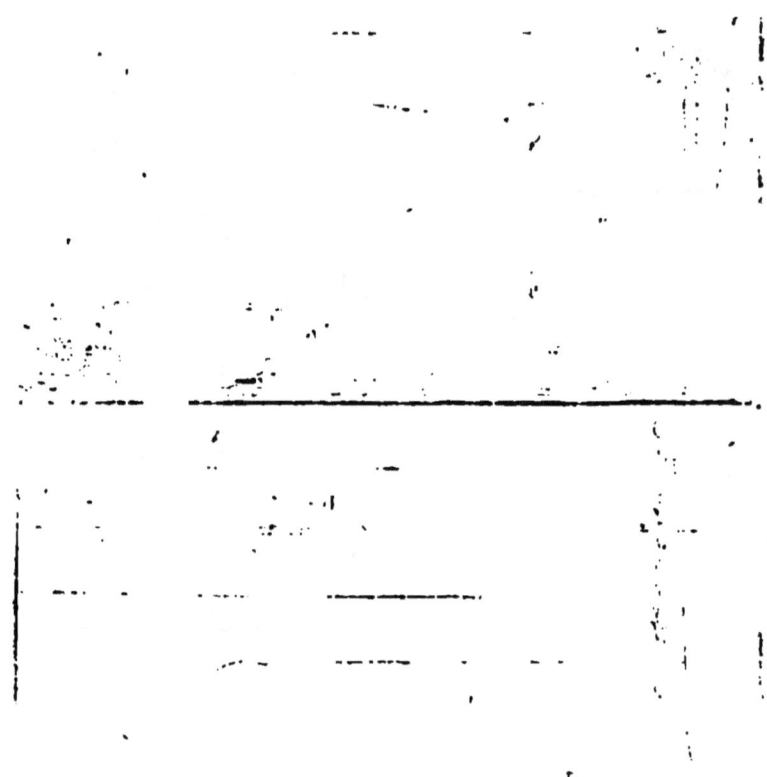

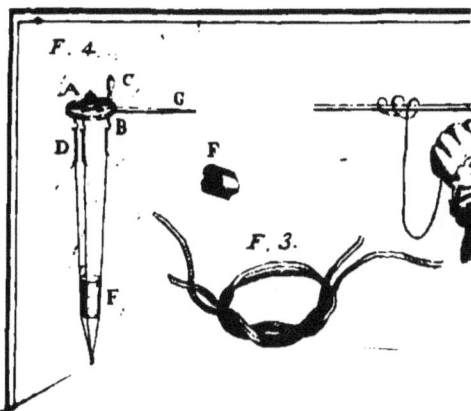

F. 4.

A C
G
B
D

F

F. 3.

F

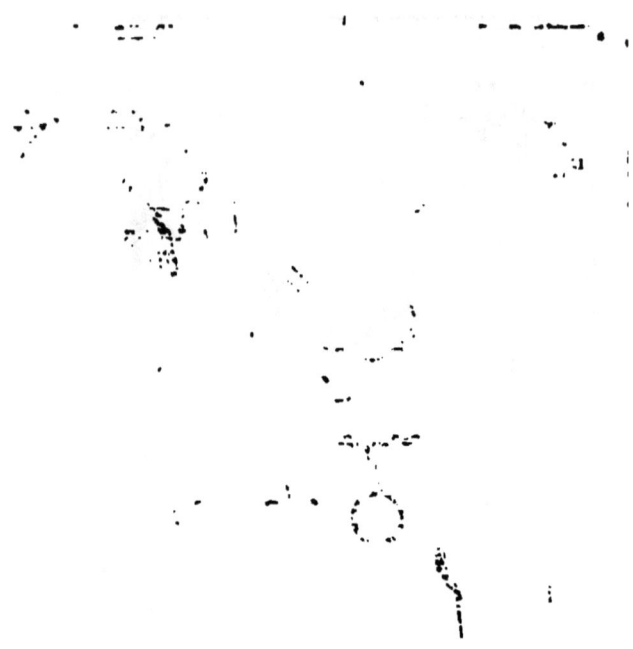

www.ingramcontent.com/pod-product-compliance
Lightning Source LLC
Chambersburg PA
CBHW030401270326
41926CB00009B/1218